Georg Ruppelt

Und daß du so mein Herz gewannst, macht bloß, weil du so dichten kannst!!

Literarisches Leben
des 19. und beginnenden 20. Jahrhunderts
im niedersächsischen Raum

Georg Ruppelt, Jahrgang 1947, ist Direktor der Gottfried Wilhelm Leibniz Bibliothek in Hannover, Vizepräsident des Deutschen Kulturrates und Zweiter Sprecher der Deutschen Literaturkonferenz. Er studierte Geschichte und Literaturwissenschaft, promovierte über »Schiller im nationalsozialistischen Deutschland« und hatte Führungspositionen an wissenschaftlichen Bibliotheken in Hamburg und Wolfenbüttel inne.
Im Jahre 2005 erhielt er das Bundesverdienstkreuz für seine Verdienste als langjähriges Vorstandsmitglied und -vorsitzender der »Stiftung Lesen«.
Er publizierte mehr als 400 Aufsätze und 40 Monographien sowie journalistische und literarische Texte.

Georg Ruppelt

Und daß du so mein Herz gewannst, macht bloß, weil du so dichten kannst!!

Literarisches Leben
des 19. und beginnenden 20. Jahrhunderts
im niedersächsischen Raum

zuKlampen!

Unter Mitarbeit von Ulrike Annick Weber

Gefördert durch den Verein der Freunde und Förderer der Gottfried Wilhelm Leibniz Bibliothek – Niedersächsische Landesbibliothek e. V.

Der Titel zitiert »Balduin Bählamm« von Wilhelm Busch

info@zuklampen.de · www.zuklampen.de

Gestaltung, Satz: thielenVERLAGSBÜRO, Hannover
Druck: Bookfactory - Der Verlagspartner GmbH, Bad Münder

ISBN 978-3-86674-092-1

Bibliografische Information der Deutschen Nationalbibliothek
Die Deutsche Nationalbibliothek verzeichnet diese Publikation in der Deutschen Nationalbibliografie; detaillierte bibliografische Daten sind im Internet über ‹http://dnb.d-nb.de› abrufbar.

Inhalt

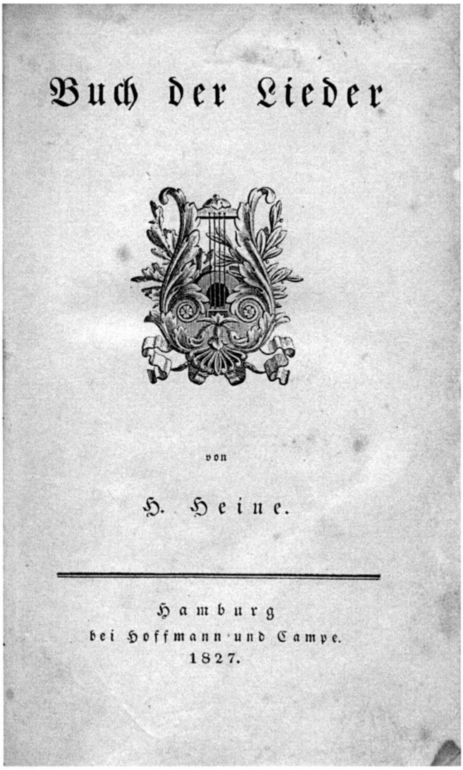

Buch der Lieder

von

H. Heine.

Hamburg
bei Hoffmann und Campe.
1827.

Heinrich Heine: Buch der Lieder.
Titelblatt der Erstausgabe, 1827

Literarisches Leben zwischen Harz und Nordsee

»Der Brocken ist ein Deutscher. Mit deutscher Gründlichkeit zeigt er uns, klar und deutlich, wie ein Riesenpanorama, die vielen hundert Städte, Städtchen und Dörfer, die meistens nördlich liegen, und ringsum alle Berge, Wälder, Flüsse, Flächen, unendlich weit.«[1] Mit diesem Blick in die norddeutsche Tiefebene vom Brocken aus umreißt Heinrich Heine (1797, Düsseldorf – 1856, Paris) in seiner »Harzreise« die ihn real 1824 auch auf den Brocken geführt hatte, einen wesentlichen Teil der Landschaften des heutigen Niedersachsen – ein Land, so vielfältig, wie keine andere deutsche Region. Es bietet offenes Meer, Watt, Inseln, Moore, Mittelgebirge, mächtige Ströme, Heide und eine Vielzahl alter Städte und Dörfer. So variantenreich wie das Land sind auch die Literatur und das literarische Leben im 19. und beginnenden 20. Jahrhundert, zu dem auch eine bedeutende Bibliothekstradition gehört. Über dieses Land geht der folgende literarische Rundblick gleichsam vom Brocken aus zunächst in nördliche Richtung, wendet sich dann gegen die Uhrzeigerrichtung

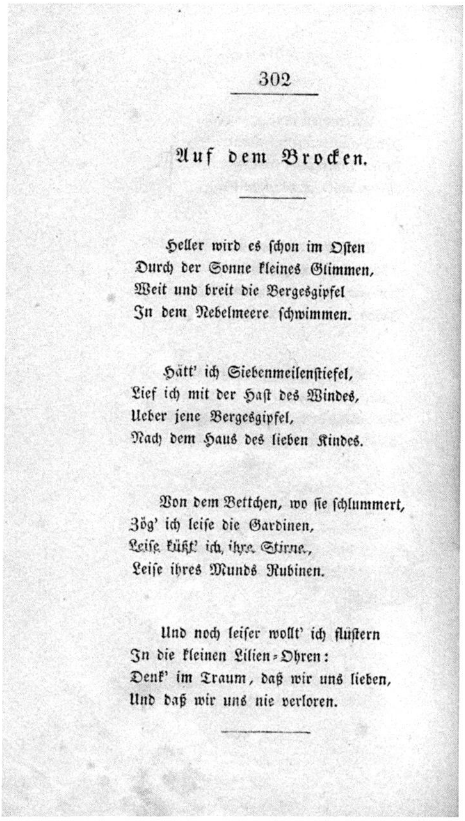

302

Auf dem Brocken.

Heller wird es schon im Osten
Durch der Sonne kleines Glimmen,
Weit und breit die Bergesgipfel
In dem Nebelmeere schwimmen.

Hätt' ich Siebenmeilenstiefel,
Lief ich mit der Hast des Windes,
Ueber jene Bergesgipfel,
Nach dem Haus des lieben Kindes.

Von dem Bettchen, wo sie schlummert,
Zög' ich leise die Gardinen,
Leise küßt' ich ihre Stirne,
Leise ihres Munds Rubinen.

Und noch leiser wollt' ich flüstern
In die kleinen Lilien-Ohren:
Denk' im Traum, daß wir uns lieben,
Und daß wir uns nie verloren.

Heinrich Heine: Auf dem Brocken. Aus der Harzreise 1824 (Buch der Lieder), 1827

Portrait des jungen Heine um 1825. So etwa mag Heine ausgesehen haben, als er sich auf seine Harzreise begab.

nach Westen und Südwesten, um dann auf die Landesmitte, die Metropole und ihre Region zu schauen.

In dieser regionsbezogenen Darstellungsweise wird an verschiedenen Stellen auf Autorinnen und Autoren hingewiesen, die nicht in der deutschen Standardsprache schrieben. In nahezu allen Regionen existierte während des gesamten 19. Jahrhunderts und natürlich auch später eine sehr lebendige niederdeutsche oder saterfriesische Dichtung, die nachdrücklich auf die Besonderheiten des »Plattdeutschen« der engeren Heimat abhob. Gegen Ende des Jahrhunderts ist eine verstärkte Forderung nach Unterstützung des Niederdeutschen, angeregt vor allem durch die »Quickborn«-Bewegung des Klaus Groth, festzustellen. In Niedersachsen wären diese Bestrebungen wohl als einzige übergeordnete literarische Gruppierung zu bezeichnen. Etwas wie eine »Schule«, etwa im Sinne der schwäbischen Dichterschule, bildete sich nicht heraus. Ohnehin scheinen Begriffe wie Schule oder andere Klassifizierungen von Literatur und Literaten immer etwas Gewaltsames an sich zu haben, etwas, unter dem die Individualität der Autorin oder des Autors ebenso leidet wie der Blick auf das Werk selbst.

Dies beeinträchtigt freilich durchaus nicht den Befund, dass sich während des gesamten Jahrhunderts in den meisten Regionen ein reiches literarisches Leben zeigte. Naturgemäß spielten die Residenzstädte eine wichtige Rolle. Braunschweig scheint im Bereich der Literaturproduktion dabei an erster Stelle zu stehen, während Hannover insbesondere bis zur Annexion 1866 vor allem eine Theaterstadt von europäischem Rang war. Aber auch in Oldenburg und Bückeburg waren besonders in der zweiten

Hälfte des 19. Jahrhunderts Literatur und Theater wichtige Bestandteile des kulturellen und gesellschaftlichen Lebens.

Zwei niedersächsische Landschaften haben die Aufmerksamkeit der Literaten immer wieder auf sich gezogen: die Lüneburger Heide und der Harz. Seit Mitte des Jahrhunderts wird die vorher eher verachtete und bespöttelte Kulturlandschaft zwischen Gifhorn und Harburg romantisch verklärt und schließlich im 20. Jahrhundert als angeblich besonders »germanisch« von »Blut-und-Boden«-Ideologen dienstverpflichtet – ein Schicksal, das auch dem »Heidedichter« Hermann Löns posthum nicht erspart blieb. Löns hat ebenso zur Harz-Dichtung beigetragen, die seit dem 16. Jahrhundert nachweisbar ist und mit Goethe ihren ersten, mit Heine ihren zweiten Höhepunkt fand.[2]

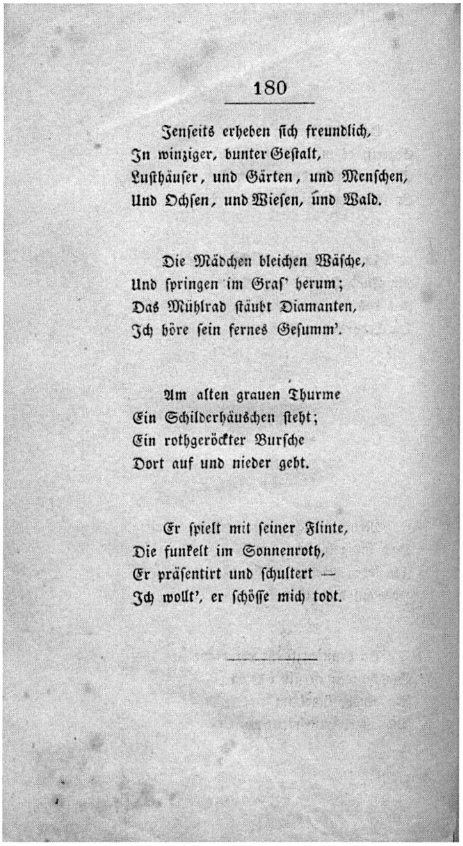
180

Jenseits erheben sich freundlich,
In winziger, bunter Gestalt,
Lusthäuser, und Gärten, und Menschen,
Und Ochsen, und Wiesen, und Wald.

Die Mädchen bleichen Wäsche,
Und springen im Gras' herum;
Das Mühlrad stäubt Diamanten,
Ich höre sein fernes Gesumm'.

Am alten grauen Thurme
Ein Schilderhäuschen steht;
Ein rothgeröckter Bursche
Dort auf und nieder geht.

Er spielt mit seiner Flinte,
Die funkelt im Sonnenroth,
Er präsentirt und schultert —
Ich wollt', er schösse mich todt.

Heinrich Heine: Mein Herz, mein Herz ist traurig. Die Heimkehr 1823–1824 (Buch der Lieder), 1827

Mit gutem Recht kann Heinrich Heine zur Literatur Niedersachsens gezählt werden.[3] Seine Familie stammte aus dem Hannöverschen, seine Eltern wohnten zeitweise in Lüneburg, das als Ort des Gedichtes »Mein Herz, mein Herz ist traurig/doch lustig leuchtet der Mai« zu identifizieren ist. Er studierte in Göttingen, wanderte durch den Harz, besuchte Ostfriesland, Norderney, floh nach Wangerooge und wurde vor Cuxhaven seekrank. Norddeutschland, besonders auch Hamburg, ist in Heines Werk, mit dessen Namen wohl zunächst unwillkürlich der Rhein oder Paris assoziiert werden, außerordentlich prominent vertreten. In der erwähnten »Harzreise«, in den Gedichtzyklen »Die Nordsee« oder »Deutschland. Ein Wintermärchen« spielen niedersächsische Landschaften und Städte eine Rolle. Diese ist freilich nicht immer geeignet, der Tourismusbranche des

Deutschland.

Ein Wintermährchen.

Von

Heinrich Heine.

Hamburg

Bei Hoffmann und Campe.

1844.

Deutschland. Ein Wintermärchen. Titelblatt der ersten Separatausgabe, 1844

21. Jahrhunderts als willkommene Zitatengeberin zu dienen. Besonders schlimm hat es in dieser Hinsicht Göttingen erwischt, eine der damals bedeutendsten Gelehrtenmetropolen nicht nur Deutschlands, sondern des Abendlandes: »Die Stadt selbst ist schön und gefällt einem am besten, wenn man sie mit dem Rücken ansieht.«[4] Aber auch etwa Goslar, Lüneburg oder Bückeburg müssen auf gepflegte Heinesche Invektiven nicht verzichten.

Doch liegen in Heines Werk Sympathie und ironische Ablehnung nahe beieinander. In seinen Memoiren erinnert er sich liebevoll an seinen Vater und dessen hannoversche Herkunft, vor allem in sprachlicher Hinsicht: »Er redete den Dialekt Hannovers, wo, wie auch in der südlichen Nachbarschaft dieser Stadt, das Deutsche am besten ausgesprochen wird. Das war ein großer Vorteil für mich, dass solchermaßen schon in der Kindheit durch meinen Vater mein Ohr an eine gute Aussprache des Deutschen gewöhnt wurde, während in unserer Stadt selbst jenes fatale Kauderwelsch des Niederrheins gesprochen wird, das für Düsseldorf noch einigermaßen erträglich, aber in dem nachbarlichen Köln wahrhaft ekelhaft wird. Köln ist das Toskana einer klassisch schlechten Aussprache des Deutschen, und Kobes klüngelt mit Marizzebill in einer Mundart, die wie faule Eier klingt, fast riecht.«[5]

Heinrich Heine also muss an vorderster Stelle genannt werden, wenn es um Literatur und wenn es um Niedersachsen geht, schon allein deswegen, weil dieser historische Raum in jener Zeit zwar viele Literaten hervorgebracht oder beherbergt hat, doch haben nur ganz wenige die deutsche Sprachgrenze in Übersetzungen ihrer Werke überwunden und noch viel weniger haben ein Werk geschaffen, das auch noch im 21. Jahrhundert national wie international präsent ist. Genau besehen sind es lediglich Heinrich Heine und Wilhelm Busch.[6]

Heine stand als herausragende Dichterpersönlichkeit zu einer Institution in allen Staaten des ehemaligen Deutschen Reiches in einer besonderen Beziehung, die immer mitzudenken ist, wenn von Literatur, literarischem Leben oder Presse- und Verlagswesen im 19. Jahrhundert – besonders in dessen erster Hälfte – die Rede ist, zur Zensur. Er hat gegen sie gekämpft mit allen literarischen Mitteln, die ihm reichlich zur Verfügung standen. Und er hat das Schicksal vieler Oppositioneller zu erdulden gehabt, die Emigration. Die Maßnahmen infolge der Karlsbader Beschlüsse 1819 und das Verbot des »Jungen Deutschland« 1835 wurden in allen deutschen Staaten durchgesetzt, mit leichten Variationen von Land zu Land. Der in die Schweiz geflohene Publizist Karl Heinzen schrieb 1846: »Deutschland ist [...] an literarischen Emigranten das reichste Land der Erde geworden. [...] in der ganzen Welt, besonders aber in den freieren Ländern, zählt es eine Menge Vertreter seines Geistes und seiner Nationalität, die meistens unfreiwillig in ihre Lage gebracht worden sind. Das ausländische Deutschland erhält, auch ohne Kolonien, von Tag zu Tag mehr Wichtigkeit. Es kann dahin kommen, ja es ist schon dahin gekommen, daß der bewegteste Teil unseres literarischen Lebens durch Ausgewanderte vertreten wird.«[7] Eine weitere politisch motivierte Auswanderungs- und Ausweisungswelle sollte es in diesem Jahrhundert dann zur Zeit des Bismarckschen Sozialistengesetzes zwischen 1878 und 1890 geben.

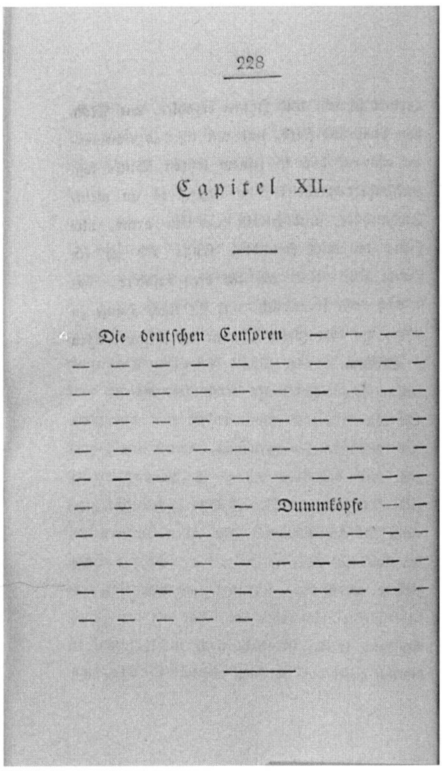
228

Capitel XII.

Die deutschen Censoren — — — —
— — — — — — — — — —
— — — — — — — — — —
— — — — — — — — — —
— — — — — — — — — —
— — — — — — — — — —
— — — — — Dummköpfe — —
— — — — — — — — — —
— — — — — — — — — —
— — — — — — — — — —
— — — — —

Parodistische Anspielung Heines auf die damals durchaus üblichen Eingriffe der Zensur. Heinrich Heine: Ideen. Das Buch Le Grand 1826 (Reisebilder), 1827

Die Zensurbehörden saßen in der Regel in den Hauptstädten der Länder im Bereich des heutigen Niedersach-

Friedrich von Schiller
im sechsundzwanzigsten Jahre, nach einem Original-Oelgemälde von Reinhardt.

Helle Freudenfeuer flammen
Von den Höhen in das Land,
Hauf' bei Haufe tritt zusammen,
Alles drückt sich froh die Hand.
Fackeln leuchten, Fahnen wehen,
Rede, Sang und Festgelag:
Denn es will das Volk begehen,
Schiller, Deinen Ehrentag!

Wo die deutschen Laute klingen,
Ueber Land und über Meer,
Wo sie deutsche Lieder singen —
Deutsche Lieder hell und hehr —
Dir gilt heut' des Volkes Rufen,
All' sein Lieben und sein Ruhm,
Schiller, dessen Lieder schufen
Ihm ein ewig Heiligthum.

Männer hast Du für die Wahrheit,
Für das heil'ge Recht bewehrt,
Hast das Ringen nach der Klarheit
Des Gedankens sie gelehrt,
Sie zum höchsten Ziel geleitet,
Und bekämpft den blinden Wahn,
Hast in edlem Streit bereitet
Edler Freiheit eine Bahn.

Auf den häuslichen Altären
Opfern deutsche Frauen Dir,
Denn Du lehrtest sie verklären
Sich mit hoher Anmuth Zier.
Ordnend und mit sinn'gem Walten
Geh'n sie durch des Gatten Haus,
Bauen es durch ihr Gestalten
Ihm zur schönsten Heimath aus.

In das Herz der deutschen Jugend
Schlug Dein Dichten flammend ein,
Auf dem Weg zu aller Tugend
Wolltest Du ihr Führer sein.
Ahnend beben ihre Herzen,
Sehnend wogt's in ihrem Sinn,
Aber aus des Zweifels Schmerzen
Führst Du sie zum Schauen hin.

Ueber alle goß Dein Schaffen
Füllereichen Segen aus:
Für das Leben gabst Du Waffen,
Süßen Frieden für das Haus. —
Deutsches Volk! Es galt sein Lehren,
Und sein ganzes Ringen Dir.
Willst Du Deinen Seher ehren,
Halte hoch, hoch sein Panier!

L. Pedretti.

Portrait Schillers aus »Die Gartenlaube« von 1859

sen. Für Göttingen bestand eine Ausnahme dergestalt, dass die Universität für die gesamte Zensur der Stadt, also auch für die Leihbibliotheken zuständig war. In Hannover oblag die Aufgabe des Zensors zeitweilig dem Direktor der Königlichen Bibliothek, Heinrich Pertz (↗ Hannover), der dieses Amt offenbar geschickt für seine eher liberalen politischen Ideen zu nutzen wusste.[8]

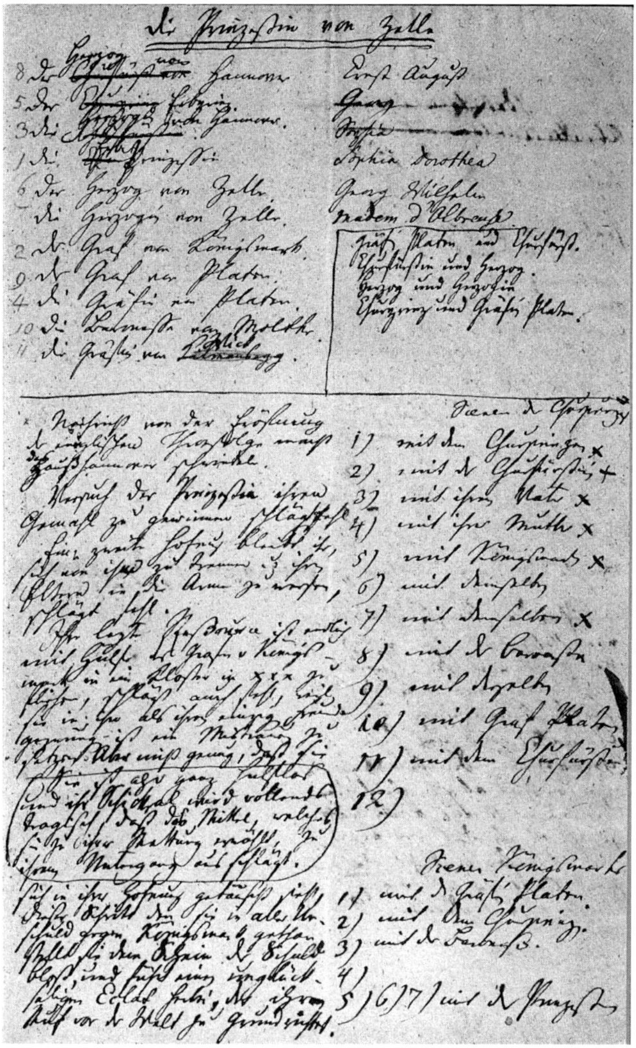

Schillers Manuskript »Die Prinzessin von Zelle«

Dass mit der Einführung der »Preßfreiheit« nach 1848 ein Aufblühen der Literatur in den niedersächsischen Ländern einhergegangen wäre, kann so nicht festgestellt werden. Allerdings florierte der Zeitungsmarkt. In einigen Städten wurden gleich mehrere gegründet, die allerdings meist nur von kurzer Lebensdauer waren; eine Ausnahme bildet etwa die von Carl Wilhelm Niemeyer in Hameln gegründete »Deister- und Weserzeitung«.[9]

Von den Obrigkeiten misstrauisch beobachtet wurde auch ein Ereignis um die Mitte des Jahrhunderts, das in unmittelbarem Zusammenhang mit Friedrich Schiller stand. Längerer Aufenthalte der berühmtesten Dichter der Klassik kann sich Niedersachsen freilich nicht rühmen. So hat Friedrich Schiller (1759–1805) niedersächsisches Gebiet nie betreten, allerdings hat er dies einmal schriftlich behauptet. In einem Brief an Henriette von Wolzogen von 1783 nennt er als Absendeort »Hannover« und schreibt von seinem Aufenthalt ebendort. Dies war allerdings nur Tarnung und sollte seinen Herzog auf eine falsche Spur des Flüchtigen locken. Immerhin plante er gegen Ende seines viel zu kurzen Lebens ein Drama, »Die Prinzessin von Zelle«, in dem er das Schicksal der Sophie Dorothea von Hannover und das ihres Geliebten, Philipp Christoph Graf von Königsmarck, thematisieren wollte. Er gab die schon weit vorangeschrittenen Recherchen und Entwürfe für dieses Drama jedoch zugunsten seines »Demetrius« auf, der dann freilich auch Fragment blieb.[10]

Schillers 100. Geburtstag am 10. November 1859 war gleichwohl auch in Norddeutschland ein literarisches und ein politisches Ereignis allerersten Ranges. Nie hatte es vorher und nie hat es seitdem eine Feier zu Ehren eines Schriftstellers gegeben wie diese Schiller-Feiern. In über 400 Städten des ehemaligen Reichsgebietes und in 50 Städten im Ausland wurde Schiller auf Festveranstaltungen zugejubelt. Ein großes deutschlandweites Volksfest fand statt, kritisch beäugt freilich von Konservativen und der jeweiligen Staatsmacht, denn die politische Demonstration für Einheit und Freiheit war Hauptinhalt aller Feiern. In Schillers Werken sah das liberale Bürgertum seine Ideen – vor allem von staatlicher Einheit – vorweg genommen.

Auf der Oldenburger Feier trug Julius Mosen (↗ Oldenburg) aus einer von ihm verfassten langen Hymne vor, in der es unter anderem heißt:

> Ende Deines Volkes Irrung,
> Der Gemüther Qual und Noth,
> In den Aengsten der Verwirrung
> Laß' uns hören Dein Gebot.[11]

Braunschweig

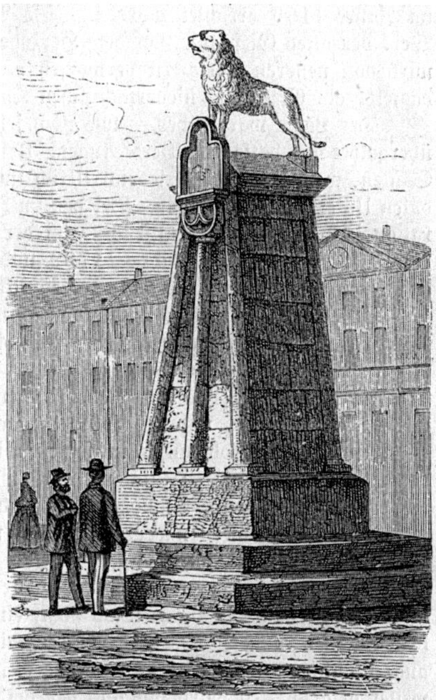
Der Löwe, das Stadtwahrzeichen von Braunschweig.

Goethe hat mehrmals niedersächsischen Boden betreten, so etwa verschiedene Orte im Harz. Er war in Helmstedt, kurte in Bad Pyrmont, besuchte Göttingen, wo die Universitätsbibliothek ihn zu der berühmten Bemerkung veranlasste, dass man sich beim Beschauen einer solchen Bibliothek »wie in der Gegenwart eines großen Capitals [fühle], das geräuschlos unberechenbare Zinsen spendet«.[12] 1784 hatte sich Goethe auch knapp zwei Wochen in Braunschweig aufgehalten, und zwar im Rahmen seiner dritten Harzreise. Er war dort in offizieller Mission, nahm am Hofleben teil, konnte aber auch seinen vielfältigen Interessen nachgehen.[13] Wir sind durch seine Briefe an Frau von Stein über den Verlauf dieser Tage informiert. Seinen Besuch in Braunschweig hat der umtriebige Hannoveraner Arzt und äußerst produktive Schriftsteller Hermann Klencke (1813, Hannover – 1881, ebda.) in seinem Roman »Der Braunschweig'sche Hof und der Abt Jerusalem« 1863 literarisch verarbeitet.[14]

Klencke wurde 1855 wegen seiner anonym erschienenen, die Braunschweiger Gesellschaft kritisierenden »Selbstbekenntnisse oder 40 Jahre aus dem Leben eines oft genannten Arztes« (Leipzig 1854) aus Braunschweig ausgewiesen. In gewisser Hinsicht teilte er damit das Schicksal des Wolfenbütteler Buchhändlers und Schriftstellers Karl Christian Friedrich Niedmann (1805, Wolfenbüttel – 1830, Leipzig), dem 1829 in Braunschweig der Prozess gemacht worden war. Der Grund war seine

Hermann Klencke

Satire auf die örtlichen Verhältnisse »Die Verschwörung in Krähwinkel«. In dieser »historisch-romantischen Tragi-Comödie« nimmt Niedmann sein eigenes Schicksal satirisch vorweg, indem er den Scharfrichter gegen den Buchhändler Niemand sein Schwert zücken lässt. Letzterer wohne in Krähwinkel, so der Henker, weil er Bücher verlegen solle, »doch nicht, um mit der scharfen Federspitze/Dich gegen uns Satyre zu erlauben«.[15] Vor der Fortsetzung des Prozesses starb Niedmann an Lungenentzündung.

Hermann Klencke nun zog zurück nach Hannover und war dort weiterhin als Autor historischer Romane und kritisch-medizinischer Schriften tätig; er publizierte u. a. über Nahrungsmittelverfälschung. In seinem satirischen Drama »Der politische Teufel in Deutschland«, in dem er mit der gescheiterten 48er Revolution abrechnet, spricht der dubiose Bankier Michel, der seine armen Verwandten zum Essen eingeladen hat, den schönen Vers: »Der Hunger nur macht Kommunisten./Die Füttrung zähmet ihr Gelüsten.« Mephisto selbst räsonniert in seinem Eingangsmonolog zum Drama: »Und auch die hohen Herrn mit Fluch beladen,/Sie brachten mir noch nie reellen Schaden. D'rum lob ich mir das herrschende System.«[16] Und in seiner anonym erschienenen »politischen Novelle« »Aus Hannovers Gegenwart« von 1868 muss einer der Helden, wie so viele andere in dieser Zeit, aus politischen Gründen seine Heimat verlassen in der Hoffnung, dass einst »die Morgenröthe eines Tages anbrechen [wird], der auch Deutschlands Söhnen gestattet, frei zu denken, edel zu empfinden, menschlich zu handeln. Sie werden nicht mehr, um freie, edle Menschen sein zu können, über den Ozean fliehen und zurücklassen müssen theure Menschen, geweihte Orte, nach denen das Herz sich ewig schmerzlich sehnt.«[17]

Braunschweig, das der produktive Schriftsteller Klencke verlassen musste, war um 1800 und dann das ganze 19. Jahrhundert hindurch ein

Unter den Gästen des Hofes, die fortwährend wechselten, befand sich im August 1784 auch ein Sohn Amaliens, der Schwester des Herzogs und früh verwitweten Regentin von Sachsen-Weimar. Ihr ältester Sohn, Karl August, hatte bereits 1775 die Regierung übernommen; war schon ein Mann von 27 Jahren und in Begleitung seines Freundes, des seit 1779 wirklichen Geheimenrathes Goethe, am Hoflager zu Braunschweig eingetroffen, und während er in den Kreisen der fürstlichen Familie und des Hofadels ausgezeichnet wurde, fand Goethe, der 35jährige Liebling des weimarschen Hofes, der Dichter des Götz, von Werthers Leiden u. s. w., die höchste Aufmerksamkeit auch in der braunschweigischen ästhetischen und gelehrten Welt. Das für menschliche Charaktere und Situationen geschärfte Auge Goethe's hatte schnell Personen und Zustände durchblickt; sein schalkhafter Geist konnte nicht ohne kritische Äußerungen beobachten; er war zu sehr kluger Hofmann, um sich in Braunschweig selbst gegen jemanden zu äußern, obgleich sein Urtheil vielfach herausgefordert wurde, aber er entschädigte sich durch vertrauliche Tagebuchnotizen, die er von Zeit zu Zeit Frau von Stein zusandte. Blicken wir in dieses Tagebuch, welches Goethe während seines Aufenthaltes vom 17. bis 31. August führte, so treffen wir auf folgende Notizen:

»18. August 1784. Unser armer, guter Herzog langweilt sich hier schrecklich, er sucht irgend ein Interesse und möchte nicht gern ganz um nichts hier sein; aber der sehr abgemessene Schritt ist hier ein Zwang, der überall hemmt; unser Herzog muss sogar seiner lieben Pfeife entsagen und es könnte ihm eine Fee keinen angenehmeren Dienst leisten, als dieses braunschweigische Schloß in eine Köhlerhütte zu verwandeln. Ich bedaure ihn wahrhaftig.

In der Menge der Hofleute und Fremden suchen und finden wir Andern immer doch noch einen, womit man ein Wort über interessante Dinge reden kann, aber unser Herzog muss sich immer bei den fürstlichen Hoheiten aufhalten und diese fragen ihn um Sachen, worauf er nicht zu antworten weiß; er zieht sich dann, so gut es geht, zurück, knöpft sich zu und endet mit einer guten oder üblen Gelegenheit. Der Herzog zu Braunschweig ist sehr wenig mittheilend; er hat die feinsten Weltformen, aber es sind nur Formen, und ich bin neugierig, wie es enden wird.«

Hermann Klencke: Der Braunschweig'sche Hof und der Abt Jerusalem. 1863

bedeutender literarischer Ort. »Hier wird geschrieben, gedruckt, verlegt, hier werden literarische Texte gelesen, rezensiert und parodiert, öffentlich vorgetragen, auf Bühnen dargeboten und musikalisch zelebriert, das alles bei beachtlicher Anteilnahme des Publikums in Braunschweig und auch darüber hinaus.«[18]

»Berühmter als Wolfgang Goethe«, so Heine[19], und der erste deutsche Schriftsteller, dem es gelang, als freier Autor von seinen literarischen Produkten in Wohlstand zu leben, war der 1758 in Braunschweig geborene August Lafontaine. Bis in die 40er Jahre des 19. Jahrhunderts war er der

August Lafontaine

in allen Bevölkerungsschichten wohl beliebteste und nach Kotzebue und neben Goethe der am meisten übersetzte deutsche Autor. In den Statistiken der Leihbüchereien nahm er bis zur Mitte des 19. Jahrhunderts den Spitzenplatz ein, gefolgt von Walter Scott (Goethe: Platz 14). Und noch in der zweiten Hälfte des 19. Jahrhunderts stand er an 18. Stelle von 150 Erfolgsautoren hinter Friedrich Gerstäcker und Goethe (Platz 1: Alexandre Dumas).[20]

Lafontaines literarische Ambitionen mögen durch seine Braunschweiger Kindheit und Jugend als Sohn des Hofmalers Ludolf Lafontaine geprägt worden sein, der als Freimaurer ausgiebige gesellschaftliche Kontakte pflegte. Nach Schulbesuch in Braunschweig und Schöningen studierte Lafontaine Theologie in Helmstedt, ging als Hauslehrer nach Groß-Bartensleben, betätigte sich 1785 in Braunschweig als Hilfslehrer am Collegium Carolinum und trat 1786 eine Hofmeisterstelle in Halle an, wo er sein theologisches Examen nachholte. Anschließend wurde er Feldprediger und nahm an der Campagne in Frankreich teil. Ab 1800 lebte er als freier Schriftsteller in Halle und verfasste bis zu seinem Tode 1831 in immer schnellerer Produktion 63 meist mehrbändige Romane und zahlreiche Erzählungen. Wie viele seiner Romane hat auch sein bekanntestes, im 20. Jahrhundert nachgedrucktes Werk, »Klara du Plessis und Klairant«, die unschuldige Liebe zweier junger Menschen über Standesgrenzen hinweg zum Hauptmotiv.[21] Lafontaines gewaltiger Erfolg mag darauf beruht haben, dass er so erzählt, wie ein Dichter seiner Aussage nach gar nicht erzählen könne: »Denn kann der größte Dichter je so erzählen wie ein gebroche-

Stendhal

August Lafontaine: »Klara du Plessis und Klairant«. Titelblatt der Erstausgabe von 1795

nes Herz, wie ein Auge voll Tränen, wie Blicke voll Gram? Ach, ich fühle es, ein Seufzer, ein langsames, kummervolles Kopfschütteln, ein Händefalten, ein nasser Blick in die Wolken gekehrt sind ganz andere Figuren, als welche die Rhetorik lehrt.«[22]

Auf den deutschen Schriftsteller hugenottischer Abstimmung Lafontaine berief sich der als Kriegskommissar von 1806 bis 1808 im Departement Oker des kurzlebigen Königreichs Westfalen tätige und spätere Schriftsteller von Weltrang Marie Henri Beyle, der sich nach dem Geburtsort Johann Joachim Winckelmanns Stendhal nannte. Er zählte zu den lesenswertesten Werken der erotischen Literatur Europas auch »zwei bis drei Romane von August Lafontaine«.[23] Stendhal (1783, Grenoble – 1842, Paris), der in Braunschweig seine erste (unerfüllte) Liebe fand, äußerte sich in seinem Tagebuch, wie später in der Erinnerung auch in seinen Briefen, nicht nur wohlwollend über seine Einsatzregion, aber enthusiastisch über

Carl Friedrich Pockels

die Braunschweiger Frauen: »[…] sie sind die schönsten, denen ich begegnet bin, besonders die Dienstmädchen. Welche dicht geschlossenen Schenkel! Schöne Arme, die schönste Hautfarbe, schöne Haare, das trifft man im allgemeinen an. […] So gut die Frauen aussehen, so unheilbar häßlich sind die Männer. Barbarisch verzogene und meist gemeine Gesichtszüge.«[24]

Mit der Analyse des Verhältnisses der Geschlechter zueinander beschäftigte sich in jener Zeit der Anthropologe und Biograph Carl Friedrich Pockels (1757, Wörmlitz bei Halle – 1814, Braunschweig).[25] Von 1797 bis 1802 erschienen die fünfbändigen »Versuche einer Charakteristik des weiblichen Geschlechts. Ein Sittengemählde des Menschen, des Zeitalters und des geselligen Lebens«.

Unsre Leser erblicken hier wiederum einen […] Geistesverein, einen höhern und kühnern Aufschwung der lichtsuchenden menschlichen Seele, einen Lesecovent nach dem allerneustem Zuschnitte.
Der aufrechtstehende, ästhetische Enragé im Vordergrunde ein Donnergott im Kleinen ist nicht bloß ein guter Kopf, sondern, nach der Meinung eines Englischen Kritikers, ein viel größeres und erstaunlicheres Etwas, ein Genie, dessen Form die Mutter Natur zerbrach, weil sie nie eine liebenswürdigere schaffen konnte. Die Geburtsstunde einer neuen genialischen Production ist bereits überstanden. Die seltene Wundergeburt des Geistes ist bis zur letzten Zeile vollendet; der Salto mortale einer poetischen Antithese zur andern glücklich berechnet; (der pure Unsinn aus einer transzendentalen Tiefe zur lichtvollsten Anschauung erhoben) und das Urschöne »von der lieblichen Phantasie in heitere, dem innersten Heiligthume des Herzens abgelauschte ewige Formen gekleidet worden.«

C. F. Pockels: Miscellen für Freunde und Freundinnen des ernsten Nachdenkens und des schuldlosen Frohsinns. 1803

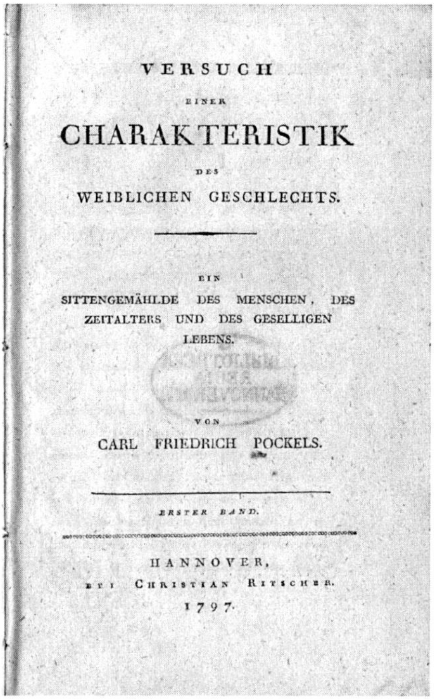

VERSUCH
EINER
CHARAKTERISTIK
DES
WEIBLICHEN GESCHLECHTS.

EIN
SITTENGEMÄHLDE DES MENSCHEN, DES ZEITALTERS UND DES GESELLIGEN LEBENS.

VON
CARL FRIEDRICH POCKELS.

ERSTER BAND.

HANNOVER,
BEY CHRISTIAN RITSCHER.
1797.

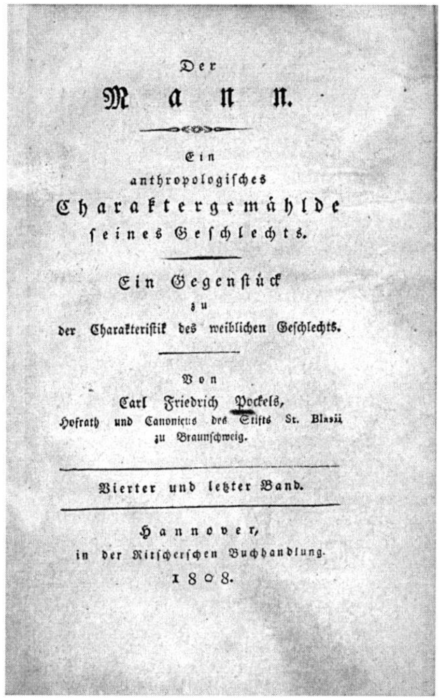

Der
Mann.

Ein
anthropologisches
Charaktergemählde
seines Geschlechts.

Ein Gegenstück
zu
der Charakteristik des weiblichen Geschlechts.

Von
Carl Friedrich Pockels,
Hofrath und Canonicus des Stifts St. Blasii
zu Braunschweig.

Vierter und letzter Band.

Hannover,
in der Ritscherschen Buchhandlung.
1808.

Links: C. F. Pockels: Versuch einer Charakteristik des weiblichen Geschlechts. Titelblatt der Erstausgabe, 1797. – Rechts: C. F. Pockels: Der Mann. Titelblatt der Erstausgabe, 1808

1804 folgte ein Nachtragsbändchen unter dem Titel »Contraste zu dem Gemählde der Weiber«. Pockels, der sich in Halle die philanthropischen Ideen der Aufklärung zu eigen gemacht hatte und als Erzieher der beiden jüngsten Herzogssöhne 1780 nach Braunschweig gekommen war, widmete sich auf unterhaltsame Weise bis zum Ende seines Lebens dieser Thematik. 1805 bis 1808 erschien sein vierbändiges Werk »Der Mann. Ein anthropologisches Charaktergemälde seines Geschlechtes. Ein Gegenstück zu der Charakteristik des weiblichen Geschlechts«, 1811 eine kleinere pädagogische Anleitung »Über den Umgang mit Kindern. Erfahrungen, Maximen und Winke für Eltern, Erzieher und Jugendfreunde in der gebildeten Welt«, in dem er auch auf Campes »Theophron« verweist. Den Abschluss seines »anthropologischen« Gesamtwerkes bilden die 1813 bis 1816 teilweise erst aus dem Nachlass herausgegebenen Bände »Über Gesellschaft, Geselligkeit und Umgang«, die ähnliche Absichten – wenngleich auf völlig verschiedene Weise – verfolgten wie Knigges 1788 erschienenes Buch »Über den Umgang mit Menschen«.

Kann Pockels noch im weitesten Sinne zur Literatur, wenn auch nicht zur Belletristik gezählt werden, so geschieht die Erwähnung Karl Lachmanns an dieser Stelle ob seiner Bedeutung für die moderne philologische Textkritik und Editionstechnik, die auch die Grundlagen schufen für die im Gefolge der Romantik sich entwickelnde neue Wissenschaft der Germanistik. Karl Lachmann, 1793 in Braunschweig geboren (gestorben 1851, Berlin), studierte in Leipzig Theologie, in Göttingen klassische und deutsche Philologie und wurde nach verschiedenen anderen Tätigkeiten 1825 Professor in Berlin und 1830 Mitglied der Preußischen Akademie der Wissenschaften.

Karl Lachmann

Verdienste um die niederdeutsche Sprache erwarb sich der aus ärmlichsten Verhältnissen stammende Arzt Karl Friedrich Arend Scheller (1773, Hessen, Kr. Wolfenbüttel – 1842, Braunschweig). Sein Ziel war es, das Niederdeutsche neben dem Hochdeutschen wieder als Sprache der schönen Literatur einzusetzen. 1826 gab er die »Bücherkunde der Sassisch-Niederdeutschen Sprache, hauptsächlich nach den Schriftdenkmälern der großherzoglichen Bibliothek zu Wolfenbüttel« heraus. Er übersetzte zahlreiche lateinische und mittelalterliche Autoren ins Niederdeutsche, versuchte sich gelegentlich aber auch mit

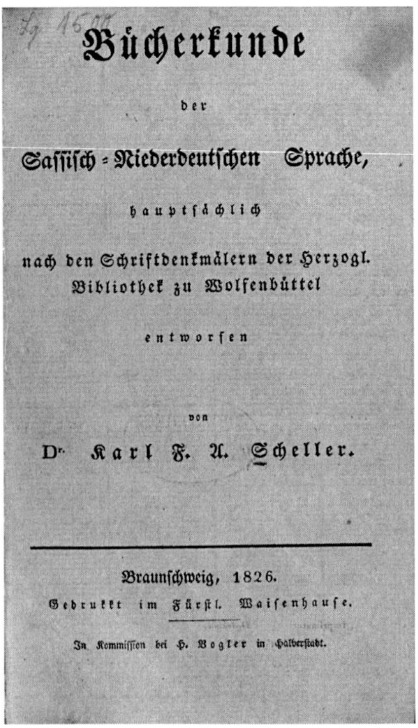

Bücherkunde

der

Sassisch-Niederdeutschen Sprache,

hauptsächlich

nach den Schriftdenkmälern der Herzogl. Bibliothek zu Wolfenbüttel

entworfen

von

Dr. Karl F. A. Scheller.

Braunschweig, 1826.

Gedruckt im Fürstl. Waisenhause.

In Kommission bei H. Vogler in Halberstadt.

Karl Friedrich Arend Scheller: Bücherkunde der Sassisch-Niederdeutschen Sprache. Titelblatt der Erstausgabe, 1826

Karl von Strombeck

eigenen niederdeutschen Texten und verfasste in Hochdeutsch ein satirisches Versepos gegen König Jérôme. Das Leben dieses von Kind auf körperlich behinderten, in seinem ärztlichen Hauptberuf sozial engagierten Schriftstellers, dessen Kinder vor seinem eigenen Selbstmord ein tragisches Ende nahmen, wäre einer Tragödie würdig.

Ein Weltbürger mit weit gespannten Bildungsinteressen war der aus einer alten Braunschweiger Patrizierfamilie stammende und finanziell unabhängige Karl von Strombeck (1771, Braunschweig, – 1848, Wolfenbüttel). Eine »beharrliche, überzeugte Vorurteilslosigkeit, ohne hemmende Bindungen an geistiges Herkommen« wurde ihm attestiert.[26] Strombeck besuchte das Collegium Carolinum, studierte in Helmstedt und Göttingen Rechtswissenschaft und interessierte sich für literarische, philologische und historische

Im Jahre 1771, am 16ten September, bin ich zu Braunschweig geboren, als eben ein Jahrhundert verflossen war, seit die Stadt ihre früherer Unabhängigkeit eingebüßt hatte. Vor der Übergabe Braunschweigs an die Herzöge war das Regiment der Stadt völlig republikanisch, obwohl sie es niemals dahin hatte bringen können, von dem Reiche als eine unmittelbare freie kaiserliche Stadt betrachtet zu werden. Abgesehen hiervon, und daß sie den Herzögen, nach Bestätigung ihrer Privilegien, Huldigung leistete, fehlte ihr an dem Wesen einer Reichstadt wenig oder nichts. Sie, eine Quartier-Stadt der Hanse, schloß Bündnisse nicht nur mit anderen Städten, sondern selbst mit fremden Potentaten, nahm große Schaaren von Süldlingen in Dienst, und führte mit diesen selbständig Krieg, vorzüglich gegen die Landesfürsten. [...]
Seit dem dreizehnten Jahrhundert erscheinen die von Strombeck (von Strombeke, wie sie sich in Sassischer Sprache bis zum 16ten Jahrhunderte nannten) im Besitze der höchsten Magistraturen zu Braunschweig, und sie blieben darin bis zur Eroberung der Stadt, die von ihren Besitzungen fast umringt war. [...] Das Herrlichste, was es in der Welt geben konnte, war mir und meinen Brüdern die Stadt Braunschweig.

Karl v. Strombeck: Darstellungen aus meinem Leben und aus meiner Zeit. 1835

Themen. Eine glänzende juristische und verwaltungsfachliche Karriere vor und während der französischen Besatzungszeit wurde nach Auflösung des Königreichs Westfalen unterbrochen. In Wolfenbüttel widmete er sich klassisch-philologischen und naturwissenschaftlichen Themen, u. a. auch den Ereignissen um Henning Braband. Der weltläufige, vielseitig gebildete Jurist wurde rehabilitiert und nach verschiedenen Ämtern in Verwaltung und Justiz Präsident des Oberappellationsgerichtes in Wolfenbüttel.

Waren Pockels und der sehr viel jüngere von Strombeck im Grunde noch den Ideen der späten Aufklärung, wenn auch auf unterschiedliche Weise, verpflichtet, begegnen uns in den beiden gebürtigen Braunschweigern August Klingemann und August Winkelmann zwei Schriftsteller, die für eine Weile dem engsten Kreis der Frühromantiker zuzurechnen sind.

Stephan August Winkelmann (1780, Braunschweig – 1806, ebda.), ein Neffe Johann Anton Leisewitz', studierte in Braunschweig Medizin, hörte in Jena Vorlesungen Schellings und Friedrich Schlegels und war eng befreundet mit Brentano, von Savigny und von Arnim. Er studierte in Göttingen, erwarb den Magister in Philosophie und promovierte an der Medizinischen Fakultät mit einer Arbeit über Geisteskrankheiten. 1803 wurde er an das Theatrum Anatomico-Chirogicum in Braunschweig berufen, lehrte außerdem am Collegium Carolinum und widmete sich der Armenfürsorge. Neben medizinischen Abhandlungen publizierte er, meist anonym, Gedichte, u. a. im Göttinger Musen-Almanach, schrieb für Brentanos Roman »Godwi« nach dessen eigener Aussage die Nachrede, 1802 den Bildungsroman »Eduards Verirrungen« und 1803 eine naturphilosophische Abhandlung, die »Einleitung in die Dynamische Physiologie«. Im selben Jahr erschien der »Begrif[f] des Idealismus«. Winkelmann, ein unruhiger, ein »genialischer« Geist, wie seine Herzensfreunde Brentano und von Arnim, wurde bald vergessen, wozu auch beigetragen haben mag, dass er meist unter Pseudonym oder anonym veröffentlichte. Sein Leben war zu kurz, nicht »früh vollendet«. Über das Wesen der Politik schreibt er ganz im Sinne von Leibniz: »sie lehrt den Menschen die Pflichten und Rechte, welche ihm als Bürger gehören, [...] daß und wie er auf seinem Platze für das gemeine Beste thätig seyn könne.«[27] 1800 hatte Winkelmann gemeinsam mit Brentano und Klingemann, der als Herausgeber zeichnete, das erste und einzige Heft der Zeitschrift »Memnon« herausgegeben. Seinem Freund Klingemann war ein anderes Schicksal vergönnt. Als Schriftsteller, aber vor allem als Theaterleiter, prägte er das Braun-

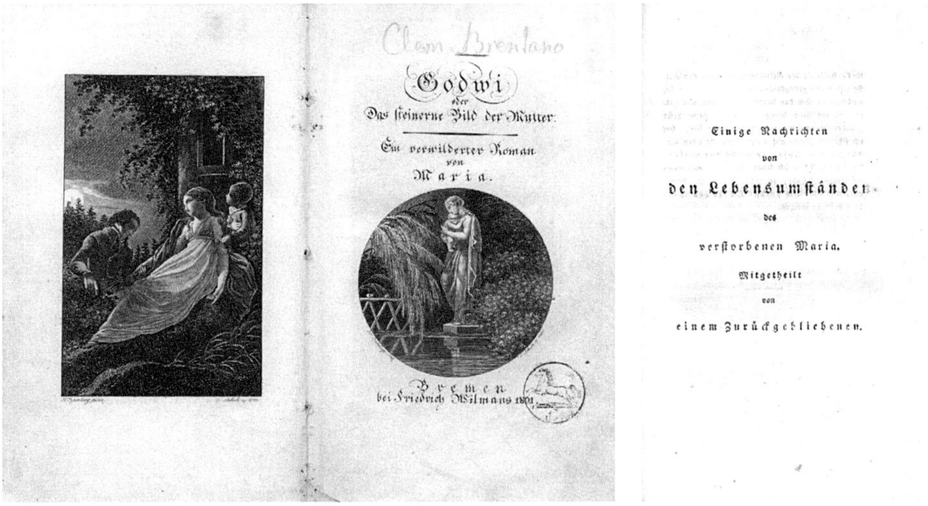

Clemens Brentano: Godwi. Titelblatt und »Nachrede« von Stephan August Winkelmann, Erstausgabe, 1801

schweiger Kulturleben zwei Jahrzehnte nachhaltig, wie später zu zeigen sein wird.

Ein literarisches Ereignis der besonderen Art, ja, eine Sensation war eine schon drei Monate vor der Uraufführung vom Autor veranstaltete »dramatische Vorlesung« des Revolutionsstückes »Maximilian Robespierre« im Oktober 1849. Sein Verfasser, Robert Griepenkerl, wurde enthusiastisch gefeiert, sein Werk in der Nachfolge Shakespeares und der deutschen Klassiker gesehen. Robert Griepenkerl (1810, Hofwyl/Schweiz – 1868, Braunschweig) studierte nach dem Besuch des Collegium Carolinum, an dem sein Vater als Pädagoge und Musikwissenschaftler lehrte, Theologie, Philosophie, Literatur und Geschichte in Berlin, organisierte in Braunschweig große Musikfeste und lehrte später als unbesoldeter Professor für deutsche Sprache und Literatur. Mit seinem zweiten Revolutionsdrama »Die Girondisten« konnte er den Erfolg des ersten noch einmal wiederholen, was ihm mit seinen folgenden Dramen und Prosastücken nicht gelang. Griepenkerls Leben nahm einen tragischen Verlauf (finanzieller Bankrott, Gefängnishaft, Trunksucht). Er starb im Armenspital.

Der Erfolg seiner Revolutionsdramen in der Stadt, die schon 1830 im Zusammenwirken von Hofintrige und Volksaufstand einen regierenden Fürsten vertrieben hatte, aber von der 48er Revolution relativ unberührt blieb, war für das Jahr 1849/50 erstaunlich. Wiederholt hat man in diesem

Robert Griepenkerl

Zusammenhang auf die »Gleichzeitigkeit des Ungleichzeitigen«, auf ein »historisches Paradoxon« hingewiesen. Das Drama »Robespierre« wirkt in einigen Passagen »modern«, gelegentlich nahezu expressionistisch:

Vadier: »Noch mehr! Die Sippschaft hockt zusammen. Man faselt da vom heil'gen Geist, man prophezeit, man ist verzückt. Trunken vom Himmel, fallen sie in der Erde Schooß. Man kasteiet sich – nackte Männlein, nackte Fräulein. Man peitscht das Fleisch, lebendig es zu machen für das Fleisch. Wohl gelitten ist die Schlange im Paradiese, wird's Himmelslust – immer weiter, immer besser!«[28]

Als Paradoxon im oben beschriebenen Sinne gilt auch Griepenkerls Einstellung zur Revolution selbst. Er vertrat auf der einen Seite als begeisterter 48er die liberalen Ideen von Fortschritt und Emanzipation, ließ aber auf der anderen Seite konservatives Obrigkeitsstaatsdenken erkennen. Vielleicht war der Erfolg seines Dramas auch deshalb so groß, weil er das Scheitern

Robert Griepenkerl: Das Musikfest oder Die Beethovener. Titelblatt, 1841

der Französischen Revolution als Schritt auf dem Wege zu einer größeren versöhnenden Idee sah:

Robespierre: »Golgata war auch ein Schafott, Leon! Der hatte nicht geirrt, als man ihn kreuzigte; uns kreuzigt man, weil wir geirrt; – vielleicht auch, daß wir irren sollten, damit die Kommenden nicht irren.«[29]

Die im Rückblick gleichsam »vorgezogene« Revolution in Braunschweig von 1830 hatte ihren Niederschlag u. a. in einem längeren Spottlied eines unbekannten Verfassers gefunden, dessen erster und letzter Vers lauten:

Der Herzog Karl von Braunschweig,
Der ist auch fortgejagt;
Er hat ja Land und Leute
Lang hart genug geplagt.
[...]
Es ist sein Bruder Wilhelm,
An seine Stell' gesetzt;
Ob der es besser machet,
Das wird sich zeigen jetzt.[30]

Wenn einst die Chronisten mit größerer Ausführlichkeit [...] über die Feier des großen deutschen Auferstehungsfestes berichten und getreu, wie man es in Braunschweig begangen, Erwähnung thut, dann werden sie über Hof- und andere Banquette, bei denen der Ceremonienmeister die Regeln vorschreibt, nicht viel, desto mehr aber werden sie von dem ungeheuchelten Volksjubel schreiben, der damals die alte Stadt Braunschweig wie ein Sturmwind durchbrauste. Sie werden nicht von Wappenherolden und Hofmarschällen, nicht von goldstrahlenden Kaisern und Königen erzählen, die ihren feierlichen Einzug in Braunschweig halten. Aber sie werden erzählen, was man bis dahin noch niemals gesehen, wie die F r e i h e i t ihren Triumphzug durch die Straßen gehalten, wie Alt und Jung, wie Reich und Arm sie, mit Thränen der Freude in den Augen begrüßte, wie jeder Platz zum Altare wurde, dem Höchsten seine Dankopfer darzubringen, wie Menschen, die sich vordem fern gestanden, einander im Drang ihrer Gefühle an die freischlagenden Herzen stürzten.

Christian Heusinger: Braunschweig in seiner Betheiligung an der Deutschen Volkserhebung. Rückblicke und Zeitbilder. 1849

In Braunschweig begannen und verliefen die revolutionären Bewegungen genau so, wie in den meisten übrigen kleineren constitutionellen Staaten, nur mit dem Unterschiede, daß das Volk bei aller Energie seines Auftretens in keinem Falle den Weg der Gesetzlichkeit und Ordnung verließ, und von Seiten der Regierung auf das Bereitwilligste alle geforderten Zugeständnisse gemacht, und nicht wieder beschränkt oder zurückgenom-

men wurden. Allerdings gab es gelegentlich einmal einen Straßenscandal, wie es in so aufgeregter Zeit nicht anders sein kann; allein keiner derselben war eigentlich politischer Natur.
Eduard Brinckmeier: Geschichte des Jahres 1848. Ein Gedenkbuch für das deutsche Volk. 1849

Er machte es besser, jedenfalls so, dass es nicht zu offenen tätlichen Auseinandersetzungen kam, wie etwa in den süddeutschen Ländern, gleichwohl aber zu Demonstrationen und Kundgebungen. In Liedern, Dramen und Romanen Braunschweiger Schriftsteller werden die revolutionären Bestrebungen unterstützt oder finden doch zumindest ihren Widerhall. So etwa bei dem schon erwähnten Hermann Klencke, bei Eduard Brinckmeier (1811, Wolfenbüttel – 1897, Braunschweig), Christian Heusinger (1792, Eisenach – 1884, Braunschweig) und Hans Graf von Veltheim (1818, Braunschweig – 1854, Harbke bei Helmstedt).

Als ein herausragender Vertreter der niederdeutschen Literatur ist der braunschweigische Vormärz-Dichter Eduard Schmelzkopf (1814, Saalsdorf, Kr. Helmstedt – 1896, Bevern) zu nennen, der sich auf ganz andere Weise für die Emanzipation des Niederdeutschen einsetzte als der später mit seinem seit 1852 erscheinenden »Quickborn« zum niederdeutschen Klassiker avancierte Dithmarscher Klaus Groth, der eher auf die »Innerlichkeit« dieser Sprache setzte.[31]

Eduard Schmelzkopf

Hans Graf von Veltheim

1849 hielt sich auch der polizeilich verfolgte Heinrich Hoffmann von Fallersleben einige Male in Braunschweig auf. August Heinrich Hoffmann, am 2. April 1798 in Fallersleben geboren, ging dort auf die höhere Bürgerschule, war dann Gymnasiast in Helmstedt und schließlich am Katharineum in Braunschweig. Hier veröffentlichte er seine erste Gedichtsammlung »Deutsche Lieder« und publizierte im Nachrevolutionsjahr einige Hefte mit politisch-zeitkritischer Lyrik.

Es folgte ein Studium zunächst der Theologie, dann der klassischen Philologie in Göttingen, wo er Jakob Grimm begegnete, der ihn bewog, zum Fach Germanistik zu wechseln, das er schließlich in Bonn studierte. 1821 ging er nach Berlin und wurde Bibliothekar bei Gregor von Meusebach, der eine berühmte Bibliothek besaß. Hier pflegte er Umgang u. a. mit Hegel, Chamisso und Uhland. Zwei Jahre später wurde er als Kustos der Breslauer Universitätsbibliothek berufen, später dann zum Professor für deutsche Sprache und Literatur. Seine

De immen

De immen komt sau munter hen- und hereflogen
Un summet um de seuten blaumen her un hen;
Wat quält die dierekens de leiwen blaumen denn?
Nich dauet sei ne weih – man honnig hett se sogen.

Brok all en steelken, dat sik hen- un hereneiget,
Wenn drop en flitig immeken sik weegen dee?
Ruft ummesüss denn seutjen hei' un saat un klee?
Ah laat se doch, wenn lustig he nun her se fleiget!

Eduard Schmelzkopf: Immen. 1846

Immen

von

E. Smelzkop.

Bronswik,
bi George Westermann.

1846.

Eduard Schmelzkopf: Immen. Titelblatt, 1846

Heinrich Hoffmann von Fallersleben

»Unpolitischen Lieder« – Gedichtsammlungen, die alles andere als unpolitisch waren – fanden eine große Leserschaft. 1841 verfasste er auf der (damals englischen) Insel Helgoland das »Lied der Deutschen«, das nicht nur in seiner politischen Aussage auch Hoffmanns burschenschaftliche Prägung erkennen lässt (»Deutsche Frauen, deutsche Treue, deutscher Wein und deutscher Sang«).

Seine »unpolitische« Dichtung machte Hoffmann zum Flüchtling aus Preußen. Ihm wurde zunächst die Professur, dann die Staatsbürgerschaft entzogen, und er ging ins Exil, wo er ständig bespitzelt und ausgewiesen wurde, dreimal auch aus seiner Heimatstadt Fallersleben. Auf einem mecklenburgischen Landsitz fand er für einige Zeit Unterschlupf. Hier entstanden einige seiner bekannten Kinderlieder.

Seine bitteren Erfahrungen als Flüchtling gingen in das »Auswanderungslied« von 1846 ein:

Unsre Fürsten hatten viel versprochen,
Doch das Halten schien nicht ihre Pflicht.
Haben wir denn nun so viel verbrochen
Daß sie hielten ihr Versprechen nicht?

Schlimmer wird es jetzt von Tag zu Tage
Schweigen ist nur unser einzig Recht:
Unterthanen ziemet keine Klage,
Und gehorchen muß dem Herrn der Knecht.

Unsre Brüder werden ausgewiesen,
Mehr als alles Recht gilt Polizei,
Heute trifft es jenen, morgen diesen,
Jeder, jeder Deutsch' ist vogelfrei.

Deutsche Freiheit lebet nur im Liede,
Deutsches Recht es ist ein Märchen nur.
Deutschlands Wohlfahrt ist ein langer Friede –
Voll von lauter Willkür und Censur.

Darum ziehen wir aus dem Vaterlande,
Kehren nun und nimmermehr zurück,
Suchen Freiheit uns am fremden Strande
Freiheit ist nur Leben, ist nur Glück.[32]

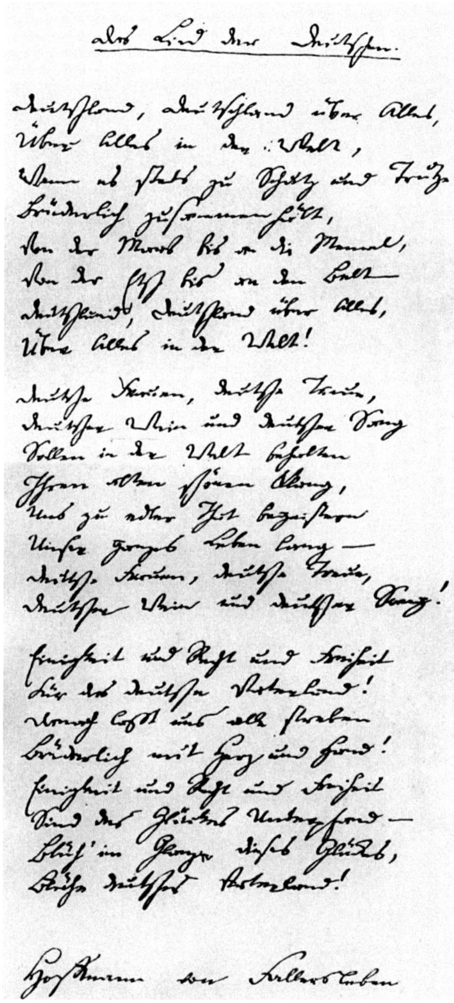
Das Lied der Deutschen.

Deutschland, Deutschland über Alles,
Über Alles in der Welt,
Wenn es stets zu Schutz und Trutze
Brüderlich zusammenhält,
Von der Maas bis an die Memel,
Von der Etsch bis an den Belt —
Deutschland, Deutschland über Alles,
Über Alles in der Welt!

Deutsche Frauen, deutsche Treue,
Deutscher Wein und deutscher Sang
Sollen in der Welt behalten
Ihren alten schönen Klang,
Uns zu edler That begeistern
Unser ganzes Leben lang —
Deutsche Frauen, deutsche Treue,
Deutscher Wein und deutscher Sang!

Einigkeit und Recht und Freiheit
Für das deutsche Vaterland!
Danach laßt uns alle streben
Brüderlich mit Herz und Hand!
Einigkeit und Recht und Freiheit
Sind des Glückes Unterpfand —
Blüh' im Glanze dieses Glückes,
Blühe, deutsches Vaterland!

Hoffmann von Fallersleben

»Lied der Deutschen«, Autograph

Ein Republikaner war Hoffmann allerdings nicht, und seine Sehnsucht nach nationaler Einheit enthielt auch starke antifranzösische und antisemitische Ressentiments.

1849 heiratete Hoffmann seine Nichte Ida vom Berge, eine Pastorentochter aus Hannover-Bothfeld, zog dann nach Weimar, später nach Corvey, wo er eine Anstellung als Schlossbibliothekar erhielt und am 19. Januar 1874 starb.[33]

Der Name eines der bedeutendsten Vertreter des poetischen Realismus ist untrennbar mit dem Namen der Stadt und des Landes Braunschweig verbunden. Im Braunschweigischen verbrachte er den größten Teil seines Lebens, hier entstanden die meisten seiner Werke. Das Verhältnis zu seiner Heimatstadt war freilich nicht ungetrübt. Erst gegen Ende seines Lebens, also im 20. Jahrhundert, hat Braunschweig seine Bedeutung erkannt und gewürdigt.

Wilhelm Raabe wurde am 8. September 1831 im braunschweigischen Eschershausen im Weserbergland geboren.[34] Nach dem Tod des Vaters übersiedelte die Familie nach Wolfenbüttel, wo Raabe das traditionsreiche Gymnasium Große Schule besuchte. Sein schriftstellerisches und zeichnerisches Talent wird bereits in jungen Jahren spürbar, und als er die Schule ohne Abschluss verlässt, weiß das Doppeltalent noch nicht, für welchen Weg es sich entscheiden soll. Raabes frühe Begeisterung für die liberalen Ideen der »48er« kommt in einer Zeichnung zum Ausdruck, in der er eine Szene aus dem Berliner Barrikadenkampf darstellt. Das Thema Bürgerfreiheit durchzieht sein gesamtes umfangreiches Werk bis hin zum letzten (unvollendeten) »Altershausen«.

1849 beginnt Raabe eine Buchhändlerlehre in Magdeburg, die 1853 ohne Abschluss endet, und studiert von 1854 bis 1856 als Gasthörer in Berlin, besucht dort Theater und lässt sich in einer großen Leihbücherei von Büchern, Zeitschriften und der Kundschaft anregen. 1856 erscheint seine »Chronik der Sperlingsgasse«, die ein Verkaufserfolg wird und bleibt. Er kehrt wieder nach Wolfenbüttel zurück und publiziert bis 1862 in kurzen Abständen 19 Prosastücke, darunter den beständigen Schullektüre-Klassiker »Die schwarze Galeere«. Bildungsreisen führen ihn nach Süddeutschland, und er tritt dem Deutschen Nationalverein bei. In Wolfenbüttel beginnt sein dauerhafter Kontakt zu Adolf Glaser und dem Westermann-Verlag.

Raabe und die Honoratiorentochter Bertha Leiste heiraten, und das Paar zieht nach Stuttgart, wo Raabe vielfältige Verbindungen zu Verlegern und Schriftstellern knüpft. 16 Werke entstehen hier, u. a. »Abu Telfan« und »Der Schüdderump«; im »Hungerpastor« zeigen sich bedauerlicherweise und auch ausnahmsweise antisemitische Tendenzen. Raabe wird Mitbegründer der nationalliberalen »Deutschen Partei«, die für eine nationale Einigung unter Führung Preußens eintritt, was ihm in Süddeutschland Gegnerschaft einträgt, zumal er aus seiner politischen Überzeugung auch in seinen Werken keinen Hehl macht. Am Vorabend des

Wilhelm Raabe

Barrikadenkampf in Berlin 1848. Zeichnung von Wilhelm Raabe, 1848

Deutsch-Französischen Krieges übersiedelt die Familie Raabe nach Braunschweig, wo bis 1902 insgesamt 32 Romane und Erzählungen entstehen. »In Braunschweig war Raabe endgültig bei sich angekommen. Vom Leben ernüchtert, vom Reich enttäuscht, literarisch vereinsamt und gesellschaftlich im Braunschweiger Bildungsbürgertum (›Kleiderseller‹, ›feuchter Pinsel‹ u. ä.) untergetaucht, verstand er es, seine existentiellen Ängste, politischen Besorgnisse und ästhetischen Skrupel in widerborstig-eigensinnigen Erzählwerken aufzufangen, die zur Romankunst der Moderne überleiteten und mit den Langerzählungen: ›Das Odfeld‹ (1888) und ›Stopfkuchen‹ (1891) weltliterarischen Rang beanspruchen dürfen. Bezeichnenderweise spielen diese beiden Spitzentexte (wie manches erwähnenswerte andere) im Herzogtum Braunschweig: Obwohl sich der antiwelfisch eingestellte Raabe nie als Lokal- und Heimatdichter begreifen wollte, wußte er, daß er im Braunschweigischen wie ›Antäus seine *alte Erde*‹ wiederberührt und die Kraft zu seinen bedeutendsten Werken gefunden hatte.«[35]

Wilhem Raabe: Horacker. Titelblatt, 1876

Wilhelm Raabe: Stopfkuchen. Bucheinband, 1891

Raabes humorvoll-skeptische Sichtweise auf die politischen Verhältnisse des neuen Reiches und auch auf dessen Zukunft lässt sich im »Horacker« (1876) aus den Äußerungen der alten Konrektorin herauslesen:

> Da schwatzen sie immer drauf los, daß der Schulmeister die Schlacht bei Königgrätz neulich gewonnen habe; aber nun frage ich Dich, Hedwig: Welcher denn? Der alte oder der junge? Meines Wissens nach doch einzig und allein der alte! ... Das soll sich erst ausweisen, was für ein Siegergeschlecht die neuen heraufziehen mit ihrem:
>
> ›Stramm, stramm, stramm;
> Alles über einen Kamm.‹
>
> Mir und meinem Alten kann's ja einerlei sein. *Wir* haben gottlob den Humor dazu, uns an vielem zu freuen; aber die armen Jungen dauern mich, die nun den Exerziermeister in irgendeiner Form ihr ganzes Leben lang nicht loswerden, von der Wiege über die Schule hinaus bis in ihr numeriertes kühles Grab. O, ich weiß es gut genug, daß sie mir meinen alten Werner den Letzten der gelehrten Mohikaner nennen, und daß er der letzte Konrektor ist, weiß ich auch. Zum dritten

aber weiß ich ganz genau, daß er schon als Untersekundaner mit auf die Wartburg hinaufgestiegen wäre, wenn er damals das Postgeld und die sonstigen Moneten zu der Fahrt hätte aufbringen können und sie ihn mit hinaufgelassen hätten, und daß dazu vielleicht mehr heller Sinn, Nachdenken und Freudigkeit gehörten, als heute mit hunderttausend andern in Reih und Glied in gleichem Schritt und Tritt zu marschieren.[36]

Wilhelm Raabe starb am 15. November 1910 in Braunschweig. Die Stadt, deren offizieller Vertreter auf dem »4. Deutschen Schriftsteller-Tag« 1882 Raabe desavouiert hatte, indem er erklärte, dass Braunschweig an schöner Literatur nichts Nennenswertes zu bieten hätte, machte ihn 1901 zum zweiten Ehrenbürger der Stadt (nach Bismarck), genehmigte im Laufe des 20. Jahrhunderts zwei Denkmäler und richtete in seiner letzten Braunschweiger Wohnung eine Gedenkstätte ein, in der wissenschaftliche und literarische Veranstaltungen stattfinden. 1911 wurde vom Braunschweiger Schulrat und Schriftsteller Wilhelm Brandes die Raabe-Gesellschaft gegründet.

Ein großer Verehrer Wilhelm Raabes war Wilhelm Scholz (1863, Königslutter – 1939, Braunschweig). Der aus einer alten Juristenfamilie stammende Scholz besuchte die Große Schule in Wolfenbüttel und das Braunschweiger Gymnasium Martino-Katharineum, absolvierte eine Buchhandelslehre in Frankfurt am Main und war anschließend einige Jahre Prokurist in der Leipziger Buchhandlung Alfred Lorenz. 1895 eröffnete er in Braunschweig eine eigene Buchhandlung, in der er besonders das Antiquariat pflegte. Scholz veröffentlichte eine Anzahl historischer Romane, die ihren Stoff zumeist aus der braunschweigischen Geschichte nahmen. Beliebt waren seine Wochenplaudereien im »Braunschweiger Allgemeinen Anzeiger«, die anonym unter der Rubrik »Pfeffernüsse« erschienen. Scholz war 15 Jahre lang mit Wilhelm Raabe befreundet, den er bis zu dessen Tode regelmäßig in einer geselligen Runde in

Braunschweig
Antiquariat am Burgplatz
(ehemals W. Scholz)

Es sind jetzt etwa 25 Jahre her – so lange mögen wohl die Bibliophilen auf Erstlingsausgaben der deutschen Schriftsteller fahnden, daß auch ich mich bemühte, die erste Ausgabe der »Chronik der Sperlingsgasse« zu bekommen, aber alle Versuche, ihrer habhaft zu werden, waren vergebens. Immer, wenn ich dachte, sie in irgend einem Kataloge zu erwischen, war mir ein anderer zuvorgekommen, und nie wurde mir diese Ausgabe ins Haus getragen, wo doch so viele tausend Bücher aus- und eingehen.

Und doch sollte ich sie noch erwerben. An Wilhelm Raabes Begräbnistage, am 19. November, schickte sie mir das Antiquariat von Joseph Baer in Frankfurt a. M. mit einigen anderen Büchern zu. Es war mir doch ein wehmütiges Gefühl, wie ich den Schatz, unscheinbar gebunden, in die Hand nahm und den Titel aufschlug; Jacob Corvinus, Die Chronik der Sperlingsgasse, Berlin 1857.

Im offiziellen Bücherkatalog ist diese Ausgabe nicht verzeichnet. Raabe hat die Druckkosten aus eigener Tasche bezahlt.

Wollte mir der heimgegangene alte Freund noch zuletzt eine Freude machen? Man könnte es annehmen. Ich blätterte weiter. [...] Es ist ein wunderbares Buch, diese Chronik. Man sollte meinen, Wilhelm Raabe habe diese Erzählung anno 1901 veröffentlicht und doch begann sie einst im Jahre 1854 ein junger Student der Weltweisheit, der aber schon damals ein Seher seines Volkes war. Drei Stunden besaß ich meinen Schatz, da war auch schon ein Raabe-Verehrer da und entführte mir meine Chronik nach Hannover. Der Antiquar darf sein Herz nicht an die Bücher hängen, er ist nur ein Zolleinnehmer der Literatur, die auf- und niederwogt. Habent sua fata libelli!

Wilhelm Scholz: Fünfzehn Jahre mit Wilhelm Raabe. 1912

einer Weinstube traf. Das Antiquariat W. Scholz war später als kleinste Buchhandlung Deutschlands an der Burg Dankwarderode lange Jahre berühmt.[37]

Eine literarische Gedenkstätte in Braunschweig erinnert an Friedrich Gerstäcker (1816, Hamburg – 1872, Braunschweig), das Friedrich-Gerstäcker-Museum. Friedrich Gerstäcker verbrachte seine Jugend in Braunschweig, schloss eine Landwirtschaftslehre ab und wanderte 1837 nach Amerika aus. Er durchquerte die USA und verdiente sich seinen Lebensunterhalt in den unterschiedlichsten Berufen. Nach seiner Rückkehr verarbeitete er seine Erlebnisse und Eindrücke literarisch. »Die Regulatoren in Arkansas« und »Die Flußpiraten des Mississippi« wurden Publikumserfolge und gehörten noch im 20. Jahrhundert zu den Jugendbuchklassikern. Verschiedene weitere Reisen in alle Kontinente folgten, deren literarische Auswertung in Büchern, Zeitschriften und Zeitungen eine große Leserschaft erfreute. Seit 1869 wohnte Gerstäcker wieder in Braunschweig, wo 1872 sein Roman »Im Eckfenster« erschien, in dem er Eindrücke aus seiner Jugendzeit verarbeitete, die er

Friedrich Gerstäcker

bei seinem Onkel, dem Hofschauspieler Eduard Schütz, am Hagenmarkt verbracht hatte.[38]

Aus den »Regulatoren in Arkansas« (1846) sei hier der für die Jugendliteratur und die Wildwestromantik jener Zeit wohl typische Romanschluss zitiert:

»Du bist brav! « sagte der Indianer, indem er freundlich mit dem Kopfe nickte; Dein Herz hat denselben Sinn wie Deine Worte, aber Assowaum muß jagen. Die weißen Männer haben das Wild am Fourche la fave getödtet; die Fährten der Hirsche sind selten geworden, und Bären kommen nur noch als Wanderer in die Niederungen dieser Thäler. Die Heerden der Weißen haben die Rohrdickichte der Sümpfe gelichtet, und der Bär sieht sich in ihnen umsonst nach einem Lager um. Assowaum ist krank; Büffelfleisch wird ihn gesund machen. Er zieht nach Westen. [...]«

Noch einmal schüttelte der Häuptling warm und innig des weißen Freundes Hand – ebenso die seiner Gattin – noch einmal winkte er den letzten Gruß zurück, und im nächsten Augenblick schloß sich das volle Laub der Büsche hinter ihm, als er, die Fenz überspringend, im Wald, im grünen, blühenden, duftigen Wald verschwand.

Ende.«[39]

Gerstäckers Arbeitszimmer. Aus: Die Gartenlaube, 1872

Von Gerstäcker führen verwandtschaftliche Beziehungen zur Kaufmanns- und Dichterfamilie Huch. Seine Tochter Marie Huch war die Mutter von Friedrich und Felix Huch und Tante von Rudolf und Ricarda.

Ricarda Huch wurde am 18. Juli 1864 in Braunschweig geboren und erinnert sich in ihren autobiographischen Schriften gern an ihre Jugend in der Stadt. Sie studierte in der Schweiz – als Frau war das für sie in Deutschland nicht möglich – Geschichte und Philosophie und promovierte in Zürich; zunächst nebenbei, später arbeitete sie hauptberuflich als Bibliothekarin und Lehrerin. Nach Stationen in Bremen, Wien und Triest lebte sie ab 1916 viele Jahre in München. In Triest erarbeitete sie als erste die Geschichte des »Risorgimento«, was ihr die Sympathien der Faschisten einbrachte. Ihre mutige Haltung als Präsidentin der Preußischen Akademie der Künste nach 1933 führte dazu, dass sie offiziell nicht mehr wahrgenommen wurde, ihre guten italienschen Verbindungen bewahrten sie jedoch vor direkter Verfolgung. Ricarda Huch starb am 17. November 1947 in Schönberg (heute Kronberg) im Taunus.

Friedrich Gerstäcker: Werke. Bucheinband, 1872

Ricarda Huch trat seit 1890 als äußerst produktive Schriftstellerin in die Öffentlichkeit, zunächst mit einem Lustspiel, dann mit Gedichten, Novellen, Romanen (»Vita somnium breve«, 1903; »Der Fall Deruga«, 1917) und zahlreichen erzählenden historischen Werken. Aus der Trilogie »Der große Krieg in Deutschland« (1912–1914), später unter dem Titel »Der dreißigjährige Krieg«, sei hier eine Szene aus dem dritten Teil angeführt:

> In der Hofburg besprachen Schlick und Trauttmansdorff mit dem Kaiser Wallensteins Ermordung und verschiedene damit verknüpfte Geschäfte, unter anderem, wie die Täter am füglichsten zu belohnen wären. Sie hätten ja, sagte Schlick, nicht nur die Person des Kaisers, sondern das gesamte Erzhaus aus höchster, dringendster Lebensgefahr befreit und müßten, um andere zur Nacheiferung anzufeuern, stattliche Auszeichnungen erhalten. Es sei ihm wirklich jetzt um vieles leichter zumute, sagte der Kaiser. Die Dankgebete in allen Kirchen wären doch angeordnet? Und wie der unverhoffte Todesfall im allgemeinen aufgenommen würde? [40]

Ricarda Huch

Ricardas Cousins Felix (1880, Braunschweig – 1952, Tutzing) und Friedrich

Felix Huch: Der junge Beethoven. Titelblatt der Erstausgabe, 1927

Huch (1873, Braunschweig – 1913, München) schrieben ebenfalls mit einigem Erfolg. Der Arzt Felix Huch publizierte später in den 20er Jahren u. a. Romane über Beethoven und Mozart. Friedrich Huch studierte Philosophie in München, gehörte zeitweise dem Kreis um Ludwig Klages an und war um die Jahrhundertwende ein berühmter Schriftsteller. Thomas Mann hielt dem an den Folgen einer Mittelohroperation überraschend verstorbenen 39-Jährigen in München die Grabrede. Sein bestes Werk »Mao« (1907) gehört zu den großen Schulromanen, die in jener Zeit ihren quantitativen und qualitativen Höhepunkt fanden.

Ricardas Bruder, Rudolf Huch (1862, Porto Alegre, Brasilien – 1943, Bad Harzburg), lebte in Braunschweig, Wolfenbüttel und vor allem in Bad Harzburg als Rechtsanwalt und Notar und schrieb 30 Romane, von denen »Aus dem Tagebuch eines Höhlenmolches« (1896) sein bekanntester wurde, sowie Essays, Dramen und autobiographische Schriften. Seine Kritik richtete sich gegen seiner Meinung nach dekadente Verfallserscheinungen in Philosophie und Literatur. Manchen seiner Texte liegt ein latenter Antisemitismus zugrunde, der ihn auch zu einem offenen

Verfechter des Nationalsozialismus werden ließ.

Einige Jahre lebte der von der Staatsmacht heftig verfolgte Mitbegründer der Sozialdemokratischen Arbeiterpartei und Schriftsteller August Otto-Walster (1834, Dresden – 1898, Waldheim) in Braunschweig. Er verfasste u. a. den historischen Roman »Braunschweiger Tage« (1874). Hier erschienen auch im Verlag W. Bracke jr. seine literarischen und sozialpolitischen Hauptwerke. Später wanderte er in die USA aus, kehrte aber nach der Aufhebung des Sozialistengesetzes 1890 zurück. Er starb 1898 im Zuchthaus.

August Otto-Walster

Julie Marie Sophie Dedekind stammte aus dem gebildeten Bürgertum Braunschweigs (1825, Braunschweig – 1914, ebda.), wurde daheim unterrichtet und arbeitete als Lehrerin, einige Jahre auch in Frankreich. Mitte des Jahrhunderts gründete sie gemeinsam mit einigen Kolleginnen eine Mädchenschule und engagierte sich für Mädchen aus den unteren Gesellschaftsschichten. Seit den 70er Jahren schrieb sie Erzählungen, zunächst in Zeitschriften unter dem Pseudonym

Phöbus Apollo ist ein grausamer Gott, und wer ihm naht, ohne daß er ihn gerufen hat, dem zerreißt er die Seele, [...]

Und hast Du diese Wahrheit nicht schon an Dir selbst erkannt, Schuster?

Und endlich: soll das Anpassung sein? Du willst ein Staubheimer sein und willst Froschgeschichten schreiben?

Ja denn, es ist gesprochen. Es hilft mir nichts, was ich mir selbst auch predige, es läßt mich nicht ruhen, es treibt mich – wohin?

Nun doch, zu den Fröschen. Wenn ich sie verherrlichen, Geschichten in ihrem Sinne schreiben will, muß ich sie doch um ihre Meinung fragen. Ich weiß, daß ich für meine Froschgeschichten keinen Verleger finde. Ja, ich selbst werde sie, wenn einmal niedergeschrieben, nie wieder durchlesen. Aber gerade deshalb habe ich in unserm tintenklecksenden Säculum alles andere übertrumpft, jeden Rivalen von vorn herein geschlagen. Kein Anderer wird sich vermessen, zu behaupten, er hätte etwas geschrieben, was keinem Menschen jemals zu lesen bestimmt ist.

Das allein ist reine Liebe zur Kunst: zu schreiben, um zu schreiben.

Rudolf Huch: Aus dem Tagebuch eines Höhlenmolches. 1896

Julie M. S. Dedekind: Die Eheverschreibung. Buchumschlag, 1893

Jeimar Jakobus. 1892 gewann sie das Preisausschreiben der Braunschweigischen Landeszeitung mit ihrer Novelle »Die Eheverschreibung«. In ihr wird unter dem Motto »Braunschweig, mein Braunschweig!« eine Geschichte um den »Schwarzen Herzog« gerankt.

Die Ereignisse um Friedrich Wilhelm und seine »schwarze Schar« waren ein beliebtes Motiv Braunschweig-bezogener Literatur. Literarisch mehrfach behandelt wurden auch Heinrich der Löwe und der »Diamantenherzog« Karl II. Auch hat der jahrhundertelange Widerstand der Stadt gegen ihre Landesherren bei patriotisch wie freiheitlich gesinnten Autoren bewundernden Widerhall gefunden, so etwa 1908 in einer »Geschichte aus dem Anfange des 17. Jahrhunderts«

Es war im Juli des Jahres 1809. Ein heiterer, milder Abend senkte sich auf die Erde herab, hell leuchteten die letzten Sonnenstrahlen, erfrischendes Rauschen ging durch die Lüfte, die Vögel sangen aus voller Kehle – aber die alte Stadt Braunschweig, über die all der Jubel ausgegossen wurde, empfand nichts davon.

Sie zuckte zusammen unter dem ehernen Joch des Eroberers. Gern hätte sie sich aufgebäumt – aber was konnt' es helfen? Zähneknirschend über ihre eigene Ohnmacht mußte sie den Druck der Fremdherrschaft tragen.

Julie Marie Sophie Dedekind: Die Eheverschreibung. 1893

Das Ergebnis der Preisbewerbung

Von den eingegangenen Bewerbungen erfüllt die Novelle »Die Eheverschreibung« mit dem Kennworte »Braunschweig, mein Braunschweig!« alle billigen Anforderungen in ausreichendem Maße und zugleich auf das glücklichste den patriotischen Zweck des Anschreibens. Eine unleugbare Schwäche der Komposition, in Folge deren in der zweiten Hälfte das eigentlich romanhafte Element zeitweilig vor dem historischen Detail in den Hintergrund tritt, wird unseres Erachtens durch originelle Erfindung, feine und sichere Charakteristik, schlichte, angemessene Sprache, echte Zeitfarben und eine Fülle geschichtlicher und kulturhistorischer Einzelheiten reichlich aufgewogen. Es durfte daher dieser Arbeit der volle Preis von 500 Mark ungeteilt zuerkannt werden und zwar um so eher, als alle anderen Konkurrenznovellen nach Form und Gehalt weit hinter ihr zurückstehen, soweit, daß wir keine derselben zum Ankauf und Abdruck empfehlen können.

Braunschweig, den 10. September 1892

»Macht und Recht« von Adolf Kiene, in dem ein Abgesandter des Herzogs droht:

> »[...] dann ist's Zeit, daß der Herzog andere Saiten aufzieht! Wehe Euch! Schwer wird der Zorn des Herzogs Euch Rebellen treffen! [...] auf den Knien sollt Ihr Eurem Herrn Abbitte leisten.«
> »Wir Braunschweiger knien nur vor Gott und – auf unsern Feinden!« versetzte ruhig und fest Herr Döring.«[41]

Adolf Kiene: Macht und Recht. Bucheinband, 1908

Vor, während und nach Zeiten gesellschaftlicher Unruhe werden von Autoren gern ähnliche Ereignisse aus der Geschichte thematisiert, und für diese Zwecke hat die niedersächsische und besonders die braunschweigische Historie einiges zu bieten. So waren die Ereignisse um den 1604 mit größter Brutalität hingerichteten Bürgerhauptmann Henning Braband und sein Scheitern als »Revolutionär« oft Gegenstand literarischer Behandlung. Auf der Grundlage eines Romans von Julius Hundeiker (Groß Lafferde, 1784 – Hötensleben, 1854), »Henning Braband oder Die Schrecken der Bürgermeisterherrschaft in Braunschweig« (1825), schrieb Adolf Glaser das »vaterländische Drama« »Henning Braband«, das 1857 zu Ehren des Herzogs aufgeführt wurde.[42] In dem Drama des überaus produktiven und erfolgreichen Autors und Redakteurs beim Westermann-Verlag wird pathetisch bürgerliche Freiheit gegen tyrannische Willkür des Rates gesetzt, der edle Herzog aber als Garant der bürgerlichen Freiheit gezeichnet.

Theaterzettel der Braunschweiger Uraufführung von Adolf Glasers Trauerspiel »Henning Braband« am 25. April 1857

Adolf Glaser (1829, Wiesbaden – 1916, Freiburg i. Br.) war eine zentrale Figur des literarischen Lebens in Braunschweig. Nach dem Studium der Philosophie und Kunstgeschichte redigierte er ab 1856 in Braunschweig die »Illustrirten deutschen Monatshefte« des Westermann-Verlages, in denen zahlreiche Werke des poetischen Realismus im Vorabdruck erschienen, so u. a. die von Wilhelm Raabe, mit dem ihn eine, allerdings häufig getrübte, Freundschaft verband. 1872 ging Glaser als Schriftleiter für Westermann nach Berlin, blieb aber regelmäßiger Gast in Braunschweig. Wegen eines Homosexualitätsskandals 1878 entlassen, wurde er 1881 wieder als Redakteur der Monatshefte eingestellt, die er bis 1907 leitete. In Berlin blieb er als Schriftsteller, wie schon zuvor in Braunschweig, außerordentlich produktiv. 1890/1 erschienen die »Gesammelten Schriften« aus seiner Berliner Zeit in zwölf Bänden.

Adolf Glaser

Der Westermann-Verlag, dessen literarisches Profil Adolf Glaser entscheidend mitprägte, gehörte zu den bedeutendsten deutschen literarischen

Links: Friedrich Vieweg; rechts: George Westermann

Verlagen im 19. Jahrhundert.[43] Der Firmengründer, George Westermann (1810, Leipzig – 1879, Wiesbaden), kam 1827 in die Verlagsbuchhandlung seines späteren Schwiegervaters Friedrich Vieweg nach Braunschweig und erwarb hier grundlegende Kenntnisse in allen Sparten des Buchhandels und der Druckerei. Nach Wanderjahren, die ihn auch nach England führten, gründete er 1838 den Verlag.

Sein Verlagsprogramm war deutlich auf das liberale Bürgertum ausgerichtet und auf sein Streben nach Presse- und Handelsfreiheit, nach nationaler Einheit und allgemeiner Bildung des Volkes. Mit zwei gewaltigen Erfolgen startete Westermann sein Verlagsunternehmen. Die »Weltgeschichte« des liberalen badischen Historikers Karl von Rotteck konnte er insgesamt mit über 200.000 Exemplaren verkaufen. Sein Aufenthalt in England bescherte ihm die Erstveröffentlichung zweier Romane von Charles Dickens in deutscher Sprache. Mit »Westermanns Monatsheften« begleitete der Verlag seit 1856 Generationen lesefreudiger und bildungshungriger Bürgerinnen und Bürger. Westermann hatte 1838 die Tochter seines ehemaligen Verlagschefs Vieweg geheiratet und damit eine Verbindung zum berühmten und hoch geachteten Klassiker-Verlag Vieweg hergestellt, der sich im 19. Jahrhundert vor allem einem naturwissenschaftlichen Programm verschrieb.

Westermanns Monatshefte
Erste Ausgabe, 1856

Allgemeine Geschichte

vom

Anfang der historischen Kenntniß

bis auf unsere Zeiten.

Für denkende Geschichtsfreunde

bearbeitet

von

Karl von Rotteck,

weiland Doctor der Rechte, Großherzoglich Bad. Hofrathe und Professor an der hohen Schule zu Freiburg, der Academie der moralischen und politischen Wissenschaften am königl. französischen Institute correspondirendem und mehrerer anderer gelehrter Gesellschaften ordentlichem, correspondirendem und Ehren-Mitgliede.

Mit dem

Bildnisse Karl von Rotteck's.

Erster Band.

Funfzehnte Original-Ausgabe.

Braunschweig,

Verlag von George Westermann.

1841.

Karl v. Rotteck: Weltgeschichte. Titelblatt, 1841

101

Zeitung
für Städte, Flecken und Dörfer,
insonderheit
für die lieben Landleute
alt und jung.

89. Stück. Sonnabend, den 13. November 1790.

Ein neunzigjähriger Greis vom Lande,
im Kreise seiner Kinder, Enkel und Urenkel,
in Braunschweig,
bey der Ankunft
des Durchlauchtigsten Erbprinzen
CARL GEORG AUGUST
mit Seiner Frau Gemahlinn,
der Durchlauchtigsten Prinzessinn
FRIDERICA WILHELMINE LUISE
von Nassau-Oranien.

Den 10ten November, 1790.

Nun, Kinder! will ich gern von dieser Erde scheiden,
Ihr schönstes Schauspiel hab' ich nun erlebt!
Ein Schauspiel, das mein Herz zu reinen Freuden,
Und meinen Geist zu GOtt erhebt.

Ein treues Volk im höchsten Jubel hier zu sehen,
Wie innigst froh hier Jüngling, Mann und Greis
Um Segen für den besten Fürsten flehen,
Ist traun! das Erhöhte, was ich weiß.

Das

»Rothe Zeitung«. Ausgabe vom 13. November 1790

Als weiterer Verlag ist E. Appelhans & Comp. zu nennen, der Ende des Jahrhunderts zum Heimatverlag ausgebaut wurde.

1786 war in Wolfenbüttel die »Zeitung für Städte, Flecken und Dörfer, in Sonderheit für die lieben Landleute alt und jung« von dem Pastor Hermann-Werner-Dietrich Braess gegründet worden, wegen ihres auffälligen Schwarz-Rot-Druckes im Titelblatt auch »Rothe Zeitung« genannt. Sie kam im 1645 gegründeten Heckners Verlag heraus, hatte einen durchgehend volksaufklärerischen Charakter und war bestimmt für Leser aus unteren sozialen Schichten. Bis weit in das 19. Jahrhundert hinein hielt die Zeitung diesen Anspruch aufrecht. Sie gilt als die Mutter der Regionalpresse. 1880 wurde die »Braunschweigische Landeszeitung« gegründet. In Wolfenbüttel seit 1874 ansässig ist auch der zwei Jahre zuvor in Braunschweig gegründete Georg Kallmeyer Verlag, der neben Belletristik und Jugendschriften in zunehmendem Maße auch staatliche Veröffentlichungen herausgab.[44]

Zum literarischen Leben der Stadt Braunschweig trugen im 19. Jahrhundert anfänglich sechs, um 1850 acht Buchhandlungen bei. Der wichtigsten Büchersammlung des Herzogtums, der »Herzoglichen Bibliothek« in Wolfenbüttel, an der Leibniz und Lessing wirkten, stand im 19. Jahrhundert keine Persönlichkeit von überregionalem Rang vor, doch fand der langjährige Oberbibliothekar Otto von Heinemann (1824, Helmstedt – 1904, Wolfenbüttel) Erfolg und Anerkennung als Regionalhistoriker. Symptomatisch erscheinen der Abriss der auf Leibniz zurückgehenden Bibliotheksrotunde 1877 und der Neubau eines wilhelminischen Repräsentationsgebäudes. Allerdings konnte die Bibliothek trotz eines bescheidenen, aber regelmäßigen Etats bedeutende Erwerbungen tätigen.

Die Herzogliche Bibliothek in Wolfenbüttel, 1887

Die Bibliothek des Braunschweiger Collegium Carolinum, 1748 gegründet, ist die älteste Büchersammlung einer deutschen technischen Universität. Während verschiedene behördliche und kirchliche Sammlungen nur bedingt der Öffentlichkeit zur Verfügung standen, kam die 1861 gegründete Stadtbibliothek Braunschweig dem Lese- und Informationsbedürfnis der gebildeten Schichten entgegen.[45]

Über das tatsächliche Leseverhalten breiter Bevölkerungsschichten geben die Verzeichnisse und Archivalien der privat betriebenen Leihbüchereien Auskunft, die im 19. Jahrhundert ihre Blütezeit erlebten. In Braunschweig wurde die erste Leihbibliothek 1794 von dem französischen Vikar König eingerichtet. 1819 erschien das erste Verzeichnis der Leihbibliothek von Johann Leibrock, das letzte 1855. Eine der bedeutsamsten Leihbüchereien war die des Buchhändlers G. C. E. Meyer, die 1805 gegründet wurde und noch eine Weile im 20. Jahrhundert existierte. In Wolfenbüttel eröffnete 1825 der Kunst- und Musikalienhändler Hartmann eine Leihbibliothek, die mehrfach den Besitzer wechselte und bis 1873 betrieben wurde. 1828 trat die Leihbücherei des Buchhändlers Albrecht hinzu.[46]

Als Beispiel für den Bestand einer Leihbücherei sei hier die Meyersche Leihbibliothek in Braunschweig etwas näher vorgestellt. Sie hatte 1830 einen Bestand von 22.995 Bänden. Über 52 % davon waren Romane, der Rest bestand aus wissenschaftlichen, historischen und politischen Werken (rund 9 %), Reisen-, Länder- und Städtebeschreibungen (6 %), Biographien und Lebensbeschreibungen (3 %), Gedichten (2,5 %), Jugend-

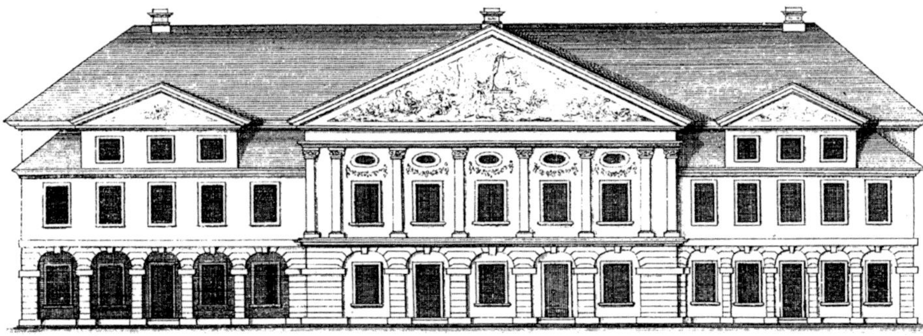

Braunschweig, Theater am Hagenmarkt, Ansicht von 1747

schriften (1,5 %), schöner Literatur und Kunst, Belehrung und Erheiterung (10 %), romantischen Ritter- und Räubergeschichten (9 %) und Schauspielen (7 %). Von den insgesamt 12.008 Romanbänden nahm August Lafontaine mit 473 den Spitzenplatz ein, gefolgt von Walter Scott mit 390.

Die Leihbibliotheken boten außer deutschen Autorinnen und Autoren oder Übersetzungen auch fremdsprachige Literatur in Französisch oder Englisch an. So hatte die Leihbibliothek der Geschwister Hengstmann in Braunschweig, die in den 70er Jahren gegründet worden war, 1886 in ihrem Bestand von rund 33.000 Bänden gut 7 % englischsprachige und knapp 15 % französischsprachige Bücher im Angebot. Auf Platz 44 finden wir um die Jahrhundertwende Wilhelm Raabe. Zu den Erfolgsautoren deutscher Leihbibliotheken in den Jahren 1849 bis 1888 zählte Friedrich Gerstäcker (Platz 16 von 150 Autoren), für die Jahre 1889 bis 1914 belegte er den neunten Platz.

Zum literarischen Leben der Stadt gehörte das Theater, das Anfang des Jahrhunderts in Braunschweig vor allem mit dem Namen August Klingemann verbunden war. Als Schriftsteller, aber vor allem als Theaterleiter prägte er das Braunschweiger Kulturleben zwei Jahrzehnte nachhaltig.

Klingemann beschrieb distanziert und ein wenig eigennützig das öffentliche Leben in den 20er Jahren des 19. Jahrhunderts in Braunschweig: »Man zieht sich, mit alleiniger Ausnahme des Theaters, welches gegenwärtig den Mittelpunkt der allgemeinen Unterhaltung abgiebt, in der Hauptsache auf Privatgesellschaften und Klubbs zurück, [...] im südlichen Deutschland betrachtet man auch Braunschweig, eben weil es wenig erwähnt wird, gleichsam als einen in Cimmerischen Nebel gehüllten Ort, und ich wurde in der Kaiserstadt versehentlich [...] auf eine naive Weise gefragt, ob es nicht in Preußen gelegen sei?«[47]

Zu Beginn des 19. Jahrhunderts wurde das Theater am Hagenmarkt, nachdem das Pantomimentheater abgerissen worden war, auch Schauspielertruppen zur Verfügung gestellt. In den ersten fünf Jahren des neuen Jahrhunderts spielte dort die französische Bursay-Truppe ein vielfältiges Repertoire, das nahezu alle Sparten des Sprech- und Musiktheaters umfasste. Ab 1810 trat eine der letzten Wanderbühnen in Braunschweig auf, die Friedrich Walthersche Truppe, die auch Stücke August Klingemanns aufführte. Klingemann, 1777 in Braunschweig geboren, studierte nach dem Besuch des Katharineum und des Collegium Carolinum Jura in Jena und lernte das Theater des klassischen Weimar kennen. Er schrieb einige Romane, darunter unter dem Pseudonym Bonaventura »Die Nachtwachen«, eines der durch die Diskussion um die Urheberschaft wohl bekanntesten Bücher der deutschen Romantik. Klingemanns Verfasserschaft wurde erst im Ausgang des 20. Jahrhunderts von einem Braunschweiger Universitätsprofessor nachgewiesen.[48] In der »8. Nachwache« des »Bonaventura« heißt es prophetisch: »Guter Gott, was müs-

ERSTE NACHTWACHE

Die Nachtstunde schlug; ich hüllte mich in meine abenteuerliche Vermummung, nahm die Pike und das Horn zur Hand, ging in die Finsternis hinaus und rief die Stunde ab, nachdem ich mich durch ein Kreuz gegen die bösen Geister geschützt hatte.

Es war eine von jenen unheimlichen Nächten, wo Licht und Finsternis schnell und seltsam miteinander abwechselten. Am Himmel flogen die Wolken, vom Winde getrieben, wie wunderliche Riesenbilder vorüber, und der Mond erschien und verschwand im raschen Wechsel. Unten in den Straßen herrschte Totenstille, nur hoch oben in der Luft hauste der Sturm, wie ein unsichtbarer Geist.

Es war mir schon recht, und ich freute mich über meinen einsam widerhallenden Fußtritt, denn ich kam mir unter den vielen Schläfern vor wie der Prinz im Märchen in der bezaubernden Stadt, wo eine böse Macht jedes lebende Wesen in Stein verwandelt hatte; oder wie ein einzig Übriggebliebener nach einer allgemeinen Pest oder Sündflut.

Der letzte Vergleich machte mich schaudern, und ich war froh, ein einzelnes mattes Lämpchen noch hoch oben über der Stadt auf einem freien Dachkämmerchen brennen zu sehen.

Ich wußte wohl, wer da so hoch in den Lüften regierte, es war ein verunglückter Poet, der nur in der Nacht wachte, weil dann seine Gläubiger schliefen und die Musen allein nicht zu den letzen gehörten.

August Klingemann: Die Nachtwachen des Bonaventura. 1804

sen nach einem Jahrtausend nicht für Fortschritte in allen Wissenschaften gemacht sein, da wir jezt bereits so weit sind; man muß dann Naturreparirer, ebenso häufig wie jezt Uhrmacher haben [...]«[49]

August Klingemann

1810 nach Braunschweig zurückgekehrt, trat Klingemann einen Brotberuf als Registrator an, den er nach dem Erfolg zahlreicher von ihm geschriebener historischer Dramen 1813 aufgeben konnte, um sich ganz der Theaterarbeit zu widmen. Nachdem er einige Zeit lang mit der Waltherschen Truppe zusammengearbeitet hatte, gründete er 1818 das Braunschweiger Nationaltheater, die »Ära Klingemann« hatte begonnen.[50] Klingemann forderte in seiner Abhandlung »Was für Grundsätze müssen eine Theaterdirektion bei der Auswahl der aufzuführenden Stücke leiten?« einen vielfältigen Spielplan, dessen vornehmste Aufgabe es sei, durch die Aufnahme von Neuerungen das Publikum zu

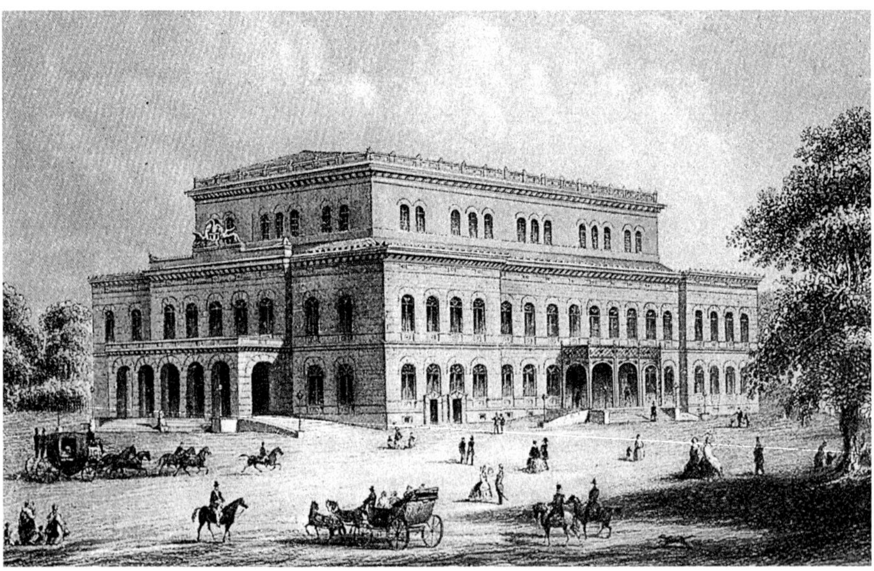

Braunschweig, Herzogliches Hoftheater um 1860

bilden. In der Praxis nahm er jedoch auch Rücksicht auf den Geschmack einer breiteren Zuschauerschaft und stand damit wie alle Theaterleiter bis in die Gegenwart vor der Aufgabe, Anspruch und messbaren Erfolg in Übereinklang zu bringen – ein Dilemma, das Goethe im »Vorspiel auf dem Theater« des »Faust« auf Dauer gültig thematisiert hat.

Das »Vorspiel« wurde am 19. Januar 1829 in Braunschweig allerdings nicht gezeigt, als Goethes »Faust« mit großem Erfolg uraufgeführt wurde; Klingemanns Fassung wurde danach von vielen anderen deutschen Bühnen übernommen. Bald nach diesem Höhepunkt in der Braunschweiger und der deutschen Theatergeschichte überhaupt kam es zum Konflikt mit Karl II., der ihn faktisch von der Theaterleitung entband. Nach dessen Vertreibung 1830 wurde Klingemann zwar wieder mit der Leitung des Theaters beauftragt, er starb jedoch schon 1831 in Braunschweig.

Hof-Theater.

Montag, den 19. Januar 1829.
Vierzehnte Vorstellung im vierten Abonnement.

Zum Erstenmal:

Faust,

Tragödie in sechs Abtheilungen von Göthe. Für die Bühne redigirt.

Personen:

Faust		Hr. Schütz.
Wagner, sein Famulus		Hr. Senk.
Mephistopheles		Hr. Marr.
Der Erdgeist		Hr. Dessoir.
Böser Geist		Hr. Gaßmann.
Ein Schüler		Hr. Hübsch.
Frosch,	Studenten	Hr. Eggers.
Brander,		Hr. Günther.
Siebel,		Hr. Meller.
Altmayer,		Hr. Scholz.
Hexe		Mad. Lay.
Margarethe, ein Bürgermädchen		Mad. Berger.
Valentin, ihr Bruder, Soldat		Hr. Kettel.
Frau Marthe, ihre Nachbarin		Mad. Klingemann.
Erster	Handwerksbursche	Hr. Feuerstacke.
Zweiter		Hr. Küster.
Dritter		Hr. Fischer.
Erster	Schüler	Hr. Berger.
Zweiter		Hr. Fitzenhagen.
Erstes	Dienstmädchen	Dem. Solbrig.
Zweites		Elise Hambach.
Erstes	Bürgermädchen	Mad. Größer.
Zweites		Dem. Höffert.
Erster	Bürger	Hr. Gerard.
Zweiter		Hr. Clarpius.
Dritter		Hr. Hauck.
Eine alte Wahrsagerin		Mad. Herfet.
Soldaten. Volk. Erscheinungen und Geister.		

Anzeige.

Die geehrten Abonnenten werden ersucht, an jedem Abend ihre Abonnementskarten mitzubringen und vorzuzeigen, weil die Wechselung der Logenschließer an den verschiedenen Plätzen dies nothwendig macht.

Preise der Plätze:

Parterre 8 Ggr. Sperrsitz 12 Ggr. Parterre-Loge 12 Ggr. Erster Rang 16 Ggr. Zweiter Rang 8 Ggr. Dritter Rang 4 Ggr. Gallerie 3 Ggr

Das Theater-Büreau befindet sich im Hause № 1885 am Steingraben, und ist von Morgens 10 Uhr bis Mittags 1 Uhr geöffnet.

Billets sind nur an dem Tage gültig, an welchem sie gelöset sind.

Der Anfang ist um 6 Uhr und das Ende 9 Uhr.

Die Casse wird um 5 Uhr geöffnet.

Unpäßlich: Herr Größer.

Theaterzettel der Braunschweiger Uraufführung von Goethes Faust am 19. Januar 1829

Karl II. hatte bereits 1826 das Nationaltheater in ein »Herzogliches Hoftheater« umgewandelt – ein Name, der bis 1922 Bestand haben sollte. 1861 zog das Hoftheater nach einer Brandkatastrophe und wegen verschiedener baulicher Mängel des Gebäudes am Hagenmarkt in ein neues Domizil im Herzoglichen Park. Es wurde mit einer Aufführung von Goethes »Iphigenie« eingeweiht. Im Laufe des 19. Jahrhunderts konnte das Hoftheater in allen Sparten mit einer Reihe glanzvoller Aufführungen aufwarten, wobei man nicht nur, aber vornehmlich auf konventionelle Stücke setzte.

Die Theatergeschichte Braunschweigs ist jedoch nicht auf das staatlich subventionierte Hoftheater zu beschränken. Während des gesamten 19. Jahrhunderts gab es eine Reihe alternativer Spielstätten in privater

Regie, in denen neben volkstümlicher Unterhaltung auch sehr anspruchsvolle Stücke zur Aufführung kamen. Zu nennen sind das »Egidientheater« (1839/40), das volkstümliche Theater im »Hôtel d'Angleterre« (seit 1866), der Konzert- und Ballsaal der Gaststätte »Weißes Ross« und vor allem »Holsts Garten« und der »Wilhelmsgarten«. In »Holsts Garten« wurden in den 80er und 90er Jahren mit großem Erfolg die sozialkritischen Schauspiele der Naturalisten (Hauptmann, Sudermann, Dreyer, Hartleben, Ibsen u. a.) aufgeführt.[51]

Natürlich waren manche Besucher der privaten Theater und auch des Hoftheaters in Braunschweig wie anderswo nicht nur an den dargebotenen Texten, der Musik und der künstlerischen Darstellung interessiert. Ricarda Huch berichtet in ihren Kindheitserinnerungen aus den 70er-Jahren von zahlreichen, sie tief beeindruckenden Schauspiel- und Opernaufführungen, aber auch von Darbietungen anderer Art: »Das damals reichlich verwendete Ballett hatte für die Offiziere, überhaupt für die Herrenwelt, eine Anziehungskraft, von deren Charakter ich als Kind keine Ahnung hatte.«[52]

Lüneburger Heide

Doch nun von der Stadt aufs Land und gleich wieder zurück, denn *ein* Intellektueller und Stadtmensch steht geradezu als Synonym für eine Kulturlandschaft, die in der deutschen Literaturgeschichte mit purer Naturromantik in Verbindung gebracht wird, und der Anfang des 20. Jahrhunderts auch die seit Goethe kräftig anschwellende Harzliteratur bereichert hat. Sein »Auf der Lüneburger Haide« vermögen wohl auch im 21. Jahrhundert noch viele vor 1965 Geborene – nicht nur in Norddeutschland – wenigstens in der ersten Strophe auswendig zu singen. Er schrieb tatsächlich meist »Haide« in der Weise, wie es vor der Orthographie-Reform von 1909 üblich war, der Journalist und »Heidedichter« Hermann Löns, weil er dies schöner fand, ausdrucksvoller – was auf eine besondere Sprachsensibilität schließen lässt.[53]

Diese Sensibilität hätte ihn lange nach seinem Tod allerdings kaum zu einem Favoriten der Nationalsozialisten werden lassen. Dazu bedurfte es gewisser nationalistisch-völkischer Töne, die der sich vieler Stilmittel bedienende Löns auch gelegentlich anschlug.

Hermann Löns

Seine spannungsreich erzählte »Chronik aus dem Dreißigjährigen Krieg« »Der Wehrwolf« von 1910 etwa ist letztendlich ein Dokument hinterwäldlerischer Xenophobie. Besonders aber sein Tod als Kriegsfreiwilliger bei einem Sturmangriff in der Nähe von Reims im September 1914 führte zu einer Vereinnahmung des Helden und Heimatdichters durch die NS-Machthaber. Zwischen 1933 und 1935 kam es, nebenbei bemerkt, zu bizarren Begräbnissen seiner angeblichen Gebeine, um die sich die herrschende Partei, seine Witwe und die Wehrmacht stritten.

Hermann Löns wurde am 29. August 1866 in Culm an der Weichsel geboren, wuchs in Münster/Westfalen auf und versuchte sich an verschiedenen Universitäten, darunter in Göttingen, im Studium wechselnder Fachgebiete. Nach dem Abbruch seiner Studien arbeitete er als Redakteur in Kaiserslautern, Gera und Hamburg. 1892 zog er nach Hannover, wo er in den folgenden Jahren Redakteur bei verschiedenen Zeitungen war, unterbrochen von einer dreijährigen Tätigkeit für die »Schaumburg-Lippische Landes-Zeitung« in Bückeburg. Psychische und familiäre Probleme ließen ihn aus Hannover »fliehen«, und er hielt sich in Berlin, Graz, Zürich, Davos, Wiesbaden und Ootmarsum in Holland auf.

Bis 1912 lebte er als freier Schriftsteller in Hannover. Löns war schon zu Lebzeit erfolgreich als Heide-Dichter und Heimatschriftsteller. Er selbst war als Jäger und Naturbeobachter häufig in der Heide unterwegs und hatte eine kleine Jagdhütte im Westenholzer Bruch, in der er wochenlang wohnte und die heute frei zugänglich als kleines Museum eingerichtet ist. Seine Naturschilderungen begannen 1901 mit den Erzählungen »Mein grünes Buch«, es folgten »Mein braunes Buch« (1907), später dann »Kraut und Lot« (1911), »Haidbilder«, »Auf der Wildbahn« und »Da draußen vor dem Tore« (alle drei 1912). Seine Tierbücher »Mümmel-

Auf der Lüneburger Haide

Auf der Lüneburger Haide,
In dem wunderschönen Land
Ging ich auf und ging ich unter,
Allerlei am Weg ich fand;
Valleri, vallera,
Und juchheirassa,
Bester Schatz, bester Schatz,
Denn du weißt es weißt es ja.

Brüder laßt die Gläser klingen,
denn der Muskatellerwein
Wird vom langen Stehen sauer,
Ausgetrunken muß er sein;
Valleri, vallera,
Und juchheirassa,
Bester Schatz, bester Schatz,
Denn du weißt es weißt es ja.

Und die Bracken und die bellen,
Und die Büchse und die knallt,
Rote Hirsche wolln wir jagen
In dem grünen, grünen Wald.
Valleri, vallera,
Und jucheirassa,
Bester Schatz, bester Schatz,
Denn du weißt es weißt es ja.

Ei du Hübsche, ei du Feine,
Ei Du Bild, wie Milch und Blut,
Unsre Herzen wolln wir tauschen,
Denn du glaubst nicht, wie das tut;
Valleri, vallera,
Und juchheirassa,
Bester Schatz, bester Schatz,
Denn du weißt es weißt es ja.

Hermann Löns: Der kleine Rosengarten. Volkslieder. 1911

mann« (1909), »Goldhals« (1914) und »Widu« (1917 posthum erschienen) wurden Standardwerke der Jugendliteratur. Besonders erfolgreich schon während des Erscheinens waren seine Romane »Der letzte Hansbur« (1909), »Dahinten in der Heide« (1909) und »Das zweite Gesicht«. Seit 1901 publizierte er mehrere Gedichtbände, so »Mein goldenes Buch« (1901), »Mein blaues Buch« (1909) sowie »Der kleine Rosengarten« (1911). Einige der darin aufgenommenen Gedichte fanden auf Dauer Eingang in die Schullesebücher und werden auch noch in unserer Gegenwart als »Volkslieder« gelegentlich gesungen.

Die Heidebauern

Im Anfange war es wüst und leer in der Heide. Der Adler führte über Tage das große Wort, und bei Nacht hatte es der Uhu: Bär und Wolf waren Herren im Lande und hatten Macht über jegliches Getier.

Kein Mensch wehrte es ihnen, denn die paar armseligen Wilde, die dort vom Jagen und Fischen lebten, waren froh, wenn sie das Leben hatten, und gingen den Untieren liebendgern aus der Kehr.

Da kamen eines Abends andere Menschen zugereist, die blanke Gesichter und gelbes Haar hatten; mit Pferd und Wagen, Kind und Kegel kamen sie an und mit Hunden und Federvieh. […] Ein jeder suchte sich einen Platz und baute sich darauf ein breites Haus mit spitzem Dach, das mit Reet und Plaggen gedeckt war und am Giebel ein paar bunte Pferdeköpfe aus Holz aufwies. [...]

Der Wulfshof hatte das beste Weideland von allen Höfen, aber der Bauer hatte auch am meisten mit den Wölfen und Bären zu tun und mit den schwarzbraunen Leuten, die hinten im Bruche lebten. Doch das war ihm gerade recht und seinen Jungens nicht minder; je bunter es herging, um so lieber war es ihnen, und so wurden es Kerle wie die Bäume, mit Händen wie Bärenpfoten; aber dennoch konnte sie ein jeder gern leiden, dieweil sie so grall in die Welt sahen und allewege lachten.

Das kam ihnen und ihren Kindern und Kindeskindern auch gut zupasse, denn es ging zuzeiten wild genug her in der Heide; fremde Völker zogen durch, und die Heidebauern mussten mächtig aufpassen, daß sie nicht umgerannt wurden.

Hermann Löns: Der Wehrwolf. 1910

Wie schon gesagt, war der »Heidedichter« aber durchaus in der Großstadt präsent. Seine satirischen Beiträge in der hannoverschen Presse waren außerordentlich beliebt. Als »Fritz von der Leine« und »Ulenspiegel« spießte er tatsächliche oder angebliche Missetaten der Obrigkeit und gesellschaftliche Borniertheiten auf. So etwa in einem vorgeblichen Schüleraufsatz, in dem es u. a. heißt: »Das war ein sehr edler Mann. Der steckte sein ganzes Geld in die Stadt, bis er in das Armenhaus kam und kein Denkmal kriegte. Heute ist das anders.«[54] In die Kategorie der wohl ewig gültigen Wahrheiten gehören beispielsweise auch die beiden ersten Strophen seines Gedichtes »Das Steuerrad«:

In einem kühlen Grunde,
Da rauscht das Steuerrad;
Der Überschuß ging flöten,
Den man geträumet hat.

Die Gegenwart ist greulig,
Die Zukunft die ist grau;
Uns wird beträchtlich miese,
Uns wird erheblich mau. [...][55]

Als Reiseschriftsteller wird Löns auch heute noch gelegentlich zitiert, etwa wenn er seine Eindrücke von Lüneburg schildert oder von seiner Brockenwanderung berichtet. Auf Bückeburg freilich, wo er seiner Meinung nach nicht gut behandelt worden war, lässt er es in seiner Satire »Duodez« spöttisch herabregnen: »Wenn man von Köln nach Berlin fährt, dann erblickt man kurz hinter Minden plötzlich blau, weiß und rot

Eine Auswahl von Löns-Titeln

angestrichene Grenzpfähle, und wenn man seine Reisegefährten fragt: ›Was ist denn das?‹, so erhält man zur Antwort: ›Ach, das war eben Schaumburg-Lippe.‹«[56]

Die facettenreiche Persönlichkeit von Hermann Löns, der der Natur und der Lebensfreude bemerkenswerte Prosa und Lyrik widmete, wird besonders augenfällig durch seinen Entschluss, sich noch als 48-Jähriger als Kriegsfreiwilliger zu melden.

In der Geschichte »Heidgang« beschreibt er einen Jagdausflug, dem ein Bock zum Opfer fällt:

> Über Äste und Zweige, Wurzeln und Stämme trete ich von einem Moospolster zum andern, leise und langsam nach Mörderart. Ich wecke den Bock nicht mehr; er hat den Schuß nicht vernommen; er liegt, als schliefe er, den Kopf zwischen den Läufen; rechts und links von ihm funkeln rote Korallen im dunkelgrünen Moose.
>
> Einen Augenblick zürne ich mir selbst, einen kurzen Augenblick nur. Kurz war der Knall und schnell war sein Tod; wohl dem, dem solch Ende beschieden wird: Aus der Sonne hinaus den Sprung in die Nacht hinein.[57]

Die Heide hat zahlreiche Schriftsteller animiert, von denen Hermann Löns zweifellos der bekannteste und bedeutendste war.[58] Doch schon Eugenie Marlitt entdeckte 1871 in der »Gartenlaube« die Landschaft und ließ in ihr das »Heideprinzeßchen« lustwandeln. Von Anny Wothe

Und dann schritten sie, sich eng umschlungen haltend, über die Heide dem Gosenhofe zu. Durch beider Seelen zog es wie ein Gebet:

So flicht zum Kranze mir die Heideblüte,
Die sich um braune Tannenwurzeln schmiegt,
Und wenn des Sommers Rosenpracht verglühte,
Im Herbstwind noch die roten Glöckchen wiegt,
Daß ich durch Sturm und Nacht sie mit mir trage
Als Hoffnungspfand für neue Sonnentage.

Die roten Erikablüten ließen ihre Glöckchen klingen, und die blauen Glockenblumen neigten tief, tief ihre Häupter. Der Ginster lachte glücklich dazu, und die Bienen surrten leise darüber hin. Und über all diesem lag flimmernder Sonnenglanz:

»Heidezauber!«

Anny Wothe: Heidezauber. 1895

Immenhof, den 14. Oktober 19..
Heidehaus

... und so bin ich fernab vom Weltgetriebe meine Straße gezogen und habe die Brücken hinter mir abgebrochen.

»Die Heide ist braun,
Einst blühte sie rot,
Die Birke ist kahl,
Grün war einst ihr Kleid,
―――――――――――――――――
Weh über den Herbst und die gramvolle Zeit.«

Der erste Tag in meiner neuen Welt. Wunderlich ist mir zu Sinn. Dort verglüht das Abendrot über der braunen Heide, es duftet nach Birkenlaub und Erde.

Sechs Uhr abends. Tiefe, wohlige Stille um mich. Und da die neue, selbstgewählte Heimat mich noch nicht ganz fest an ihrer Brust hält, vermögen es meine Gedanken, nach der alten Heimat zu schweifen. Doch ohne rascheren Herzschlag losgelöst, über dem Ganzen stehend, folgt mein »Ich« ihrem Fluge.

Felicitas Rose: Heideschulmeister Uwe Karsten. 1909

erschien 1892 der »Haidezauber«; Felicitas Rose (1862, Arnsberg – 1938, Müden/Örtze) publizierte 1909 »Heideschulmeister Uwe Karsten« – einen überaus erfolgreichen Roman, der 1933 und 1954 verfilmt wurde. Bei heutiger Lektüre des »Heideschulmeisters« fallen vor allem der überdimensionierte Gebrauch von »Heide« in Substantiv-Kombinationen und der Abdruck einiger schlechter Gedichte auf.

Eugenie Marlitt

Ebenfalls als »Heidedichter« gilt Diedrich Speckmann (1872, Hermannsburg – 1938, Fischerhude). Speckmann studierte nach dem Abitur in Celle Theologie an verschiedenen Universitäten, schloss in Göttingen die beiden Staatsexamina ab. Nach Hauslehrer- und Pfarrerstellen ließ er sich aus gesundheitlichen Gründen vom Amt suspendieren und schrieb, beginnend mit »Heidjers Heimkehr« (1904), zahlreiche Heideromane. 1922 erschien eine achtbändige Gesamtausgabe seiner Werke in Berlin. Später gehörte er zu den deutschen Schriftstellern, die ein Gelöbnis treuester Gefolgschaft für Adolf Hitler unterzeichneten.

1.

Er ist ein einsamer Wanderbursch, der kleine Fluß, er läuft durch die stille Heide. Seine schwach klingenden Wellchen kennen nicht das tolle Jauchzen thaleinwärts stürzender Wasser; sie trollen sich gemächlich über widerstandslose, flach gewaschene Kiesel, zwischen seichten, mit Weiden und Erlen bestandenen Borden. Das Gebüsch aber verschränkt seine Zweige so undurchdringlich, als dürfe nicht einmal der Himmel droben wissen, daß die kleine Ader voll rieselnden Lebens in der verrufenen Heide klopfe. Und das ist so recht im Sinn vieler böser Zungen, die draußen in der Welt diese weiten Flächen germanischen Tieflandes verlästern.

Lieber, sieh dir einmal das vielgeschmähte Proletarierweib, die Heide, im Hochsommer an! Freilich, sie hebt die Stirne nicht bis über die Wolken, das Diadem des Alpenglühens oder einen Kranz von Rhododendren suchst du vergebens; — sie trägt nicht

Links u. Mitte: Eugenie Marlitt: Das Heideprinzeßchen. Einband und Textanfang der 2. Auflage, ca. 1890. – Rechts: Anny Wothe: Heidezauber. Ausgabe von 1919

Friedrich Freudenthal

Für die reale Heide und für die niedersächsische Literatur wichtig waren Friedrich Freudenthal und sein Bruder August. Friedrich Freudenthal, geboren 1849 in Fallingbostel, gestorben 1929 in Fintel, nahm an der Schlacht bei Langensalza 1866, später auch am Deutsch-Französischen Krieg von 1870/1 teil. Mit 24 Jahren übersetzte er Liebeslieder von Robert Burns in das Niederdeutsche, weitere folgten.[59] 1879 erschien »Bi'n Füür. Geschichten ut de Lüneborger Heide. En plattdütsch Geschichtenbook«, 1890 eine weitere plattdeutsche Sammlung »In de Fierabendstied«. Diese beiden Bände sowie die zahlreichen folgenden wurden bis in die Gegenwart immer wieder aufgelegt. In den 80er Jahren leitete Friedrich Freudenthal die Postagentur seines Heimatortes, war einige Jahre Bürgermeister in Soltau und danach zunächst Journalist und schließlich freier Schriftsteller in seinem Heimatdorf Fintel. Gemeinsam mit seinem Bruder August setzte sich Freudenthal früh für den Naturschutz ein und gab mit ihm ab 1895 die Halbmonatsschrift »Niedersachsen« heraus.

August Freudenthal

August Freudenthal (1851, Fallingbostel – 1898, Bremen) wurde als Journalist, Herausgeber und Zeitschriftengründer bekannt. Immer wieder widmete er sich in Reiseberichten der Lüneburger Heide, die in dem vierbändigen Werk »Heidefahrten für Freunde der Heide geschildert« 1890 bis 1897 erschienen. Dieses umfangreiche Werk hat den noch journalistisch tätigen Hermann Löns zu eigener schriftstellerischer Prosa und Lyrik angeregt.

Der Blick auf die Heide durch mehr oder weniger romantisch oder ideologisch gefärbte Dichterbrillen könnte die

Filmprogramme zu den Verfilmungen von »Heideschulmeister Uwe Karsten« von 1933 und 1954

Links: Diedrich Speckmann: Heidjers Heimkehr. Ausgabe von 1907. – Rechts: Diedrich Speckmann

Heidelandschaft bei Oberhaverbeck.
Nach einer Photographie von E. Wolffram in Bremen.

Heidefahrten.

Ausflüge in die hohe Heide und in das Flußgebiet der Böhme.

Für Freunde der Heide geschildert
von
August Freudenthal.

Bremen.
Druck und Verlag von M. Heinsius Nachfolger.
1890.

August Freudenthal: Heidefahrten. Frontispiz und Titelblatt, 1890

Karl Friedrich Ludwig Goedeke

dortigen Städte der Gefahr aussetzen, dass sie von Ferne her gesehen ihrer Individualität verlustig gehen. Ein voreingenommener Blick könnte überdies verdrängen, dass ehemalige Residenzstädte wie Celle und Lüneburg durchaus am literarischen Leben auch ganz ohne Heideromantik teilnahmen.

Celle ist die Geburtsstadt eines der bedeutendsten deutschen Literaturhistoriker, Karl Friedrich Ludwig Goedeke (1814, Celle – 1887, Göttingen). Er studierte in Göttingen, verließ die Universität im Zuge der Ereignisse um die Göttinger Sieben jedoch ohne Abschluss. Nach Celle zurückgekehrt, wo er unter anderem Texte für die Grimmsche Märchensammlung zusammentrug, schrieb er unter dem Pseudonym Karl Stahl die Satire »König Kodrus, eine Mißgeburt der Zeit« und widmete sie den Grimms. Sie erschien 1839 nach erheblichen Zensureingriffen in Leipzig. Er publizierte zwei Novellenbände sowie zahlreiche Arbeiten über die deutsche Dichtung vom Mittelalter bis zur Gegenwart. Berühmt wurde Goedeke durch sein Standardwerk »Grundriss zur Geschichte der deutschen Dichtung«, das bis in die Gegenwart Bedeutung hat.[60]

Mit Otto Bögeholz (1805, Tatenhausen – 1895, Tatenhausen) erfanden Mitglieder des Celler Männerbundes »Schlaraffia« einen angeblichen Heimatdichter von großer Wirkung, der auch zu den Dichtern seiner Zeit, vor allem zu Wilhelm Busch, gute Kontakte gehabt haben soll. In den 70er Jahren des 20. Jahrhunderts wurde ihm in Braunschweig-Watenbüttel durch die List eines Braunschweiger Schlaraffen eine Straße gewidmet, die später eine Tafel erhielt mit dem Hinweis, dass Bögeholz eine Erfindung sei.[61]

Das Celler Schlosstheater, erbaut 1670 bis 1674, gilt als das älteste noch bespielte Theater Deutschlands und als ältestes Barocktheater Europas. Bis in das 19. Jahrhundert wurde es als Gastspieltheater betrieben, 1890 aus feuerpolizeilichen Gründen geschlossen.

Als eine der ältesten Buchhandlungen Deutschlands hatte die 1746 gegründete Schulzesche Buchhandlung bis 2002 Bestand. 1817 erschien die erste Ausgabe des »Zelleschen Anzeigers« (seit 1943: Cellesche Zeitung).

Das Celler Schloss

Mit allerhöchster Königlicher Genehmigung.

Zellescher Anzeiger.

Mittwoch, am 2ten April 1817.

1stes Stück.

Zellescher Anzeiger, 1817

Im selben Jahr wie Friedrich Schiller, nämlich 1804, veröffentlichte Leonhard Wächter (1762, Uelzen – 1837, Hamburg) unter dem Pseudonym Veit Weber ein Wilhelm-Tell-Drama. Wächter, der in Göttingen studiert hatte, war von der Revolution begeistert und hatte sich den französischen Revolutionstruppen angeschlossen. Nachdem er nach Deutschland zurückgekehrt war, arbeitete er in Hamburg als Lehrer und schrieb einige Bände über mittelalterliche Stoffe.[62]

Ein Sohn der Stadt Uelzen ist auch Karl Söhle (1861, Uelzen – 1947, Dresden). Söhle verlebte seine Kindheit in Hankensbüttel und ließ sich später ohne Abitur am Lehrerseminar in Wunstorf ausbilden. Für eine Schullehrerexistenz in Wittingen, meinte Söhle, sei er ungeeignet. Er

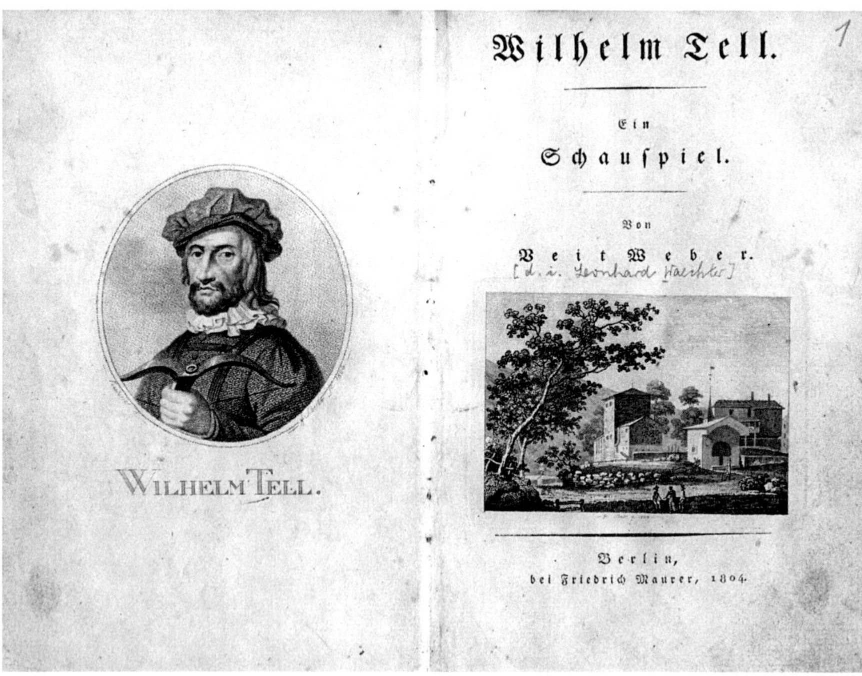
Wilhelm Tell.

Wilhelm Tell.

Ein Schauspiel.

Von Veit Weber.

[d. i. Leonhard Waechter]

Berlin, bei Friedrich Maurer, 1804.

Veit Weber [d. i. Leonhard Wächter]: Wilhelm Tell. Titelblatt, 1804

Karl Söhle: Schummerstunde. Ausgabe von 1926 (8. Auflage)

begann schließlich ein Musikstudium am Konservatorium Dresden, das er nach einigen Semestern abbrechen musste. Er wurde Schriftsteller und erzählte Geschichten aus seiner Kindheit und seiner Lehrertätigkeit aus der Region um Uelzen und Gifhorn, die Einblicke in das Landleben im 19. Jahrhundert gewähren. Schließlich wurde er Professor für Musik am Dresdener Konservatorium und ein erfolgreicher Autor von Musikerromanen.

Der Name der alten Salzstadt Lüneburg ist literarisch vor allem mit Heinrich Heine und Hermann Löns verbunden. In einem dreiteiligen Reisebild in der »Hannoverschen

Der Heideschaper

Die Hirten von Bethlehem, jawohl und:
»Laßt uns jederzeit
Arme Hirtenleut'
Halten wert und hoch in Ehren.«
So singt das fromme Lied – die Heidjer aber denken anders darüber:
»Schäfer und Schinder
Geschwisterkinder.«
Wenn auch über die hundert Jahre ehrlich gesprochen – durch hochwohllöbliche Obrigkeit rehabilitiert und die Makula von Ihnen genommen: der Heidjer weiß, was er von Schäfern, Müllern, Leinewebern, Nachtwächtern und Fillern (Schindern), Kuhlengräbern (Totengräbern), Musikanten und Kamöjemachern (Schauspielern) zu halten hat. [...] Deshalb den Mund halten und sich möglichst gut mit ihnen stellen, das ist das Klügste. Vornehmlich mit dem Schaper. Was ein richtiger Heideschaper, der ist erfahren in der geheimen schwarzen und weißen Magie: der kann hexen und prophezeien. Und auch kurieren kann er [...]

Darum, liebes Kind, wahr' dich, sei immer höflich und grüße ihn respektvoll, so du in der Heide einen Schaper siehst.

Karl Söhle: Schummerstunde. Bilder und Gestalten aus der Lüneburger Heide. 1918

Presse« beschrieb Hermann Löns Lüneburg gegen Ende des 19. Jahrhunderts. Hier einige Sätze aus dem Anfang und dem Ende der Texte:

> Es giebt Städte, die sonnenlichtumflossen, freilichtdurchfluthet sein müssen, sollen sie uns gefallen [...] – andere können uns entgegentreten zu jeder Jahreszeit, im Schmucke des blühenden Lenzes, prangend in sommerlicher Rosenpracht, im falbenden Herbst und starrend in Eis und Schnee – sie bleiben sich immer gleich, ihr Bild bleibt unverändert, denn unveränderlich hat die Geschichte unserer Erinnerung ihr Bild eingeprägt, und der steinerne Reichtum ihrer kulturhistorischen Andenken, unverwelklich, gefeit gegen Frost und Sonnenbrand, bleibt sich gleich, ob des Frühlings linde Hand Veilchen zwischen sie streut, ob der Sommer sie mit Rosen durchflicht, ob der Herbst gelbe und braune Blätter über sie hin bläst oder der Zauberer Winter mit weichen, weißen Schneedecken und starren, gleißenden Eiszacken ihre ernste Schönheit hob.
>
> Die Hauptstadt der Lüneburger Haide, Lüneburg, die alte Salzstadt, ist eine dieser Städte, die uns befriedigen, selbst wenn wir Regenmantel, umgekrempte Hosen und wasserdichten Hut mit in den Kauf nehmen müssen. [...]
>
> Wenn Ihr des Schaffners Ruf hört: »Lüneburg, zwei Minuten!« dann nehmt Reisetasche und Schirm, springt hinaus aus dem Abtheil [...] und seht Euch die schöne alte Stadt an.[63]

In Lüneburg wuchs unter schlechtesten Bedingungen Friedrich Wilhelm Rogge auf (1808, Rankendorf in Mecklenburg – 1889, Frankfurt am Main). Nach dem Besuch des Gymnasiums studierte er in Göttingen Theologie, arbeitete dann als Hauslehrer in adligen Kreisen, später dann

Der Abend

Kühl und stille wirds, mit goldnem Scheine
Sinkt herab auf Flur und schatt'ge Haine
Friedensvoll der Sonne letzter Strahl,
Und bepurpurt so Gebirg als Thal.

Weil mit hellem Naß die Au'n sich kleiden,
Ziehn die Heerden brüllend von den Weiden,
Und der Vögel Lied verhallt
Leiser schon im nahen Wald.

Und aus unbegränzter Himmelsferne
Zieht heran zahllos das Heer der Sterne;
Heil'ger Glanz, in reinen Höh'n entfacht,
Schmückt den Himmel rings mit stiller Pracht.

Friedrich Wilhelm Rogge: Gedichte. 1830

Deutsche Volkszeitung.

Neue Hannov. Landeszeitung.

Nr. 1443. Hannover, Freitag, den 4. Januar. 1878.

Deutsche Volkszeitung, 1878

in Bremen und Hannover. Hier leitete er auch die »Deutsche Volkszeitung«, bevor er an der Spitze großer Zeitungen in Augsburg und Frankfurt am Main stand, wo er als Schriftsteller bis zu seinem Tode arbeitete.[64] Neben Gedichten verfasste er historisch inspirierte Dramen und Skizzen, wie die 1889 erschienenen »Blätter der Erinnerung« »Mnemosyne«.

Mit der Ratsbücherei aus dem frühen 15. Jahrhundert besitzt Lüneburg eine kostbare Bibliothek, die im 19. Jahrhundert einige bedeutende Sammlungen übernehmen konnte. Ende des 19. Jahrhunderts wurde ihr eine Volksbücherei (Öffentliche Bibliothek) angegliedert.[65] Im Landdrosteibezirk Lüneburg gab es 1844 14 Leihbibliotheken. In der Leihbibliothek Herold & Wahlstab ist z. B. in der zweiten Jahrhunderthälfte Georg von Ompteda ein beliebter Autor.[66]

Weimar, Dienstag, den 10. Juni 1823

Vor wenigen Tagen bin ich hier angekommen; heute war ich zuerst bei Goethe. Der Empfang seinerseits war überaus herzlich, und der Eindruck seiner Person auf mich der Art, daß ich diesen Tag zu den glücklichsten meines Lebens rechne.

Er hatte mir gestern, als ich anfragen ließ, diesen Mittag zwölf Uhr als die Zeit bestimmt, wo ich ihm willkommen sein würde. Ich ging also zur gedachten Stunde hin, und fand den Bedienten auch bereits unten meiner wartend und sich anschickend mich hinaufzuführen. [...]

Er fing sogleich an von meinem Manuskript zu reden.

»Ich komme eben von Ihnen her«, sagte er; »ich habe den ganzen Morgen in Ihrer Schrift gelesen; sie bedarf keiner Empfehlung, sie empfiehlt sich selber.« Er lobte darauf die Klarheit der Darstellung und den Fluß der Gedanken, und daß alles auf gutem Fundament ruhe und wohl durchdacht sei. »Ich will es schnell befördern«, fügte er hinzu; »heute noch schreibe ich an Cotta mit der reitenden Post, und morgen schicke ich das Packet mit der fahrenden nach.« Ich dankte ihm dafür mit Worten und Blicken.

Johann Peter Eckermann: Gespräche mit Goethe in den letzten Jahren seines Lebens. 1836

Die von Stern'sche Druckerei in Lüneburg ist 2010 die älteste in Familienbesitz befindliche Druckerei der Welt. Begonnen hat die Firmengeschichte bereits 1580 mit einer Buchbinderei und Buchhandlung. 1614 gründeten Johann und Heinrich Stern in Lüneburg ihre Buchdruckerei, die für ihre kunstvollen Bibeldrucke über die Landesgrenzen hinaus schnell bekannt wurde. Um 1800 waren sieben Buchdruckpressen im Einsatz. 1851 wurde eine Schnellpresse installiert, 1900 in zwei Setzersälen gearbeitet.

1833 erhielt Lüneburg ein erstes feststehendes Theaterensemble und eine ständig bespielte Bühne. »Im ›Kaulitzschen Gesellschaftshaus‹ wurden Sprechstücke, Opern und Operetten aufgeführt. [...] Zu Beginn jeder Theatersaison machten die Theaterdirektoren ihren Antrittsbesuch bei den Honoratioren der Stadt und bemühten sich persönlich um Abonnements.«[67]

Aus der Nordheide, genauer von Winsen an der Luhe, in das Zentrum der deutschen Klassik und damit in den Weltruhm gelangte Johann Peter Eckermann (1792, Winsen/Luhe – 1854, Weimar). Aus ärmlichen Verhältnissen stammend, aber offensichtlich sehr begabt, fand Eckermann nach unregelmäßigen Schulbesuchen Anstellung als Amtsschreiber in Winsen und Nachbargemeinden. In Hannover wollte er sich zum Maler ausbilden lassen, doch zwangen ihn seine finanziellen Verhältnisse schließlich, wiederum Schreibertätigkeiten in der Verwaltung zu übernehmen. Nebenher besuchte er das Gymnasium, studierte anschließend Jura und Philologie in Göttingen, was er aber ebenfalls aus Geldnot aufgeben musste. In Empelde bei Hannover versuchte er sich als Lyriker und schrieb »Beyträge zur Poesie unter besonderer Hinweisung auf Goethe«, die er als Manuskript Goethe übersandte. 1823 reiste er nach Weimar, wo er ständiger Gesprächspartner Goethes wurde, dem er zudem beim Redigieren seiner Werke half. Eckermanns Überredungskunst ist Goethes Weiterarbeit am »Faust« und an »Dichtung und Wahrheit« zu verdanken. Goethe beschaffte ihm einige bezahlte Tätigkeiten und bat »den Haus- und Seelenfreund«[68], seinen Sohn August auf dessen Italienreise zu begleiten. Gemeinsam mit Riemer setzte ihn Goethe in seinem Testament zum Herausgeber seiner nachgelassenen Werke ein, dennoch erlangte Eckermann nie eine feste Besoldung. Auch sein Hauptwerk »Gespräche mit Goethe in den letzten Jahren seines Lebens 1823–1832« konnte nicht verhindern, dass er seine letzten Lebensjahre in ärmlichen Verhältnissen verbringen musste.

Johann Peter Eckermann

Zwischen Elbe und Weser

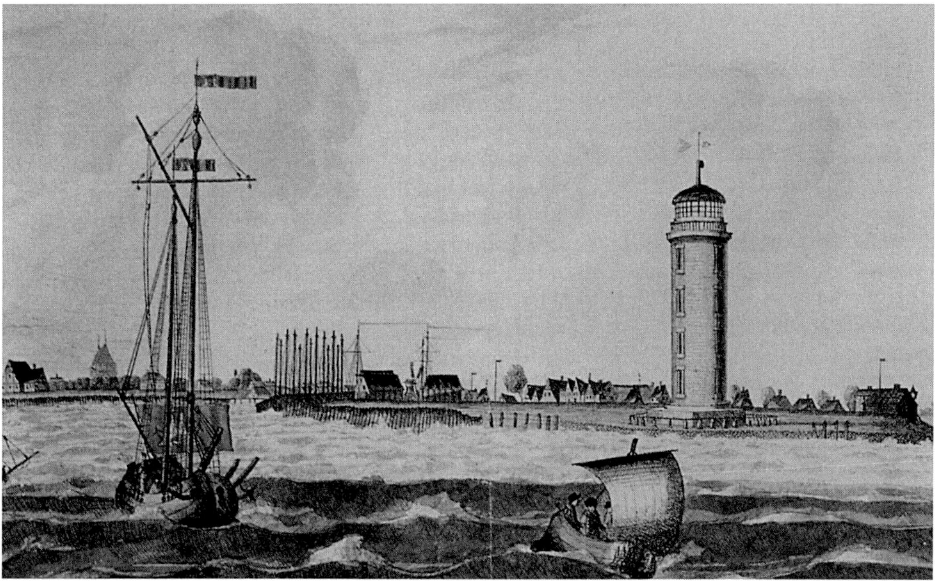

Wilhelm Schröder (1808, Oldendorf/Landkreis Stade – 1878, Leipzig) war Zeitungsverleger und niederdeutscher Schriftsteller. Von 1837 bis 1867 lebte er in Hannover und gründete dort das »Hannoversche Volksblatt«. In der Ausgabe vom 26. April 1840 publizierte er das »Wettlopen twischen den Haasen un den Swinegel«, allerdings verlegte er die Handlung entgegen der Originalüberlieferung nach Buxtehude. Drei Jahre später übernahmen die Brüder Grimm das Märchen in ihre »Kinder- und Hausmärchen«.

Im Landdrosteibezirk Stade sind für Mitte des Jahrhunderts 21 Leihbibliotheken nachgewiesen.[69] In Cuxhaven gründete August Rauschenplat 1880 eine Buch- und Musikalienhandlung, die später um eine Leihbibliothek und einen Lesezirkel sowie um einen Verlag erweitert wurde, der sich vor allem der Heimatkunde und dem Maritimen annahm. Eine

Buchhandelsfiliale wurde 1904 auf Helgoland eröffnet.[70]

Der bekannteste Schriftsteller aus den Marschen zwischen Elbe und Weser war im 19. Jahrhundert Hermann Allmers (1821, Rechtenfleth – 1902, ebda.). Allmers wuchs in begüterten Verhältnissen auf und bekam Unterricht durch Hauslehrer. Über mehrere Reisen durch Deutschland und Italien veröffentlichte er in Zeitungen Prosa und Gedichte mit großem Erfolg. In seiner Heimat wirkte er vor allem in der Volksbildung. Er führte einen umfangreichen Briefwechsel mit Gelehrten und Künstlern, aber auch mit Strafgefangenen, der mehr als 11.000 Stücke umfasst. Sein Haus in Rechtenfleth ließ er durch befreundete Künstler umgestalten und pflegte freundschaftliche Kontakte zur Künstlerkolonie Worpswede. Zu seinem 80. Geburtstag erhielt er die Ehrendoktorwürde der Universität Heidelberg. Weite Verbreitung fanden sein »Marschenbuch« (Oldenburg 1858) und die »Römischen Schlendertage« (Oldenburg 1868), die zwölf Auflagen erreichten. In vielen Gedichtbänden des 20. Jahrhunderts blieb das von Johannes Brahms vertonte Gedicht »Feldeinsamkeit« (entstanden 1852) noch einige Jahrzehnte präsent:

Wilhelm Schröder

Hermann Allmers

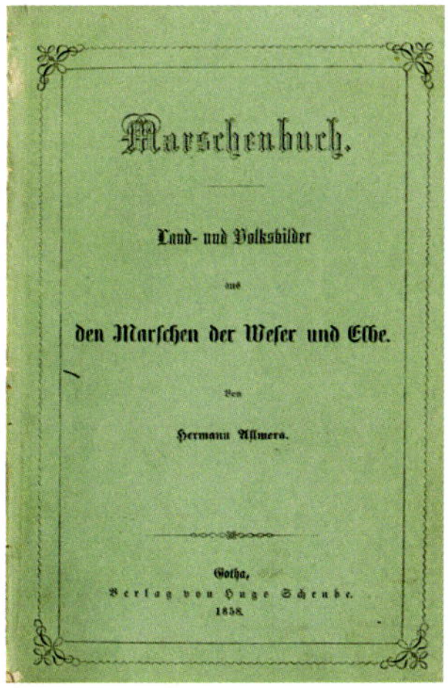

Links: Wilhelm Schröder: Dat Wettloopen twischen den Swinegel un den Haasen. Pappeinband, 1868. – Mitte: Hermann Allmers: Marschenbuch. 1858. – Rechts: Hermann Allmers: Römische Schlendertage. Titelblatt, 1869

Ich ruhe still im hohen, grünen Gras
Und sende lange meinen Blick nach oben,
Von Grillen rings umschwirrt ohn' Unterlaß,
Von Himmelsbläue wundersam umwoben.

Die schönen weißen Wolken ziehn dahin
Durch's tiefe Blau, wie schöne stille Träume; –
Mir ist, als ob ich längst gestorben bin,
Und ziehe selig mit durch ew'ge Räume.[71]

Die Künstlerkolonie Worpswede umgibt vom Ende des 19. Jahrhunderts bis in unsere Gegenwart eine magische, ja mythische Aura, wenn auch fast ausschließlich im Zusammenhang mit bildender Kunst. Heinrich Vogeler (1872, Bremen – 1942, Kasachstan), der seit 1894 in Worpswede lebte, veröffentlichte 1899 einen Gedichtband mit dem Titel »Dir« (Leipzig; Neuaufl. Frankfurt a. M. 1987) und schrieb später eine Reihe von politischen Texten. In seinem Barkenhoff war Rainer Maria Rilke zwischen 1898 und 1905 oft zu Gast. In Worpswede heiratete Rilke die Bildhauerin Clara Westhoff. Er war es auch, der in seiner Monographie »Worpswede« (1903) das so eindringliche Textbild der Landschaft malte:

Blaue Hyazinthenblüthen
Zittern leis im warmen Frühlingsduft.
Wetterschwere, fahle Wolken
Schwimmen träg in weisslich blauer Luft.
Müde spielt die Frühlingssonne
In dem grünenden Geäst,
Nur die Amsel trägt geschäftig
Reiser ins verborgne Nest.
Langsam schleichen mir die Stunden,
Leer stirbt mir der Tag dahin; —
Ruhe glaubte ich gefunden,
Da ich fern von Dir jetzt bin! —

Von dem Berge durch die niedern Föhren
Stieg ich langsam, Abenddämmerschein
Grauer Winter wars, Hoch über Nebelwogen,
Die von unten aus dem Thal herzogen,
Tönte rauh der Wildgans grelles Schrein.

Hinter winterkahlen Lindenhecken
Lag, als wollten sie es schützend decken,
Still das weisse, rotbedachte Haus.

Heinrich Vogeler: Dir, 1907 – Bucheinband und zwei Gedichte. – Oben rechts: Heinrich Vogeler

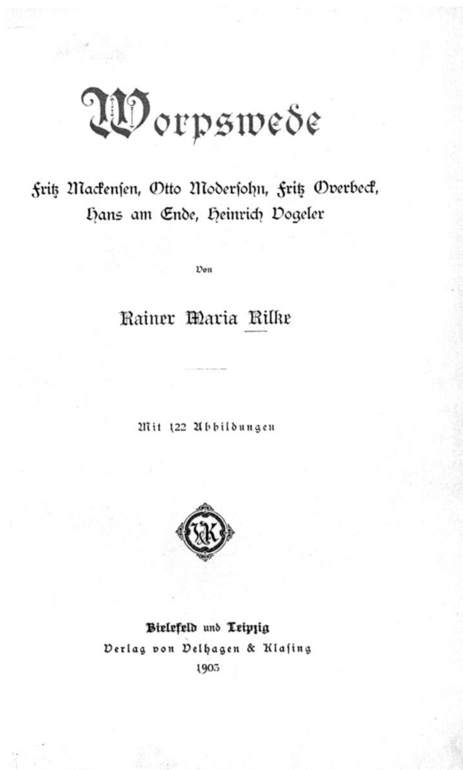
Worpswede

Fritz Mackensen, Otto Modersohn, Fritz Overbeck,
Hans am Ende, Heinrich Vogeler

von

Rainer Maria Rilke

Mit 122 Abbildungen

Bielefeld und Leipzig
Verlag von Velhagen & Klasing
1903

Rainer Maria Rilke: Worpswede. Titelblatt, 1903

Es ist ein seltsames Land. Wenn man auf dem kleinen Sandberg von Worpswede steht, kann man es ringsum ausgebreitet sehen, ähnlich jenen Bauerntüchern, die auf dunklen Ecken tief leuchtende Blumen zeigen. Flach liegt es da, fast ohne Falte, und die Wege und Wasserläufe führen weit in den Horizont hinein. Dort beginnt ein Himmel von unbeschreiblicher Veränderlichkeit und Größe. Er spiegelt sich in jedem Blatt. Alle Dinge scheinen sich mit ihm zu beschäftigen; er ist überall. Und überall ist das Meer. Das Meer, das nicht mehr ist, das einmal vor Jahrtausenden hier stieg und fiel und dessen Düne der Sandberg war, auf dem Worpswede liegt. Die Dinge können es nicht vergessen. Das große Rauschen, das die alten Föhren des Berges erfüllt, scheint sein Rauschen zu sein, und der Wind, der breite mächtige Wind, bringt seinen Duft. Das Meer ist die Historie dieses Landes. Es hat kaum eine andere Vergangenheit. Von der einsamen Höhe schweift weithin der Blick ins Land hinaus, über Moor und Heide, Felder und Wiesen. Dunkle Eichenkämpe, die in ihrem Schatten spärliche Gehöfte der Bauern bergen, unterbrechen hin und wieder die Monotonie der großen Ebene. Wasserläufe blitzen auf und der Spiegel der schlangengleich gewundenen Hamme, darauf in stiller geheimnisvoller Fahrt schwarze Segel durchs Land ziehen.[72]

Oben: Heinrich Schriefer –
Rechts: Elise Fink

Arthur Fitger: Die Hexe. 1876

Arthur Fitger

Schon bevor Worpswede ein Mythos wurde, widmete sich der »Dichter des Teufelsmoores«, Heinrich Schriefer (1847, Worpswede – 1912, Kassebruch), der Schönheit und Besonderheit dieser Landschaft.

Mit einigem Recht als bremischer wie als niedersächsischer Literat zu erwähnen ist Arthur Fitger (1840, Delmenhorst – 1909, Horn), der nach Studien in München, Antwerpen, Paris und Rom erfolgreich als Dichter wie als Maler in Bremen lebte.[73]

Plattdeutsch wie hochdeutsch schrieb die »Dichterin der Delmenhorster Geest« Elise Fink (1863, Habbrücke bei Ganderkesee – 1939, Delmenhorst), die an der Seite ihres Mannes für fünf Jahre ihre geliebte Heimat zugunsten Berlins aufgeben musste:

> Frömd weer de Döör, frömd weer dat Dack,
> ik heff min Heimweh dwungen:
> Ik röög de Hann' und böög den Nack,
> un sungen heff ik, sungen
> van Heimatleew un Kinnertiet;
> numms het't verstahn woll wiet un siet,
> wohen min Fööt ok gungen.[74]

Der Stau zu Oldenburg.

Oldenburg

In Oldenburg, der damals dänischen Residenzstadt mit wechselvoller Geschichte, wurde Gerhard Anton von Halem geboren (1752–1819, Eutin). Er studierte die Rechte in Frankfurt an der Oder, Straßburg und Kopenhagen und machte eine juristische Karriere in Oldenburg, später in Hamburg und Eutin. Von Halem schrieb umfangreiche Geschichtswerke sowie Gedichte und das Epos »Jesus, der Stifter des Gottesreiches« und eine Beschreibung seiner Reise nach Paris im Jahr 1811, die 1813 erschien.

Gerhard Anton von Halem

Graf Otto von Oldenburg

Ein alter Oldenburgischer Graf – die Sage nennt ihn Otto – verirrte sich einst bei einer Rehhetze in den öden Sandhügeln, die sich eine Meile von Oldenburg erheben, und den Namen des Osenberges führen. Der Mittag schwülte, und der dürstende Graf brach in den lauten Wunsch aus: »Oh hätt ich einen kühlen Wassertrunk!« Und siehe! es thut sich der Berg auf, und hervor geht eine schöne Jungfrau in herrlichem Gewande. Den blendend weißen Nacken hinab, wallet lang ihr Haar über die Achseln, und ein Kranz zieret ihr Haupt.

Sie hält einen künstlich gearbeiteten goldenen Becher, wie ein Jägerhorn gestaltet, beut solchen dem Grafen, ladet ihn zum Trinken ein, und ermuthigt ihn durch den Zuspruch: »Scheue nicht Trunk, Graf Otto! Er wird Dir nicht schaden. Trinkest Du, dann wird es wohl gehen Dir und Deinem Hause, und das Land wird zunehmen und ein Gedeihen haben. Trinkst Du nicht, dann wird – das wisse! – Uneinigkeit Dein Geschlecht zerrütten.«

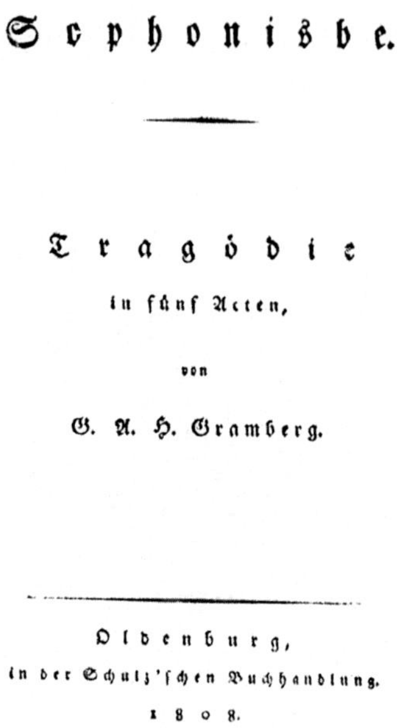

Sophonisbe.

Tragödie
in fünf Acten,
von
G. A. H. Gramberg.

Oldenburg,
in der Schulz'schen Buchhandlung.
1808.

Gerhard Anton H. Gramberg: Sophonisbe. Titelblatt, 1808

Otto trank nicht. Er goß das Horn hinter sich aus, und das Nasse, welches das Pferd bespritzte, fraß urplötzlich das Haar weg.

»Gieb mir mein Horn zurück!« rief die Jungfrau. Aber der erschrockene Otto gab seinem Pferde die Sporen und ereilte mit dem Horne die Seinen.

Der Jungfrau Prophezeiung traf ein. Zwiespalt und Bruderkrieg zerrütteten lange das gräflich Haus und verwüsteten ihre Besitzungen. Versöhnt ward endlich das Schicksal, da Einer der Nachkommen Otto's den Dänischen Thron bestieg. Das Wunderhorn, das, gleich der Büchse Pandorens, Unheil über die Sippschaft ausgegossen hatte, ward aus Oldenburgs friedlichen Gefilden über die Belte geführt, und die Kunstkammer der Dänischen Hauptstadt heget bis auf diese Stunde das herrliche Kleinod der Vorzeit.

Gerhard Anton von Halem: Schriften. Band 1. Prosaische Aufsätze. 1803

Ebenfalls Jurist war Gerhard Anton Hermann Gramberg (1772, Oldenburg – 1816, ebda.). Er studierte in Erlangen und Jena, machte ebenso wie von Halem eine juristische Karriere in Oldenburg, Hamburg und Eutin, kehrte aber 1814 nach Oldenburg zurück. Er publizierte drei Bände Erzählungen sowie die Tragödie »Sophonisbe« (1808) und eine zweibändige Gedichtsammlung, die von Halem herausgab (1816/17). Gramberg starb zwei Jahre vor seinem Vater, dem Hofmedikus und Landphysikus Dr. Gerhard Anton Gramberg (1744, Tettens – 1818, Oldenburg), der als Arzt und Büchersammler die Aufklärung in Oldenburg befördert hatte.[75]

Wir Dichter

Wir Dichter, wir Sylphen,
Wir singen und schweben,
Mit duftigem Flügel
Durchs fröhliche Leben.

Wir spielen im Lenze
Um Knospen und Blüthen,
Und nehmen, was duftend
Die Kelchlein uns bieten.

Senkt Stengeln und Zweigen
Die Krone sich nieder,
so regen sich mächtig
Das bunte Gefieder.

Und Schmetterlingsfarben
Umstreuen die Schwingen,
Sie Wäldern und Auen
Zum Schmucke bringen.

Wo lächelt uns ewig
Im Lenze das Leben;
Es ward uns: den Frühling
Zu nehmen und geben.

Gerhard Anton Hermann Gramberg: Gedichte. 1816

Sein Zeitgenosse Karl Ludwig von Woltmann (1770, Oldenburg – 1817, Prag) studierte in Göttingen Jura und Geschichte und hielt in Oldenburg historische Vorlesungen an dortigen Gymnasien. Später machte er Karriere als Professor für Geschichte und als Diplomat. Er gab umfangreiche Geschichtswerke heraus, übersetzte den Tacitus und schrieb Erzählungen und Gedichte.[76]

Der Offizier und Forstmeister Ernst von Heimburg (1766, Nordgoltern – 1839, Westerstede) gab ein »Romantisches Taschenbuch auf das Jahr 1810« heraus mit Erzählungen, Sagen, Legenden und Lyrik, das nur eigene Beiträge enthielt.[77]

Der Oldenburger Folklore widmete sich Ludwig Strackerjan (1825, Jever – 1881, Oldenburg). Strackerjan studierte in Jena die Rechte und machte dann eine juristische und

Karl Ludwig von Woltmann

Das Buch wie es seyn soll

Wenn mir ein Buch gefallen soll,
So muß mit ächten Wahrheitszügen,
Bescheiden, klug, und Weisheitsvoll,
Moral in seinem Kerne liegen;
So muß der Witz im Menschenleben
Nicht plump hindurch gestreuet seyn,
Und kein Geschwätz ihm Nahrung geben,
Wobey die Sitten sich entweih'n;

So muß — wenn hie und da sich leicht
Ein Sprüchlein, unbemerkt und leise
Von selbst in das Gedächtniß schleicht,
Das Herz empfinden, es sey weise;
So muß, vom Dünkel frey, dem Neide
Kein Tittel zu Gebote stehn,
Die Tugend und das Laster, beyde,
Sich in dem reinsten Spiegel sehn.

So sey, erlaubt es dann und wann
Apoll, auf den Parnaß zu steigen,
Nie ausgeziert des Dichters Bahn,
Mit schon zerpflückten Lorbeerzweigen;
Giebt dann Minerva mit der Eule,
Geführt von ächter Toleranz,
Ihm wo sie kann die schärfste Feile,
Dann hat es meinen Beyfall ganz.

Ernst von Heimburg: Zeichnungen nach Natur und Phantasie. 1807

Romantisches
Taschenbuch
auf das Jahr 1810.

Den
Freunden der Schiffarth gewidmet
von
Ernst von Heimburg.

Mit 6 Kupfern.

Bremen und Aurich,
bey Johann Heinrich Müller.
1810.

Ernst von Heimburg: Romantisches Taschenbuch auf das Jahr 1810. Titelblatt

politische Karriere in Oldenburg. Nebenbei übernahm er die Redaktion der »Oldenburgischen Zeitung« und publizierte eine Sammlung von Spielen, Reimen und Rätseln unter dem Titel »Aus dem Kinderleben« (1850). 1867 veröffentlichte er eine zweibändige Ausgabe »Aberglaube und Sagen aus dem Herzogthum Oldenburg«, die als Standardwerk für die Oldenburger Volksüberlieferung gilt.

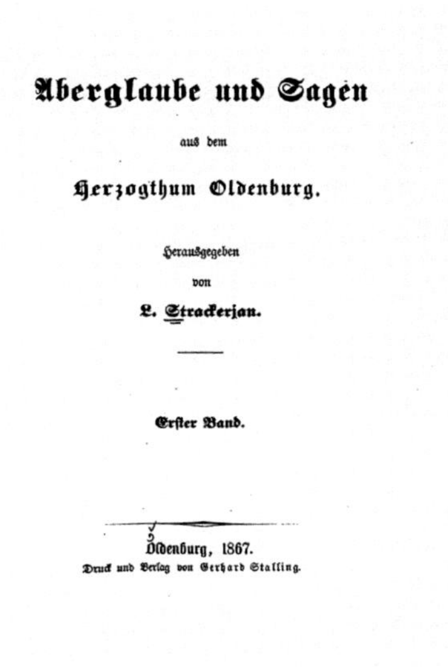

Aberglaube und Sagen

aus dem

Herzogthum Oldenburg.

Herausgegeben

von

L. Strackerjan.

Erster Band.

Oldenburg, 1867.

Druck und Verlag von Gerhard Stalling.

Ludwig Strackerjan: Aberglaube und Sagen aus dem Herzogthum Oldenburg. Titelblatt, 1867

Ein oldenburgischer und friesischer Heimatdichter war der Lehrer Georg Ruseler (1866, Obenstrohe – 1920, ebda.). Er publizierte in der Oldenburger Tageszeitung »Nachrichten für Stadt und Land«. Darin erschien 1901 auch ein Artikel, der dadurch einiges Aufsehen erregte, dass er Karl May als eine »Gefahr für unsere Jugend« desavouierte. In dem Artikel heißt es: »Ich will keinem Menschen Böses wünschen; aber ich gönne ihm nicht weitere 10 Jahre seines arbeitsreichen Lebens; denn ich befürchte, dass er dann noch 25–30 Romane schreiben würde.«[78] Ruseler veröffentlichte 1890 das Drama »Die Stedinger« sowie später Romane, Märchen und Gedichtbände.

Zu Donnerschwee bei Oldenburg, westlich vom Grünenhof und nördlich von der Chaussee, liegt der Sonnenkamp. Jn diesem befand sich früher, von einer Niederung umgeben, ein kleiner buschbewachsener Hügel, welcher einen Schatz in sich barg. Einst gingen einige Schatzgräber hin, um stillschweigend, wie es sich gehört, den Schatz zu heben. Schon fühlten sie etwas Hartes unter ihren Spaten, als ein Wagen, mit vier Hirschen bespannt, sausend an ihnen vorbeifuhr. Nicht lange darauf kam ein Gefährt, gezogen von hinkenden Thieren, Hähnen glaube ich, langsam daher, und der Kutscher rief den Schatzgräbern zu »kann ick den ersten Wagen noch woll wedder inhalen?« »Bin Deuwel nich,« antwortete einer, und kaum war das Wort aus dem Munde, so war der Schatz wieder versunken. Da machten die Schatzgräber, daß sie fortkamen. Jetzt sind der Hügel und die Niederung dem anliegenden Lande gleich gemacht, so daß man keine Spur mehr davon sieht. Doch soll der Schatz noch immer dort liegen, und einige sagen, daß nur drei Männer, die alle drei Johann heißen, ihn heben können.

Ludwig Strackerjan: Aberglaube und Sagen aus dem Herzogtum Oldenburg. 1867

Georg Ruseler

Ludwig Starklof

Julius Mosen

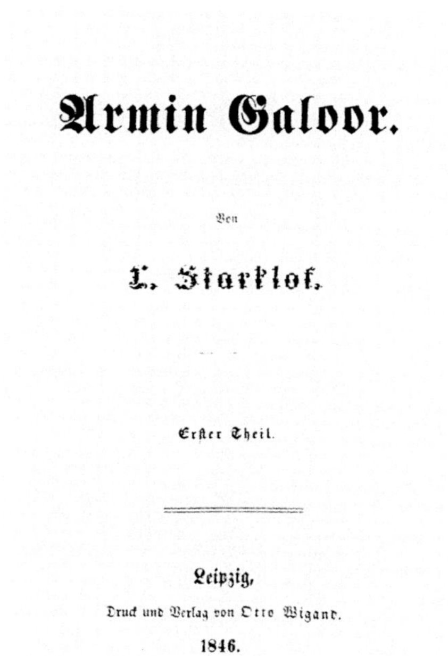

Armin Galoor.

Von

L. Starklof.

Erster Theil.

Leipzig,

Druck und Verlag von Otto Wigand.

1846.

Ludwig Starklof: Armin Galoor.
Titelblatt, 1846

Einen Skandal löste der Roman »Armin Galoor« (1846) von Ludwig Starklof aus, den der Intendant des Hoftheaters geschrieben hatte und der darauf seines Amtes enthoben wurde (↗ S. 87).

Die letzten Jahre seines Lebens verbrachte der in seiner Zeit berühmte und äußerst erfolgreiche Lyriker, Dramatiker und Erzähler Julius Mosen (1803, Marieney – 1867, Oldenburg) hoch verehrt in Oldenburg. 1880 erschienen seine sämtlichen Werke in sechs Bänden in Leipzig. Als Dichter des Andreas-Hofer-Liedes blieb Mosen noch eine Weile in Erinnerung, sein Werk fiel jedoch bald der Vergessenheit anheim. Im 19. Jahrhundert wurde die Ballade »Zu Mantua in Banden« »auf allen Gassen und Märkten gesungen«.[79]

1. Zu Mantua in Banden
Der treue Hofer war,
In Mantua zum Tode
Führt ihn der Feinde Schar.
Es blutete der Brüder Herz,
Ganz Deutschland, ach in Schmach und Schmerz. –:
|: Mit ihm das Land Tirol,
Mit ihm das Land Tirol. :|
[…]

5. Dort soll er niederknie'n,
Er sprach: »Das tu ich nit!
Will sterben, wie ich stehe,
Will sterben, wie ich stritt!
So wie ich steh auf dieser Schanz',
Es lebt' mein guter Kaiser Franz, –:
|: Mit ihm sein Land Tirol!
Mit ihm sein Land Tirol!« :|
[…]

Der sechsstrophige Text ist die Landeshymne des österreichischen Bundeslandes Tirol.[80]

Heftige Reaktionen provozierte 1871 Erwin Schlieben (Ostpreußen, 1831 – Berlin, 1878) mit seinem Roman »Halbmenschen«, in dem Landschaft und Menschen außerordentlich negativ dargestellt werden. »[Der Boden] ist das Eigentum mächtiger Bauern mit Stiernacken und mit wässerigen Augen in blauroten Gesichtern, gekleidet nach der französischen Mode, wie sie unter den Scheren alter Dorfschneider sich darstellt.«[81]

In Oldenburg ging auch der 1876 in Varel geborene Ferdinand Hardekopf zur Schule (gestorben 1954 in Zürich), der später in Berlin zu einem

Emmy Lewald-Jansen

Emmy Lewald-Jansen: Unter den Blutbuchen. Ausgabe um 1915

der gefragtesten Literatur- und Theaterkritiker wurde. Er schrieb für viele bedeutende deutsche Zeitungen und Zeitschriften, u. a. für die expressionistische »Aktion«. 1916 verließ der Pazifist Deutschland, in das er nach dem Ersten Weltkrieg zurückkehrte. Freilich sollte ihm das Schicksal des Exils noch mehrfach bevorstehen.[82]

»Die interessanteste unter den schreibenden Frauen Oldenburgs war Emmy Lewald-Jansen (1866–1946)«. Sie veröffentlichte unter dem Namen Emil Roland. »Ihr Erstling ›Unsere lieben Lieutenants‹ (1888), in dem schon das Motiv des Krieges als Befreiung aus der Öde des Dienstes in provinzieller und ständischer Enge [...] anklingt, löste einen Skandal aus. Unter ihrem richtigen Namen ließ sie 1915 den Schlüsselroman ›Unter den Blutbuchen‹ erscheinen. Er liefert ein detailreiches Bild der Oldenburger Gesellschaft und der Nöte von fast einem Dutzend heiratsfähiger höherer Töchter, auch von ersten Versuchen zur Emanzipation, und klingt aus in Resignation.«[83]

Als Sonderfall oldenburgischer Literatur darf der Tischlermeister August Hinrichs gelten (1879, Oldenburg – 1956, Huntlosen). Sein erstes Sozialdrama wurde 1909, sein erstes Historiendrama 1911 am Großherzoglichen Theater uraufgeführt. Bekannt wurde er durch seine vielfach übersetzten niederdeutschen Bauernkomödien, die ihn Ende der

Aber heiraten?
Georg Werther gehörte zu jenen Männern, die infolge der Entwickelung, welche die Frauenfrage genommen hat, »kopfscheu« geworden sind. Diese Zeiterscheinung zeitigte in seinen Augen eigenthümliche Folgen, die ihn mit äußerstem Mißtrauen erfüllten. In seiner Phantasie lebte immer noch das ganz rückständige Bild jenes Wesens, das aus Demut und Hingebung gemacht war, die Dienende aus dem Lied von der Glocke, die Ungeistige, die zum weiteren Horizont des Mannes wie zu einer erhabenen Domkuppel aufsah. Was ihm aber Irmgard bisher bei ihren Nachmittagstees vorgeführt, was er in dem Tennisklub kennen gelernt, dem er sich zugleich mit einem Freunde, der auf dieselbe Jagd ging, angegliedert hatte, das war ein Geschlecht von Kämpferinnen, bis an die Zähne gewappnet, oft vom Reiz der Jugend verführerisch genug umflossen, aber in der energischen Hand einen Köcher, so mit Pfeilen gefüllt, daß sie von vornherein mehr zu einer Gegnerin als zu einer Geliebten geeignet erschienen.

Emmy Lewald-Jansen: Unter den Blutbuchen. 1915

30er Jahre zum meistgespielten lebenden deutschsprachigen Bühnenautor machten.

Ein »Theater in Oldenburg« gibt es als feststehendes Gebäude seit 1833 bzw. seit 1834, als das Theater ein eigenes Schauspielerensemble unter einem Direktor erhielt.[84] Zu verdanken ist die Gründung vor allem dem hohen Staatsbeamten und Schriftsteller Ludwig Starklof (1789, Ludwigsburg – 1850, Oldenburg), dessen Bestrebungen von der kunstsinnigen Großherzogin Cäcilie (1809–1844) unterstützt wurden. Doch sein enormer Einsatz am Theater befriedigte ihn nicht; 1842 verließ er das Theater, das seinen künstlerischen Ansprüchen nicht genügte. Als er 1846 in dem Roman »Armin Galoor« offen das aristokratische Regime angriff, entließ ihn Großherzog August I. Starklof verließ Oldenburg und musste von seinen Einkünften als Schriftsteller und Berichterstatter aus Frankfurt am Main für die Bremer Zeitung leben. Er kehrte verarmt und enttäuscht nach Oldenburg zurück, wo er sich in der Hunte ertränkte.

Das Theater wurde vom Großherzog als Hoftheater übernommen, und er übertrug die Leitung Ferdinand von Gall (1809–1872). In den wenigen Jahren seines Wirkens (bis 1846) nahm das Theater einen gewaltigen Aufschwung. Er schuf den Posten eines Dramaturgen und die Anstellung eines Theaterarztes, richtete das Engagement auf Lebenszeit ein sowie den Pensionsfonds und gründete den »Theater-Cartell-Verein«, den Vorgänger des »Deutschen Bühnenvereins« – kurz: Er versuchte, das Theater in einer bürgerlichen Gesellschaft zu verwurzeln. 1844 wurde Julius Mosen als Dramaturg berufen, konnte aber bedingt durch seine Krankheit den Spielplan nur wenige Jahre positiv beeinflussen.

August Hinrichs

Die hoffnungsvoll begonnene Entwicklung setzte sich unter den späteren Intendanten nicht fort. [...] Neben Klassikern, nun auch in starkem Maße Shakespeare, wurden vor allem Historiendramen und zeitgenössische Lustspiele gegeben, und während des Deutsch-Französischen Krieges von 1870/71 zollte auch das Theater dem Patriotismus kräftigen Tribut. Trotz des Rückfalls und trotz bestehender beträchtlicher finanzieller Schwierigkeiten hatte sich seit der Jahrhundertmitte ein Fortschritt in der Publikumsbildung ergeben. Wie auf so vielen Gebieten, brachte die Eröffnung der Eisenbahn 1867 einen Aufschwung. Es kam zu Gastspielen prominenter Künstler, auch gelegentlich zu Opernaufführungen, und Besucher aus dem Umland fuhren zum Theater nach Oldenburg, wobei das katholische Münsterland den geringsten Anteil nahm. Welche Bedeutung das Theater für die Residenzstadt inzwischen gewonnen hatte, bezeugen der 1881 mit Goethes »Iphigenie« eingeweihte neue große Theaterbau und, nachdem er 1891 abgebrannt war, die sofortige Einrichtung eines Interimstheaters und die schon 1893 erfolgte Eröffnung des nach dem neuesten Stand der damals blühenden Theatertechnik eingerichteten Wiederaufbaus. Um die Jahrhundertwende und in den Jahren bis zum Ersten Weltkrieg bildeten die Klassiker und die zeittypischen Unterhaltungsstücke den Schwerpunkt des Spielplans, aber insgesamt rückschrittlich war dieser keineswegs. Vor allem unter dem Intendanten Leon Alexander Joseph von Radetzky-Mikulicz 1896–1918 und dem Direktor Carl Ulrichs 1896–1909 wurden viele provozierende Zeitautoren aufgeführt [...].[85]

Bereits am Ausgang des 18. Jahrhunderts hatte die Herzogliche Bibliothek im Erdgeschoss des Schlosses ihre Pforten für die Bürger der Stadt geöffnet; 1790 hatte sie die ca. 21.000 Bände umfassende Büchersammlung des hannoverschen Beamten Georg Friedrich Brandes erworben. Als im Zuge der französischen Besetzung die Bibliothek gefährdet war, kaufte sie der Bremer Kaufmann Friedrich Delius zum Schein auf und verbrachte sie nach Bremen, von wo sie nach dem Ende der Besetzung zurückkehrte. Zwischen 1842 und 1847 wurde für die Bibliothek ein eige-

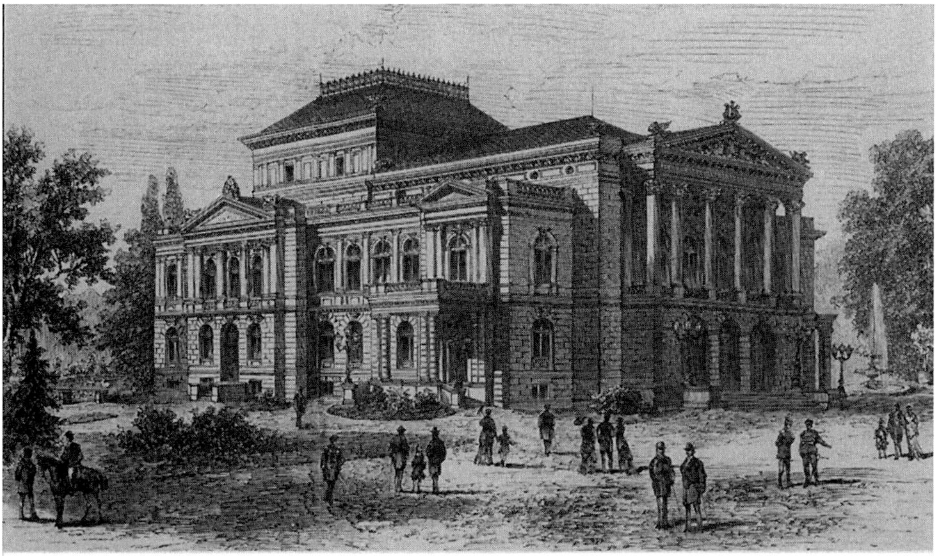

Das Oldenburger Theater 1881 und nach dem brandbedingten Umbau 1893

Das 1847 fertiggestellte Bibliotheksgebäude der Herzoglichen Bibliothek

nes repräsentatives Gebäude errichtet (1943 zerstört, heute Landesmuseum). Im Laufe des Jahrhunderts konnte die Bibliothek noch weitere bedeutende Sammlungen erwerben.[86]

1847 gab die Leihbibliothek der Johann Peter Schulzeschen Buchhandlung ein Verzeichnis ihrer 5.786 Bände heraus; zu den Spitzenreitern in der Ausleihe gehörten wie überall August Lafontaine und auch Karl Ludwig Häberlin (↗ Harz- und Vorharz). 1875 war die Bibliothek auf fast 15.000 Bände angewachsen, 7,28 % des Bestandes waren Bücher in französischer Sprache. Immer noch gehörten die beiden genannten Autoren zu den Lesefavoriten, auch Friedrich Gerstäcker und Gregor Samarow (Oskar Meding, ↗ Hannover) sind auf der Liste zu finden. Später kam mit Bultmann & Gerriets eine weitere Leihbibliothek hinzu.[87]

Der Ende des 18. Jahrhunderts von Gerhard Stalling gegründete gleichnamige Verlag war der bedeutendste in Oldenburg.[88] Zu nennen sind auch A. Wiechmanns Buchhandlung und der von Johann Peter Schulze gegründete Betrieb, der Druckerei, Buchhandlung, Verlag und die o. e. Leihbibliothek und Lesegesellschaften umschloss. Seit Mitte des Jahrhunderts erschienen zahlreiche Tages- und Wochenzeitungen.[89]

Ostfriesland

Im nahen Jever wurde 1741 einer der herausragenden Pädagogen der Aufklärung, Christian Heinrich Wolke (gestorben 1825, Berlin), geboren. Er war Mitarbeiter Basedows am »Philantropinum« und publizierte neben pädagogischen Texten Gedichte und Lieder; u. a. sammelte und publizierte er niederdeutsche Lyrik und Prosa: »Düdsge or Sassische Singedigte, Gravsgriften, singbare Leder, Vertelsels un wunderbare Eventüre« (Leipzig 1804).

Friedrich Christoph Schlosser (1776, Jever – 1861, Heidelberg) studierte in Göttingen Theologie, Geschichte, Literatur und Mathematik, unterrichtete dann als Hauslehrer und später Gymnasiallehrer an verschiedenen Orten Deutschlands und wurde schließlich Professor der Geschichte und Direktor der Universitätsbibliothek in Heidelberg, wo er zahlreiche grundlegende Geschichtswerke verfasste.

Ostfriesische Küste mit eingedeichten Marschen.

Düdsge ör Sassische
Singedigte, Gravsgriften
singbare Leder
Vertelsels
un
wunderbare Ēventüre
(Romansen un Balladen nömt,)
mit
ener Anwising,
dat Högdüdsge un dat Düdsge in hēl korter
Tīd rigtig to lēsen un to sgriven.
Von
C. H. Wolke.

In Commissiōn bei den Hēren Bōkhändlern
Crusius in Leipsig, Vieweg in Brünswik
un A. Campe in Hamborg.
1804.

Christian Heinrich Wolke: Düdsge or Sassische Singedigte, Gravsgriften, singbare Leder, Vertelsels un wunderbare Eventüre. Titelblatt, 1804

Unter dem Pseudonym Richard von Jever schrieb der Heimatdichter Richard Deye (1853, Jever – 1903, München).

Sehr erfolgreich war die Prosa von F. L. Reimar, Th. Justus und Arthur von Loy. Hinter diesen Pseudonymen verbargen sich Marie Zedelius (1826, Ovelgönne/Oldenburg – 1892, Oldenburg), ihre Schwester Theodore Zedelius (1834, Ovelgönne/Oldenburg – 1905, Oldenburg) und Helene von Düring-Oetken (1841, Loy – 1922, Berlin). Letztgenannte veröffentlichte unter eigenem Namen »auch Bücher rein praktischen Inhalts«, wie das 1896 erschienene »Zu Hause in der Gesellschaft und bei Hofe«.[90]

Bedeutsam für die ostfriesische Geschichtsschreibung und auch die Regionalpolitik wurde der 1746 in Emden geborene Tilemann Dothias Wiarda (gestorben 1826, Aurich). Sein Lebenswerk ist die »Geschichte Ostfrieslands«, deren zehn Bände zwischen 1789 und 1817 erschienen.

Aurich ist der Geburtsort des Nobelpreisträgers für Literatur von 1908, Rudolf Christoph Eucken (1846–1926, Jena). Nach dem Besuch des Gymnasiums Ulricianum in Aurich studierte er Philosophie, Klassische Philologie und Geschichte in Göttingen, anschließend in Berlin. Nach seiner Promotion 1866 arbeitete er als Gymnasiallehrer in Husum (Schleswig-Holstein), Berlin und Frankfurt am Main. Es folgten Ordinariate für Philosophie in Basel und in Jena. 1908 erhielt Eucken, so die Begründung »aufgrund des ernsthaften Suchens nach Wahrheit, der durchdringenden Gedankenkraft und des Weitblicks, der Wärme und Kraft der Darstellung, womit er in zahlreichen Arbeiten eine ideale Welt-

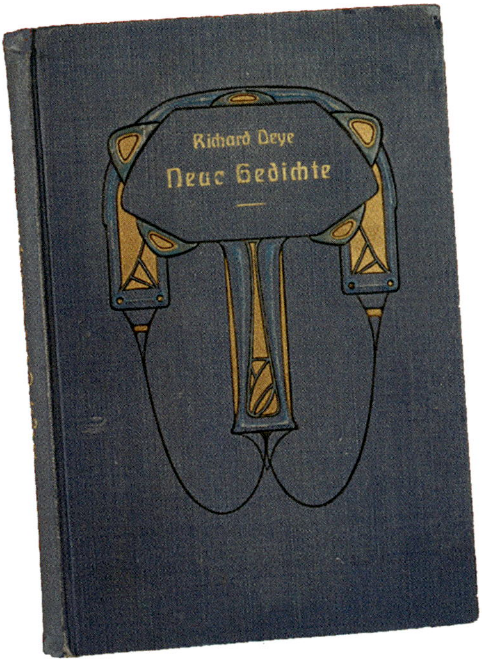

Richard Deye: Neue Gedichte. 1906

Richard Deye

Frisia

An der Weser grünem Strande
Sitzen Friesen stolz und stark;
Ihre Streitaxt liegt begraben,
Aber ew'ge Wohnstatt haben
Friesensinn und Friesenmark.

Stolz wie seine freien Ahnen
Hebt der Enkel noch das Haupt;
Tief verachtend feile Knechte.
Hält er fest die alten Rechte,
Die kein Fürstentrug ihm raubt.

Hinter seinen mächt'gen Deichen
Bietet er den Wogen Trutz.
Was die Väter schwer errungen,
Was der Flut sie abgedrungen,
Steht in starker Söhne Schutz.

Sind auch reich des Landes Schätze,
Bleibt er treu dem alten Brauch;
Bleibt es in des Reichtums Mitte,
Einfachheit und Zucht und Sitte,
Wahrend bis zum letzten Hauch.

Schönes, stolzes Land der Friesen,
Vaterland, bin ewig dein!
Alte Wiege deutscher Stärke,
Wahlstatt deutscher Heldenwerke,
Ich bin stolz, Dein Sohn zu sein!

Richard Deye: Neue Gedichte. 1906

anschauung vertreten und entwickelt hat« den Nobelpreis für Literatur. Auf Anregung Euckens, des Ehrenbürgers von Jena, wurde 1918 die Luther-Gesellschaft gegründet. In Aurich erinnert neben einer Gedenktafel am Geburtshaus ein Denkmal im Städtischen Friedhof an den nahezu vergessenen Literaturnobelpreisträger. Das Fünfsternehotel »Altes Gymnasium« in Husum würdigt ihn mit seiner Büste und einer Gedenktafel.

Über kostbare alte Bestände verfügt die heutige Landschaftsbibliothek Aurich, deren Anfänge bis in das 17. Jahrhundert zurückreichen. Im 19. Jahrhundert wurde sie zu einer kleinen wissenschaftlichen Bibliothek der ostfriesischen Landschaft ausgebaut. Im Landdrosteibezirk Aurich gab es im Jahr 1844 bereits 22 Leihbibliotheken, darunter die von Hans Hoffmann auf Norderney.[91]

In Dunum 1768 geboren wurde Johann Christian Hermann Gittermann. Der Prediger, Lyriker, Erzähler und Herausgeber von Taschenbüchern und Kalendern starb 1834 in Emden und liegt in Leer begraben.

Der Publizist und Historiker Onno Klopp wurde 1822 in Leer geboren (gestorben 1903, Wien). Er studierte Theologie und verschiedene geisteswissenschaftliche Fächer in Bonn, Berlin und Göttingen, unterrichtete

Th. Justus [d. i. Theodore Zedelius]: In Feuersgluthen. 1898

Helene von Düring-Oetken: Zu Hause in der Gesellschaft und bei Hofe. 1896

Tilemann Dothias Wiarda

Rudolf Eucken

Onno Klopp

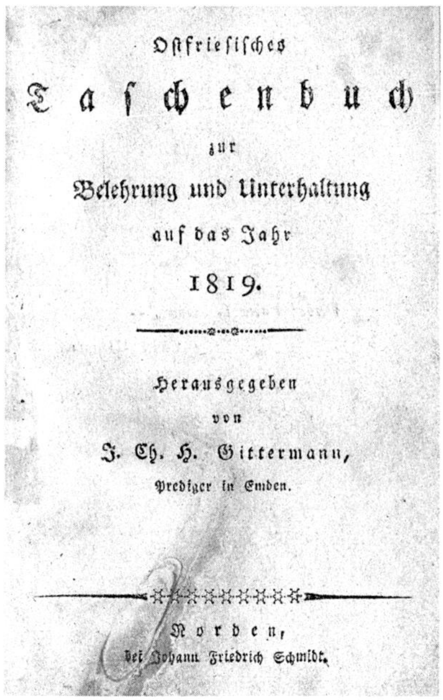

Ostfriesisches
Taschenbuch
zur
Belehrung und Unterhaltung
auf das Jahr
1819.

Herausgegeben
von
J. Ch. H. Gittermann,
Prediger in Emden.

Norden,
bei Johann Friedrich Schmidt.

Rechts: Johann Christian Hermann Gittermann: Ostfriesisches Taschenbuch zur Belehrung und Unterhaltung auf das Jahr 1819. Titelblatt. (Kalender auf der folgenden Seite)

Land und Leute.

Ostfriesland, meine Heimat, ist von kleinem Umfange, aber es hat eigentümliche Züge, und es hat dem deutschen Leben manches geleistet. Zwischen der Nordsee, Holland, dem Herzogtum Arenberg mit seinen streng katholischen Einwohnern und Oldenburg gelegen, ist es vorwiegend auf sich selbst angewiesen. Die ganzen Jahrhunderte hatten einen harten Kampf gegen das wilde Meer zu führen, und zerstörende Sturmfluten leben dauernd in der Erinnerung der Bevölkerung fort. Der Boden ist verschiedener Art, und er stellt den Einwohnern manche Aufgaben. Der Rand, die Marschen, ist am fruchtbarsten, er besonders hat den Reichtum des Landes begründet, dann kommt die Geest mit ihren auslangenden wirtschaftlichen Verhältnissen, endlich das Moor, auf dem man ein hartes Leben zu führen hat. So bilden Landwirtschaft, auch die hier sehr blühende Pferdezucht, sodann die Seefahrt und der Handel die Quellen des wirtschaftlichen Wohlstandes.

Rudolf Eucken: Lebenserinnerungen. Ein Stück deutschen Lebens. 1921

dann in Osnabrück. Von 1854 bis 1858 erschien seine dreibändige »Ostfriesische Geschichte«. In Hannover wurden Klopp die hannoverschen Staatsarchive unterstellt, und er begann mit der Edition der staatswissen-

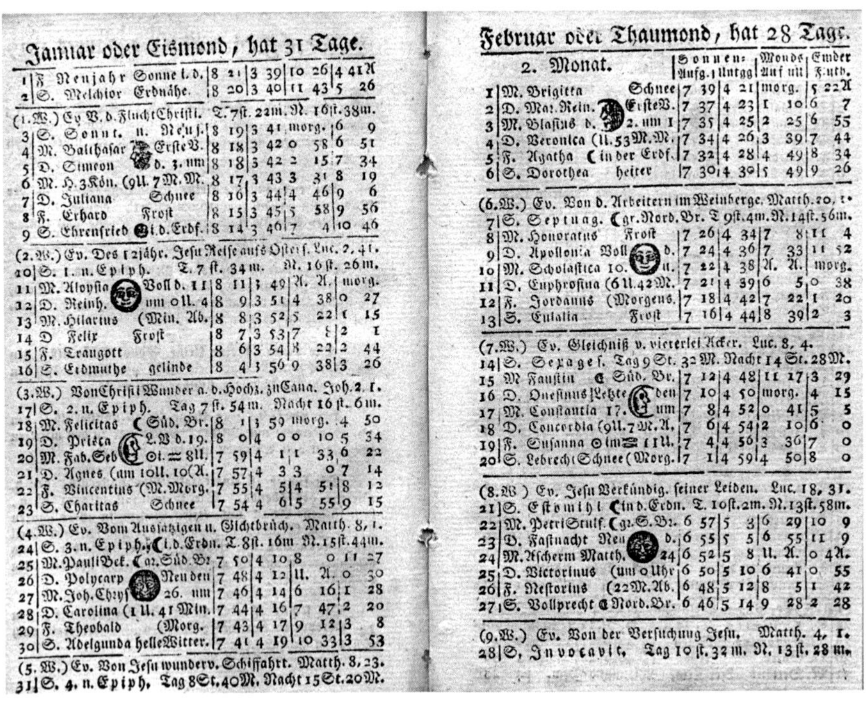

schaftlichen Werke von Gottfried Wilhelm Leibniz. Der scharfe Kritiker Preußens emigrierte mit Georg V. nach Wien und wurde österreichischer Staatsbürger.

In Emden fand in den ersten beiden Jahrzehnten des 19. Jahrhunderts ein offenbar recht reges Theaterleben statt, kurzzeitig in einem kleinen eigens für diesen Zweck errichteten Gebäude.[92] Auf das Jahr 1559 gehen die Bestände der Großen Kirche in Emden zurück, die Ende des 20. Jahrhunderts zur Johannes a Lasco Bibliothek als einer Forschungsbibliothek ausgebaut wurde.[93]

Emsland

In Papenburg starb 1845 Bernhard Gottfried Bueren (geboren 1771, Wolbeck/Westfalen). Bueren, der sich als Schiffseigner auch für die Papenburger Schifffahrt einsetzte, wurde vor allem durch zahlreiche Gedichte und Gelegenheitsschriften im Emsland und in Westfalen bekannt, so beispielsweise durch das »Papenburger Volkslied«:

> Denk, Papenburg, wie klein du angefangen,
> Als Kolonie in einem wüsten Moor.
> Wohin zuerst nur kühne Jäger drangen,
> Auf Wetterschuh'n, durch Binsen, Schilf und Rohr!
> Ein schwimmend Land – gleichviel wem's angehöre –
> Gab einst der Fürst dem Drost zum Lebensgut,
> Der scherzend sprach: »Dies Land gehört dem Meere,
> Denn die Bewohner wallen auf der Flut.«
> […]

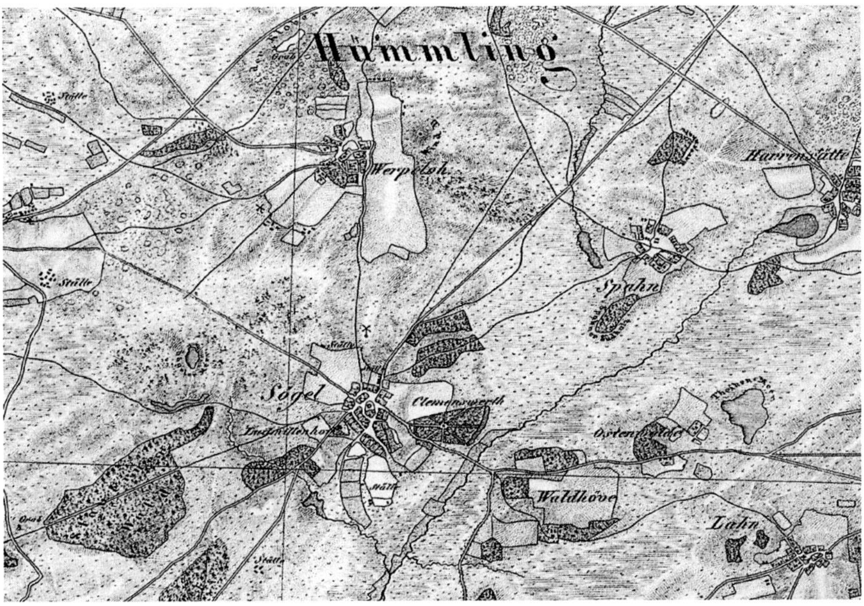

Alcäische Ode
zur Feier des hohen Geburtsfestes
Seiner Königlichen Hoheit des Durchlauchtigsten
Herzogs von Cambridge,
Vice-Königs von Hannover,
am 24. Februar 1835.

(Im rein-antiken Metrum der Alcäischen Ode.)

Deutscher Text.

„Heil Dir, Adolphus!“ jauchzen in Harmonie
Ems, Weser, Elb' und wogiger Ocean;
Hurrah's erhalln zu Sturmes-Harfen
Durch das unendliche Reich Poseidons.

Dir, Allgeliebter, pranget Hanovria
Als schöne Braut, vom Bräutigam ausgeschmückt;
Um hohe Waterloo-Colonne
Eint sie dem Heere den Imperator.

Des Welterob'rers blutige Palme ziert
Nicht Friede-Fürsten, doch der Olive Kranz:
Zum Volksverehrten Patriarchen
Salbte Dich heiliges Öl der Hulda. (Anmuth)

In Frieden herrsch' o lange noch über uns,
Dem Grundgesetz' und Könige stets getreu:
Aurora bleib' Dir schöne Dämm'rung
Wonne mit himmlischem Auge lächelnd.

Lateinischer Text.

Concors Adolfo Guelfia jubilat,
Plaudunt Visurgis, Albis, Amisia
Nautae canunt sonantque pini
Aeolico strepitu per undas.

Ornata stat metropolis Tibi,
Ut sponsa amato prospera principe.
Victoriae Tu sub columnâ
Militibusque ades Imperator.

Non rubra laurus sanguine subditûm,
Oliva sed Te pacificum juvat:
Pro rege rex, amoris unctus
Sancto oleo, patriarcha regnas.

In aeva vive, et nos rege, pacifer,
Legi fideles juribus et throni.
Aurora, sole et occidente,
Rideat alma Tibi sereno.

Gedichtet zu Hannover den 22. Februar 1835.

Richter Godfrid Bueren, Deputirter zweiter Kammer.

Bernhard Gottfried Bueren: Alceaische Ode zum Geburtstag des Herzogs von Cambridge am 24. Februar 1835

Von ganz außergewöhnlicher Produktivität war Emmy von Dincklage (1825, Gut Campe, Steinbild/Gemeinde Kluse – 1891, Berlin). Sie gilt als die Dichterin des Emslandes. Das sonst eher trockene »Lexikon der niedersächsischen Schriftsteller« von Rudolf Eckart widmet der Freiin Amalie Ehrengarte von Dincklage-Campe ganze zwei Kolumnen (gegenüber einer viertel Kolumne für Wilhelm Raabe). Sie unternahm zahlreiche Reisen durch Deutschland, Europa, den Balkan und schließlich zwei Jahre lang durch Nordamerika und schrieb Romane, Novellen, Gedichte und zahlreiche Reisebriefe. »Eine Anzahl dieser Bücher sind in 2. Auflage erschienen und sehr viele über-

Der Striethast

Es ist am Abend des Festes Mariä Himmelfahrt. Die Heide liegt im Mondenglanze; in den dünenartigen, sandigen Hügeln bergen sich vorgeschichtliche Aschenurnen, die mächtigen Decksteine der Hünengräber aber wurden gesprengt und über die nahe holländische Grenze gefahren, zu Hafenbauten oder Seedeichbefestigungen. Der Wiedehopf, welcher tief im Moore nistet, und seine bereits flügge Braut fahren erschreckt aus dem schon erntereifen Buchweizenfelde empor über das Holla- und Juchherufen, das die kriechenden Nebel durchfährt und bis an die fernen, tief dunkel und drohend da stehenden Tannenholzungen weiter zittert. Mitternacht ist nahe, doch es sind nicht die Jäger des prachtliebenden Kurfürsten Clemens August, deren Geister ihr altes Weidrevier durchjagen; Meister Reinecke, der über eine Sandwehe hinauslugt und wittert, weiß das besser: die dunklen lustigen Gruppen, die längs des Heerweges im tiefen Sande weiterstapfen, sind harmlose Bauern und Bäuerinnen aus dem Emslande, die sich auf dem Heimwege vom hohen Hümmling befinden.

Emmy von Dincklage: Geschichten aus dem Emslande. 1872

Papenburger Volkslied. Postkarte um 1900

setzt ins Ungarische, Holländische, Französische und Englische. Die Autorin wurde durch Ihre Majestät die Königin Elisabeth von Rumänien mit der Goldenen Medaille Bene merenti erster Classe für Kunst und Wissenschaft beschenkt.«[94]

Als Dichter des Hümmling wurde Albert Trautmann (1867, Sögel – 1920, Werlte) bezeichnet. Trautmann war Apotheker und Mitbegründer des Hümmlinger Heimatbundes. Verbreitet waren seine »Hümmlinger Skizzen« (1910), die zum hundertjährigen Jubiläum in einer wissenschaftlichen Edition nebst seinem literarischen Nachlass neu erschienen sind. Die Wikipedia (August 2010) zitiert Trautmann u. a. mit dem Satz: »Was quillt muss zutage.«

In Meppen wurde 1814 Levin Schücking geboren (gestorben 1883, Bad Pyrmont). Er verbrachte seine Kindheit und Jugend im Jagdschloss Clemenswerth in Sögel. In

Emmy von Dincklage

> Das ist der Fluch der Liebe,
> Daß unauflösbar sie die Herzen kettet.
> Und stürzt das eine, reißt's das andre mit.
>
> Ein grauer Himmel lag über einer eintönigen Landschaft, die sich flach und eben ausdehnte, menschenleer, ohne Leben. Die Menschen schienen die wenig fruchtbaren Äcker ringsum der Obsorge der Sonne überlassen zu haben, daß sie etwas auf ihnen gedeihen lasse, und die Sonne ihrerseits schien abzuwarten, daß die Wolken, die sich immer mehr herabsenkten, sich der Sache annähmen. Rege war nur ein lauer Wind, der auf der langen, unbelebten Chaussee von Zeit zu Zeit eine starke Staubwolke aufjagte, eine Strecke weit vor sich hin trieb und dann fallen ließ, als ob er sich plötzlich besinne, daß es ein kindisches Treiben sei, hinter Dust und Staub dreinzujagen, und daß er solche Jagd füglich den glückshungerigen Menschenkindern überlassen könne.
>
> *Levin Schücking: Hart am Rande. 1887*

Münster und Osnabrück besuchte er das Gymnasium und studierte in München, Heidelberg und Göttingen die Rechte. Schücking ging, gefördert von Annette von Droste-Hülshoff, nach Süddeutschland und Österreich und wurde Redakteur der Allgemeinen Zeitung in Augsburg, danach Feuilletonchef der Kölnischen Zeitung. 1852 zog er in das westfälische Sassenberg, wo er zahlreiche Romane, Novellen, Reisebücher und Beiträge für Zeitschriften und Tageszeitungen publizierte.[95] Sein Herausgeber Ludwig Schröder schrieb 1904 über ihn: »Als Levin Schücking am 31. August 1883 seine Augen zum ewigen Schlummer schloß, konnte niemand ahnen, daß der literarische Ruhm dieses Dichters, der vier Jahrzehnte hindurch das Interesse des gebildeten Publikums rege gehalten hatte, so schnell verblassen würde. An der betrübenden Tatsache, daß selbst viele der besten Romane Schückings, die ihm den Ehrennamen des deutschen Walter Scott eintrugen, heute mit den einst vielgelesenen Werken anderer vergangener Größen in den Leihbibliotheken ein gar ruhmloses Dasein fristen, ändert auch die Anerkennung nichts, die dem Schaffen des Dichters von namhaften Kritikern in unseren Tagen noch gezollt wird. Als Adolf Stern seine Geschichte der neueren Literatur schrieb, war Levin Schücking eben gestorben, deshalb wiegt sein Zeugnis in dieser Sache nicht sehr schwer; mehr gilt das Wort von Adolf Bartels im zweiten Bande seiner Geschichte der deutschen Literatur: ›... Die Bedeutung seiner besten Romane, zu denen noch zahlreiche Novellen traten, beruht auf der Schilderung der heimatlichen Besonderheiten, der westfälischen Natur und Menschen. Im besonderen ist es Schücking sehr oft gelungen, den Übergang von der alten zur neuen Zeit im Revolutions- und Napoleonischen Zeitalter mit eigentümlicher Stimmungsgewalt darzustellen […]‹«[96]

Ebenfalls in Meppen geboren wurde Mathilde Raven (1817–1902, Dresden). Sie zog nach einer Ausbildung in Münster zunächst zu ihren Eltern nach Osnabrück und folgte dann ihrem Mann nach Celle. Nach dessen Tod übersiedelte sie nach Leer, wohnte später in Berlin, Bremen und Dresden. Mathilde Raven schrieb zahlreiche Romane und Novellen mit zeitgenössischer, aber auch historischer Thematik. In ihren politischen Schriften nahm Mathilde Raven Stellung zu den politischen Vorgängen in den 60er Jahren des Jahrhunderts, etwa in ihrer Schrift »Die deutsche Frage und die servile Presse« (Coburg 1861).

Werbeanzeige zum Erscheinen von Trautmanns »Hümmlinger Skizzen« von 1910

In Meppen kam Bernhard von Lepel 1816 zur Welt (gestorben 1885, Prenzlau). Von Lepel wurde preußischer Offizier und war in Berlin Mitglied der literarischen Gesellschaft »Tunnel über der Spree«. Mit Theodor Fontane war der humoristische Lyriker und Dramatiker lebenslang befreundet.

Ludwig Brill (1838, Hoogstede – 1886, Quakenbrück) war Lehrer in Quakenbrück und erreichte mit seinen lyrisch-epischen Dichtungen bis weit hinein in das 20. Jahrhundert hohe Auflagen. Über Brill heißt es in »Die deutsche Litteratur des 19. Jahrhunderts« von Richard M. Meyer aus dem Jahr 1900, der die meis-

Levin Schücking

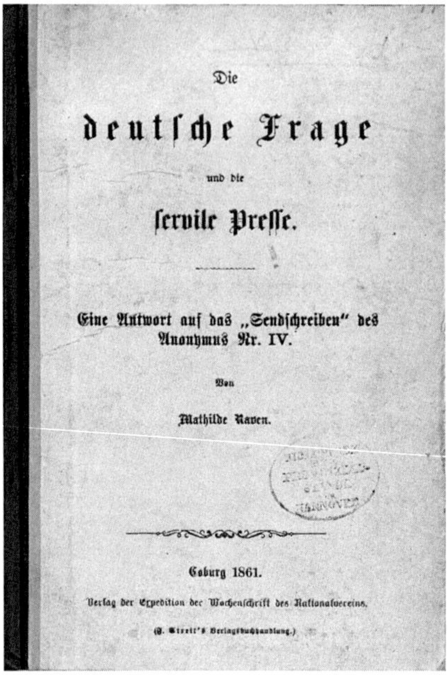

Die

deutsche Frage

und die

servile Presse.

Eine Antwort auf das „Sendschreiben" des
Anonymus Nr. IV.

Von

Mathilde Raven.

Coburg 1861.

Verlag der Expedition der Wochenschrift des Nationalvereins.

(F. Streit's Verlagsbuchhandlung.)

Mathilde Raven: Die deutsche Frage und die servile Presse. 1861

Bernhard von Lepel

Ludwig Brill

Carl van der Linde

An Fontane. Freitag Abends

Lieber Freund!

Eiligst schreib ich Dir, daß es mich brünstig zu Dir treibt, diesmal nicht um Dich zu küssen, sondern um Dir meine Verse vorzulesen. Obwohl meine schöne Hexe noch nicht fertig ist, muß ich doch, um mal wieder zu hören, wie sich's macht, das Fertige produciren. Du musst Dich schon auf 150 Strophen gefasst machen. Ob ich das Ganze zum Stiftungsfest fertig habe, wird in meinem Laboratorium bezweifelt.

Ich werde wahrscheinlich am Sonntag schon Vormittags zu Dir kommen, um mit Dir zu speisen, wozu ich Dich (bei Schulz für mein Abonnement) einlade. Dann wollen wir, von geistiger und leiblicher Speise gestärkt, mit welcher ich Dich voll pfropfe, in den Tunnel wanken.

Dein
B. v. Lepel

Brief von Bernhard von Lepel an Theodor Fontane vom 23. November 1849

ten der bisher hier aufgeführten emsländischen Dichter erwähnt: »Es ist kein Zufall, daß Brill den berühmten Prediger Capistran in sein Epos (›Der Singschwan‹, 1882) gebracht hat: bei den katholischen Dichtern nahm der agitatorische Charakter der Zeit von selbst die besondere Form der Volkspredigt an.«[97]

Da bin ich wieder, wo die düstern Tannen
Geheimnisvoll am Saum der Haide stehn;
Hier laßt mich ruhn, und still und ungesehn
Den Flücht'gen Traum in holden Zauber bannen.
Rings Alles noch wie sonst, nichts neu, nichts alt:
Weit dehnt sich hin die wilde Osenhaide,
Und mitten drin, ihr blitzend' Brautgeschmeide,
Erglänzt der See, von hohem Schilf umwallt,
Und jenseits ragt, zerklüftet und verwittert,
Der Felsenkranz, von blauem Dunst umzittert.

Ludwig Brill: Der Singschwan. 1882

Ludwig Brill: Der Singschwan. Erstausgabe 1882

Carl van der Linde wurde 1861 in Veldhausen geboren (gestorben 1930, ebda.). Er absolvierte eine Buchdruckerlehre, ging dann auf Wanderschaft, die ihn durch Süd- und Südosteuropa führte. Beim Hamburger Fremdenblatt wurde er als Setzer eingestellt und veröffentlichte einige Beiträge in den »Fliegenden Blättern« und in den »Lustigen Blättern«. 1911 kehrte er in sein Heimatdorf zurück und publizierte Gedichte und Prosatexte im Plattdeutsch der Grafschaft Bentheim.

Osnabrück

Einen indirekten Bezug zu Schiller hatte der 1780 in Osnabrück geborene Bernhard Rudolf Abeken (gestorben 1866, ebda.). Er studierte in Jena Theologie und Literaturwissenschaften und war von 1808 bis 1810 Lehrer der Söhne Schillers in Weimar. Später kehrte er als Gymnasiallehrer nach Osnabrück zurück und gab dort u. a. »Justus Mösers sämmtliche Werke« heraus.[98] Sein Sohn Hermann Abeken (1820–1854) publizierte politische Literatur, u. a. nach einer Reise in die Vereinigten Staaten über die »Republik in Nordamerika und de[n] Plan einer demokratischen republikanischen Verfassung für Deutschland« (1848).

Aus großbürgerlichem Hause stammte der 1786 in Osnabrück geborene Karl Eberhard Thorbecke, der in Göttingen und Heidelberg studierte und Finanzrat in Kassel wurde. Er publizierte Gedichtsammlungen und einige Dramen und starb 1837 in Düsseltal bei Düsseldorf.[99]

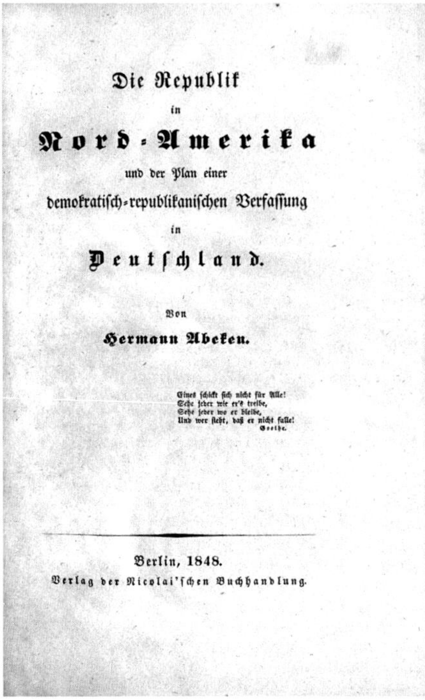
Die Republik
in
Nord-Amerika
und der Plan einer
demokratisch-republikanischen Verfassung
in
Deutschland.

Von
Hermann Abeken.

Eines schickt sich nicht für Alle!
Sehe jeder wie er's treibe,
Sehe jeder wo er bleibe,
Und wer steht, daß er nicht falle!
Goethe.

Berlin, 1848.
Verlag der Nicolai'schen Buchhandlung.

Hermann Abeken: Die Republik in Nordamerika. Titelblatt, 1848

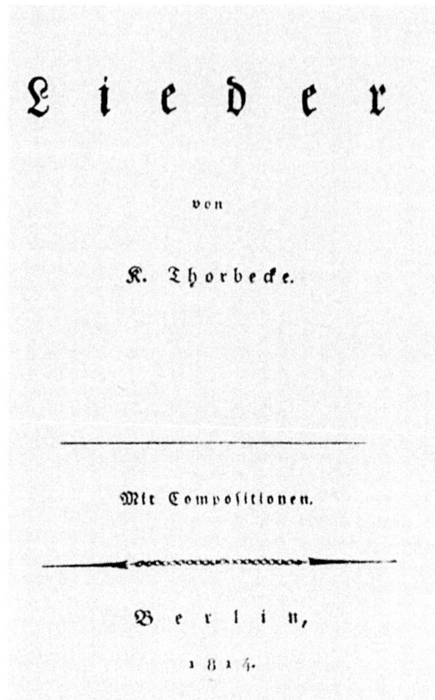
Lieder
von
K. Thorbecke.

Mit Compositionen.

Berlin,
1814.

Karl Eberhard Thorbecke: Lieder. Titelblatt, 1814

Botenlied

Immer vorwärts mit dem Fuß,
Für den Herren, der ihn schickt,
Und zurück den Blick und Gruß
Weib und Heimat zugenickt;
Ziel im Rücken, früh und spät,
Unerquickt,
Bote wie verzaubert geht.

Mit dem hellen, bunten Tag,
Treibet's jeder, wie er kann,
Mensch und Vogel werden wach,
Einer hört den andern an:
Nur dein liebes, stilles Wort,
Wandersmann,
Fließt, wie Wasser, einsam fort.

Bot' und Schäfer sind betrübt,
Traurig von der Welt gekehrt;
Fern ist, was ein jeder liebt,
Was sie hüten, unbegehrt;
Jeder ist ein armer Hirt:
Ungewährt,
Liebster Wunsch als Schäflein irrt.

Mit den Menschen sind sie nicht,
Wandern mit der Sterne Lauf,
Mond, du bist ihr Sonnenlicht,
Gehst den Boten tröstlich auf.
O, im süssen Mondenschein,
Kehrt vom Lauf,
Gern der müde Gast dort ein.

Karl Thorbecke: Lieder. 1814

Auf dem Steinthorfelde hielt hoch zu Roß am 4. Februar 1653 Bernd Duve, ein junger Hannoverscher Bürgersmann, der die Nacht vorher in Langenhagen geherbergt und sich bis in den hellen Morgen hinein von beschwerlicher tagelanger Reise ausgeruht hatte.

Während er seinen Knecht und seinen Leibdiener mit den beiden schwer bepackten Gäulen ein wenig vorreiten ließ, blickte er mit frohen Augen auf die vor ihm sich breitende Vaterstadt, die er seit sieben Jahren nicht gesehen.

Sie hatte sich in der Zeit offenbar verändert. Die Neustadt hatte man in die starken Mauern und festen Thore mit hineingezogen; neue Gebäude traten hier und dort hervor; ihm schien allerlei fremd geworden. Inmitten der Stadt ragte der stattliche Thurm der St. Georgskirche, sie sich auf dem Marktplatze, gegenüber dem ehrwürdigen Rathaus, erhob.

Wie dem jungen Reitersmann das Herz freudig schlug! Er suchte weiter; die Wiedersehensfreude hatte er sich so schön nicht vorgestellt.

Luise Ahlborn: Johann Duve. 1897

Die 1834 in Jemgum, Ostfriesland, geborene und nach ihrer Hochzeit zeitweise in Diepholz wohnhafte Schriftstellerin Luise Ahlborn schrieb nach dem Tod ihres Mannes 1873 in Osnabrück, später auch in Hannover und Bad Harzburg ihre erfolgreichen historischen Romane, einige auch unter dem Pseudonym Luise Haidheim. Sie starb 1921 in Hildesheim.

In Melle bei Osnabrück wurde 1888 Ludwig Bäumer geboren, der in expressionistischen Publikationen Gedichte aus den Schützengräben des Ersten Weltkriegs veröffentlichte. Er starb 1928 in Berlin.

Im Jahr 1844 waren im Landdrosteibezirk Osnabrück 13 Leihbibliotheken angesiedelt. Überliefert ist ein 2.006 Bände umfassendes »Verzeichniß der Bücher welche in dem Leseinstitute des Collaborator zu Osnabrück (hinter dem Marienthurm wohnhaft) […] zu haben sind«.[100]

Theater wird in Osnabrück seit dem Mittelalter gespielt, vom 17. Jahrhundert an in einem Seitenflügel des Schlosses. Eine »Bürgerinitiative« gründete das »Actientheater in Osnabrück«, das den Waisenhof an der großen Gildewart instand setzen ließ. 1832 konnte im

Ludwig Bäumer: Das Wesen des Kommunismus. (Die Silbergäule), 1919

Stadttheater Osnabrück. Postkarte um 1910

ersten eigenständigen Theatergebäude der Spielbetrieb aufgenommen werden, und zwar aus Kostengründen gemeinsam mit Münster, Detmold und Pyrmont. 1882 wurde es von der Stadt übernommen. Ein Höhepunkt jener Jahre war das Engagement von Albert Lortzing, der hier sechs Jahre als Sänger und Musiker auftrat. Gegen Ende des Jahrhunderts wirkten sich zunehmend bauliche und sicherheitstechnische Mängel negativ auf den Spielbetrieb aus, so dass man sich zu einem Neubau am Domhof entschloss, der 1909 eingeweiht wurde.[101]

Die Theatergeschichte von Osnabrück wurde detailliert aufgearbeitet, so dass ohne Mühen die zehn beliebtesten und erfolgreichsten Stücke bis 1909 markiert werden können, in der Mehrzahl waren es Opern und Operetten:

1.) v. Weber: Der Freischütz; 2.) Verdi: Der Troubadour; 3.) v. Flotow: Martha; 4.) Sudermann: Die Ehre (Drama); 5.) Zeller: Der Vogelhändler; 6.) Lortzing: Zar und Zimmermann; 7.) Strauß: Die Fledermaus; 8.) Raeder: Robert und Bertram (Posse); 9.) Mozart: Don Giovanni; 10.) Lortzing: Undine. – Unter den ersten 30 Titeln findet sich kein Stück eines deutschen Klassikers, ebensowenig Shakespeare. Schiller allerdings wurde mit den »Räubern«, »Maria Stuart« und »Wilhelm Tell« in einem Drittel der Spielzeiten aufgeführt.[102]

Schaumburg und Weserbergland

Seit 1806 wirkte Christian Konrad Jacob Dassel (1768, Hankensbüttel bei Gifhorn – 1845, Stadthagen) als Hauptpastor in Stadthagen, wo er zahlreiche historische und erbauliche Schriften publizierte, u. a. die recht erfolgreichen »Merkwürdigen Reisen der Gutmannschen Familie, ein Weihnachtsgeschenk für die Jugend« in zwei Teilen (1794–1821). Er hatte in der Jugend einen schwierigen Ausbildungs- und Lebensweg, konnte dann jedoch in Halle Theologie studieren und wirkte an verschiedenen Stellen als Prediger und Hauslehrer.

RINTELN.

Christian Konrad Jacob Dassel: Reise der Gutmannschen Zöglinge um unsere Erde. Titelblatt, 1821

Im Jahr 1818 gingen von Cronstadt aus zwei Schiffe in See, um mit einer Gesellschaft von Zöglingen aus der Marine-Schule zu St. Petersburg eine Reise um unsere Erde zu machen. Die Möglichkeit einer solchen Reise beruht auf der Form unseres Erdkörpers, die rund ist, wie eine Kugel, oder vielmehr wie eine Pomeranze. […]

Die gegenwärtige Reise geschah in mehreren Absichten:

Um eine Anzahl von jungen Leuten, die sich dem Seewesen widmeten, an Ort und Stelle mit allem den [!] bekannt zu machen, was zu ihrer künftigen Bestimmung gehörte, und sie an die Mühseligkeiten und Gefahren der Reise auf dem Meere zu gewöhnen.

Um wo möglich auch neues Land zu entdecken, oder die bereits von andern Seefahrern geschehenen Entdeckungen näher zu untersuchen und ihre Lage und Größe noch genauer zu bestimmen.

Die Beschaffenheit der Meere und die verschiedene Tiefe derselben zu erforschen, die merkwürdigsten Wasserbewohner, Seegewächse und Seevögel kennen zu lernen, und die wichtigsten Instrumente, welche auf dem Schiffe zu Seereisen gebraucht werden, genau zu beobachten.

> Um Menschenkunde zu sammeln und zu erweitern und das Naturalien-Cabinet zu St. Petersburg mit einer Menge neuer Producte aus den verschiedenen Reichen der natur zu vermehren.
>
> *Christian Konrad Jacob Dassel: Reise der Gutmannschen Zöglinge um unsere Erde. 1821*

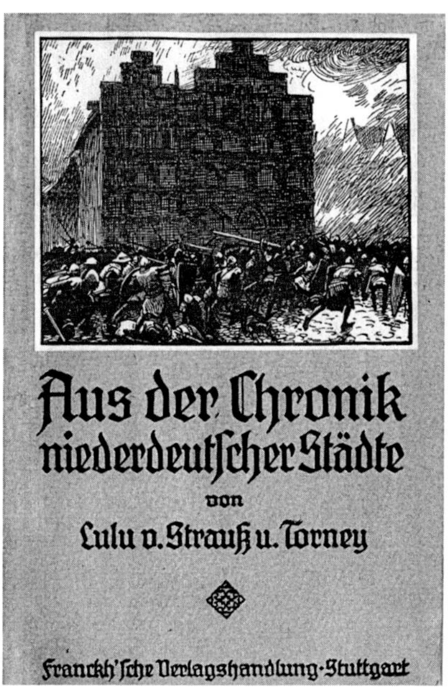

Mit der kleinen Residenzstadt Bückeburg sind zahlreiche Schriftstellernamen verbunden. Viktor Friedrich von Strauß und Torney (1809, Bückeburg – 1899, Dresden) studierte Rechtswissenschaften in Halle, Erlangen, Bonn und Göttingen und trat in den Staatsdienst ein. 1851 wurde er in den österreichischen Adelsstand erhoben, zog später nach Erlangen und Dresden. Von Strauß und Torney veröffentlichte zahlreiche Gedicht- und Liedbände, viele mit christlichem Inhalt, und übertrug als Erster das Tao Te King aus dem Chinesischen ins Deutsche. Seine Enkelin Lulu (eigentlich Luise) von Strauß und Torney (1873, Bückeburg – 1956, Jena) schrieb vor dem Ersten Weltkrieg zahlreiche Gedichte, Novellen und Bauernromane. 1916 heiratete sie den Verleger Eugen Diederichs. Später stand Lulu von Strauß und Torney den Nationalsozialisten nahe und wurde von diesen zu ihren genuinen Schriftstellern gezählt.

Oben: Viktor von Strauß und Torney
Unten: Luise »Lulu« von Strauß und Torney: Aus der Chronik niederdeutscher Städte. Buchumschlag, 1912

Moderne Dichter

Am Wege jüngst ich Einen fand,
Der hielt ein Röslein in der Hand,
Und seine Blicke ruhten
In ihres Kelches Gluten.

Er schob zurecht die Brille sich,
Und fing dann an fein säuberlich,
Am Röslein hold zu zupfen,
Die Blättlein abzurupfen.

»Ja ja,« so sprach er leis und lacht,
»Das sieht zwar aus wie eitel Pracht,
doch all der Glanz verschwindet,
sowie man's recht ergründet!«

[...]

Und bei dem Mann ein Andrer saß
Am Grabenrand im feuchten Gras;
Im Grabenschlamm, dem zähen,
Konnt' ich ihn wühlen sehen.

»Wie arg verblendet ist die Welt,
Die dies für Schmutz und Unrat hält!
Nur Gutes wird erwischen,
wer recht versteht zu fischen!«

[...]

Und fragt ihr mich nach Nam' und Stand
Der Narren zwei am Wegesrand:
Ich will auch nicht verhehlen,
Was sie davon erzählen!

Sie sind das Allerneuste heut –
Nicht kennt die gute alte Zeit
Solch wunderlich Gelichter –
Es sind – moderne Dichter!

Lulu von Strauß und Torney: Gedichte. 1897

Rudolf Bensen

Rudolf Bensen (1841, Bückeburg – 1921 ebda.) schrieb auf Platt unter anderem »Olle Bückebörger Döhnchen« (1903/4). Über seine Heimat heißt es darin:

Dei Sünne schinnt ja öwerall,
Versteiht sik, bloß an'n Dage,
Dat et bi üs an besten is,
Dat is gar keine Frage.[103]

Einen recht verborgenen Schatz besitzt Bückeburg in der Fürstlich Schaumburg-Lippischen Hofbibliothek mit rund 45.000 Bänden seit 1500. Sie ist seit 1898 im damals neuen Ostflügel des Schlosses untergebracht und seit 1799 der Öffentlichkeit zugänglich.[104]

Adolf Holst (1867, Branderoda – 1945, Bückeburg) war Philologe und arbeitete in Deutschland und Italien als Hauslehrer und Leiter von Pri-

Rudolf Bensen: Olle Bückebörger Döhnchen. Band 1 und 2. Zweite Auflage, [1906]

vatschulen. Von 1901 bis 1913 war er Prinzenerzieher des Fürstenhauses Schaumburg-Lippe, später dann Hofbibliothekar. Er war mit Lulu von Strauß und Torney und Hermann Löns befreundet. Nach 1918 schrieb er zahlreiche erfolgreiche Kinderbücher und gab Kinder- und Jugendzeitschriften heraus.

Die Schule im Walde

Kaum ist vergangen die dunkle Nacht,
ein lustiges Lärmen im Wald erwacht,
erst hier, dann dort, dann überall,
mit Pfeifen und Flöten und jubelndem Schall,
durch Blätter und Blüten, aus Baum und Busch,
holter-di-polter und husch-husch-husch!

Adolf Holst

So kommt es von allen Seiten gesprungen,
getrabt, geflattert, gehüpft und gesungen,
gelacht und gekichert, geschubst und gestoßen,
Geschrei und Gestrampel bei Kleinen und Großen!
Und fragt ihr: »Potzwetter! Was mag da geschehn?«
»Die Tierlein müssen zur Waldschule gehn.«

Adolf Holst: Die Schule im Walde. 1931

Franz von Dingelstedt

Der erfolgreiche Dichter, Journalist und Theaterintendant Franz von Dingelstedt (1814, Halsdorf bei Marburg – 1881, Wien) wuchs im damals kurhessischen Rinteln an der Weser auf. Später wurde er Lehrer an einer Erziehungsanstalt für junge Engländer in Ricklingen bei Hannover. Von seinen umtriebigen beruflichen Lebensstationen sei hier nur die letzte als Intendant des Wiener Burgtheaters genannt. Bekannt und auch heute noch in der Vertonung von Gustav Tressl gesungen, ist sein »Weserlied«.

»Hier hab' ich so manches liebe Mal
Mit meiner Laute gesessen,
Hinunterblickend in's weite Tal
Mein selbst und der Welt vergessen.

Und um mich klang es so froh und hehr,
Und über mir tagt' es so helle
Und unten brauste das ferne Wehr
Und der Weser blitzende Welle.

Wie liebender Sang aus geliebtem Mund,
So flüstert es rings durch die Bäume,
Und aus des Tales off'nem Grund
Begrüßten mich neckende Träume …

Da sitz' ich aufs neue und spähe umher,
Und lausche hinauf und hernieder;
Die holden Weisen rauschen nicht mehr,
Die Träume, sie kehren nicht wieder;

Weserlied. Postkarte um 1900

Die süßen Bilder, wie weit, wie weit!
Wie schwer der Himmel, wie trübe.
Fahr' wohl, fahr' wohl, du selige Zeit,
Fahrt wohl, ihr Träume der Liebe.[105]

Agnes-Miegel-Denkmal in Bad Nenndorf

Agnes Miegel ist in Bad Nenndorf eine Gedenkstätte gewidmet.[106] Die 1879 in Königsberg geborene und 1964 in Bad Salzuflen gestorbene Miegel war Anfang des 20. Jahrhunderts als Balladendichterin sehr erfolgreich. Ihre deutlich geäußerte zutiefst nationalsozialistische Einstellung führte am Ausgang des 20. Jahrhunderts zu heftigen öffentlichen Kontroversen um ihre Person.

In Rodenberg wurde 1831 der aus einer jüdischen Kaufmannsfamilie stammende Julius Rodenberg geboren (eigentlich Levy, gestorben 1914, Berlin). Er besuchte in

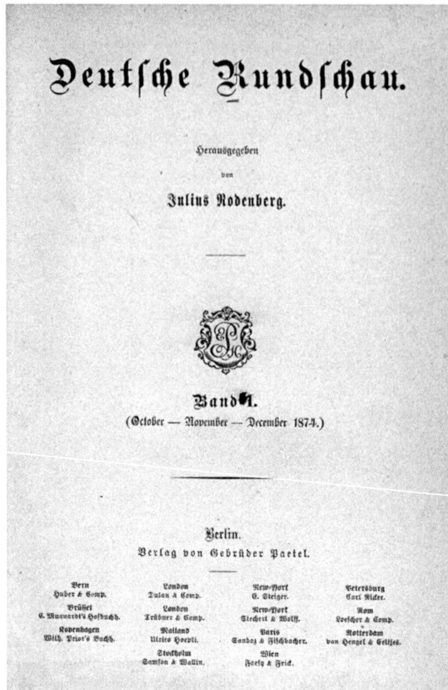

Deutsche Rundschau.

Herausgegeben
von
Julius Rodenberg.

Band I.
(October — November — December 1874.)

Berlin.
Verlag von Gebrüder Paetel.

Bern
Huber & Comp.
Brüssel
C. Muquardt's Hofbuchh.
Kopenhagen
Wilh. Prior's Buchh.

London
Dulau & Comp.
London
Trübner & Comp.
Mailand
Ulrico Hoepli.
Stockholm
Samson & Wallin.

New-York
E. Steiger.
New-York
Stechert & Wolff.
Paris
Sandoz & Fischbacher.
Wien
Faesy & Frick.

Petersburg
Carl Ricker.
Rom
Loescher & Comp.
Rotterdam
van Hengel & Eeltjes.

Julius Rodenberg – Rechts: Deutsche Rundschau, 1874 von Julius Rodenberg gegründet

Rinteln

Ihr kennt sie nicht, der Weser blühende Säume,
Die grünen Wiesen mit den Silberquellen;
Der weichgeformten Berge blaue Wellen,
der grünen Täler schönbelaubte Bäume.

Ihr kennt sie nicht, des Klosters dunkle Räume,
Die dunklen Gänge nicht, die trauten Zellen;
Ihr kennt nicht eine von den teuren Stellen,
der Heimat meiner Jugend, meiner Träume.

Doch mir ist, wie mit goldner Schrift geschrieben,
Mit Blütenstaub und mit dem Glanz der Sterne,
Das schöne Bild vor Augen stehn geblieben.

Und bin ich auch schon lange, lang geschieden:
Gedenk' ich Dein, dann lichtet sich die Ferne,
Dann weht mich an ein kühler Jugendfrieden.

Julius Rodenberg: Lieder. 1862

Hannover und Rinteln die höhere Schule und studierte in Heidelberg, Marburg und Berlin die Rechte. In Berlin schrieb er für zahlreiche literarische Zeitschriften und gründete 1874 in Leipzig die »Deutsche Rundschau«. Er setzte sich in Weimar für ein Goethe-Nationalmuseum und eine Schiller-Stiftung ein und wurde Mitbegründer der Goethe-Gesellschaft. Rodenberg veröffentlichte zahlreiche Romane und Reiseberichte. 2007 wurde sein »Skizzenbuch zur Weltausstellung« »Tag und Nacht in London« (1862) bei Wehrhahn in Hannover neu herausgegeben.

Wilhelm Friedrich Brand (1854, Holtensen/Springe – gestorben nach 1928) studierte nach seiner Schulzeit in Hannover Philosophie in Straßburg und ging nach London, wo er als Reiseschriftsteller tätig war und einen mehrsprachigen Pressedienst »Brands Londoner Korrespondenz« begründete.

In Jühnde wurde 1859 Heinrich Sohnrey geboren (gestorben 1948 in Neuhaus/Solling).[107] Sohnrey ließ sich in Hannover zum Lehrer ausbilden und beschäftigte sich mit der Volks- und Heimatkunde des Solling. Er studierte später in Göttingen Literaturwissenschaften, Geschichte und Botanik, war dann Zeitungsredakteur in Northeim, Hildesheim, Freiburg im Breisgau und schließlich in Berlin, wo er 1904 einen

Heinrich Sohnrey

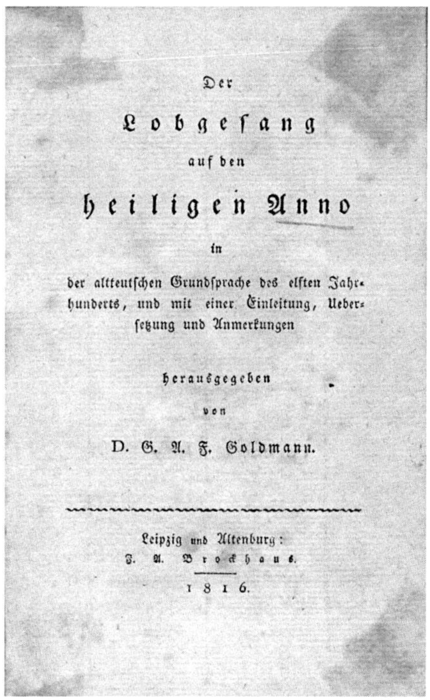

Der
Lobgesang
auf den
heiligen Anno
in
der altteutschen Grundsprache des elften Jahrhunderts, und mit einer Einleitung, Uebersetzung und Anmerkungen
herausgegeben
von
D. G. A. F. Goldmann.

Leipzig und Altenburg:
F. A. Brockhaus.
1816.

Rechts: Georg Friedrich August Goldmann: Lobgesang auf den Heiligen Anno. Titelblatt, 1816

Diese Zeitung erscheint jeden Dienstag und Freitag.

Kosten für auswärtige Insertionen 8 Pf. die Petit-Zeile

Einheit, Freiheit, Ordnung und Recht!

Preis dieser Zeitung ist halbjährlich ein Thlr., durch die Post bezogen 1 Thlr. 4 Ggr. 10 Pf. pränumerando.

Alle Postämter nehmen Bestellungen an.

Deister- und Weserzeitung,

Zeitschrift für Stadt und Land.

№ 1. Hameln, Dienstag 4. Juli 1848.

☞ Der Gedanke zum Wohle des deutschen Vaterlandes durch vorliegendes Blatt mitwirken zu können, veranlaßte uns zu diesem Unternehmen. Muthig gingen wir ans Werk; wir scheueten keine Kosten, um diese Zeitung allenthalben anzukündigen und hofften, daß, obgleich die jetzige fruchtbare Zeit einen Ueberfluß an Zeitungen hervorgerufen hat, dennoch ein Volksblatt bei einem mäßigen Preise, namentlich in unsrer Nähe, hinreichend Leser und Unterstützung finden werde. — Leider sehen wir uns indeß bis heute in dieser Erwartung getäuscht, denn die Anzahl der bisher gemeldeten verehrl. Abonnenten genügt nicht, ohne bedeutende Opfer das Unternehmen weiter auszuführen.

Indem wir also nochmals unsre frühere Bitte an alle Volksfreunde wiederholen: dieser Zeitung, welche sich die Aufgabe stellt, die geehrten Leser mit den Gegenständen des Tages in der Kürze bekannt zu machen und zur Verbreitung nützlicher Sachen mitzuwirken u. s. w. die größtmöglichste Aufnahme zu verschaffen und uns **binnen 8 Tagen** die Bestellungen zuzusenden; bemerken wir gleichzeitig, im Fall sich dennoch wider unser Erwarten kein größeres Interesse für diese Sache in den nächsten 8 Tagen zeigt, nur diese eine Nummer gratis ausgegeben, die weitere Lieferung aber bis zu einem etwa günstigern Zeitpunct ausgesetzt wird.

Die Redaction.

Einheit, Freiheit, Ordnung und Recht!

Ohne Einheit keine Macht!
Ohne Ordnung und Recht keine Freiheit!

Wollen wir frei sein, wollen wir die Wohlthaten der goldenen Freiheit immer mehr genießen, dann müsen wir auch wissen was es heiße, wahrhaft frei zu sein.

Frei ist der Mensch, welcher die ihm von Gott angewiesene Stellung für sich und in der menschlichen Gesellschaft begreift und nach seinem Gewissen mit Muth handelt. Als solcher wird er nur vernünftigen Gesetzen gehorchen und dadurch das allgemeine Wohl und auch sein Glück fördern. Nach Freiheit sehnt sich jedes vernünftige Wesen und der Wille des Schöpfers ist nicht, daß der Geist des Menschen in Fesseln geschlagen werde; frei aber auch weise sei seine Rede, offen, frei und besonnen sein Handeln. Gott will nicht, daß ein Despot herrsche, welcher die Menschenrechte schmälert und verletzt. — Gottes Kinder sind wir Alle, der König wie der Bettler.

Unparteiisch, öffentlich und frei muß gerichtet werden; unparteiisch und nachdem ein Jeder die Mittel hat, muß besteuert werden; unparteiisch und nachdem ein Jeder es verdienet hat, muß besoldet, belohnt und bestraft werden.

Hüten wir uns jedoch den Communismus oder Gleichheit mit der Freiheit zu verwechseln. Gleichheit in dem Sinne Vieler darf und kann nicht stattfinden. Blicken wir in die Natur; diese Pflanze ist groß; jene klein; diese bedarf viele, jene geringere Nahrung und doch freuet sich Alles seines Schöpfers. Lernen wir von ihr unsre wahre Stellung richtig auffassen; überzeugen wir uns, daß Verschiedenheit der Stände und Kräfte stets waren und zum Wohle der Gesammtheit sein müssen. Wollten wir gegen solche Einrichtung streiten, das hieße gegen den Allmächtigen selbst auftreten und ein solches Widerstreben gegen die göttliche Ordnung ist kein Ringen nach Freiheit, sondern Zerstörungswuth, der Weg zum Untergange. —

Die wahre Freiheit, die aus einer reineren, höheren Ansicht von dem Leben entspringt, führt auch zur Einigkeit und verschmilzt Alle zu einer Brüdergemeinschaft, daß wir Niemanden betrüben, Niemandem zu nahe treten, sondern in Jedem den Bruder ehren. Und aus dieser Einigkeit, die nur

Erste Ausgabe der Deister- und Weserzeitung, 1848

Schauspielhaus Bad Pyrmont. Postkarte um 1910

Verlag gründete, in dem seine heimat- und bauernorientierten Romane und Volksstücke erschienen. Sohnrey wurde von den Nationalsozialisten sehr geschätzt; er gehörte zu den 88 Schriftstellern, die 1933 das Gelöbnis treuester Gefolgschaft für Adolf Hitler unterzeichneten.

Otto Elster aus Eschershausen (1852 – 1922, Braunschweig) war braunschweigischer Offizier, dann Redakteur des Braunschweiger Tageblatts, des Kreuznacher Tageblatts und schließlich Chefredakteur des Kölner Tageblatts. Er war ein großer Verehrer Wilhelm Raabes und schrieb zahlreiche historische Romane, die meist in seinem heimatlichen Herzogtum spielen.

Georg Friedrich August Goldmann wurde 1785 in Bad Münder geboren (gestorben 1855, Schöppenstedt). Der protestantische Geistliche arbeitete dem Wörterbuch der Deutschen Sprache der Brüder Grimm zu und schrieb Gedichte und das Drama »Karl V.«

In der »Rattenfängerstadt« Hameln verlegte seit Anfang des Jahrhunderts der 1797 in Königslutter gegründete C. W. Niemeyer Verlag heimatkundliche Literatur und vor allem später die »Deister- und Weserzeitung«.[108]

In Bad Pyrmont kurten seit dem 18. Jahrhundert zahlreiche prominente Zeitgenossen, darunter auch Literaten und Schauspieler. Eine wichtige Funktion kam bei der Unterhaltung der Gäste dem fürstlichen Schauspielhaus zu, das während der Saison von Mai/Juni bis August – also wenn die Theater in den Großstädten pausierten – bespielt wurde. Der Prinzipal August Pichler und seine Nachkommen konnten das Jahrhundert über ein reges Theaterleben aufrechterhalten.[109]

Göttingen

Ebenso wie in Bad Pyrmont waren zahlreiche Dichter und Geistesgrößen in Göttingen zu Gast. Allerdings blieben die Dichter »in Göttingen Passanten«.[110] In Göttingen geboren wurde 1812 Heinrich Albert Oppermann (gestorben 1870 in Nienburg/Weser).[111] In seiner Heimatstadt studierte er Rechtswissenschaften und wurde Rechtsanwalt in Hoya, später dann Deputierter in der hannoverschen Ständeversammlung und nach dem Ende des Königreichs Mitglied des Preußischen Abgeordnetenhauses. Oppermann hat mit seinem neun Bände umfassenden Roman »Hundert Jahre« die Verhältnisse im Kurfürstentum bzw. im Königreich Hannover von der Mitte des 18. Jahrhunderts bis zu seinem Ende 1866 beschrieben. Er unterstützte die Verbreitung des Protestbriefes der Göttinger Sieben im Jahr 1837 und arbeitete als Korrespondent für zahlreiche

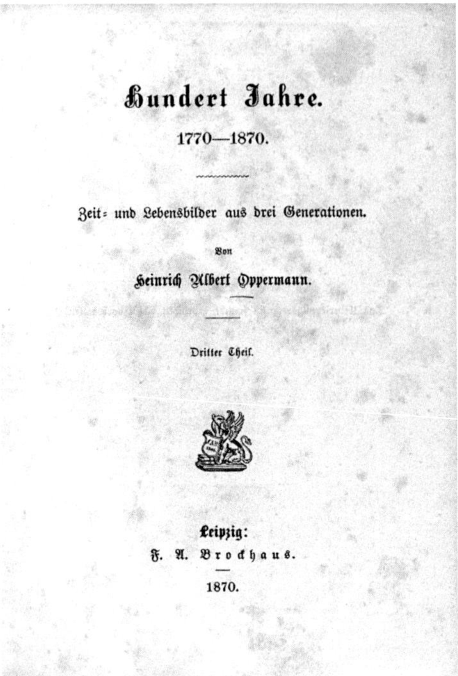

Hundert Jahre.

1770—1870.

Zeit- und Lebensbilder aus drei Generationen.

Von

Heinrich Albert Oppermann.

Dritter Theil.

Leipzig:

F. A. Brockhaus.

1870.

Heinrich Albert Oppermann: Hundert Jahre. Titelblatt, 1870

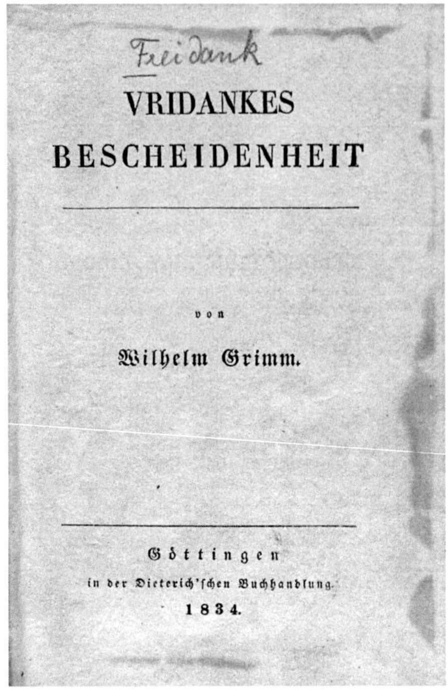

Freidank

VRIDANKES

BESCHEIDENHEIT

von

Wilhelm Grimm.

Göttingen

in der Dieterich'schen Buchhandlung.

1834.

Wilhelm Grimm: Vridankes Bescheidenheit. Titelblatt, 1834

Zeitschriften und Zeitungen ganz Deutschlands. In Nienburg übernahm Oppermann juristische Ämter, gründete die Nienburger Schiller-Stiftung und gab das Nienburger Wochenblatt heraus.

Jakob (1785, Hanau – 1863, Berlin) und Wilhelm (1786, Hanau – 1859, Berlin) Grimm lebten und arbeiteten von 1829 bis 1837 in Göttingen.[112]

Kein Volk vergißt Vertragsbruch, Treulosigkeit, Verrath, Umsturz von Verfassungsgesetzen, Nichterfüllung gegebener Versprechen u. s. w. leichter und schneller als das Deutsche, ja entschuldigt sie, vergiebt sie, wenn sie von Oben kommen. Es ist dies keine Tugend, sondern eine Schwäche. Wenn man heute (im Spätsommer 1848) von all' dem Unrecht spricht, was uns in 33 Friedensjahren durch die Fürsten und ihre Rathgeber, durch den Bundestag und geheime Ministerconferenzen zugefügt ist, so ruft man uns von hundert Seiten zu: das haben wir zum Überdruß gehört. Dennoch können wir die Entwicklungen Hannovers nicht ganz ohne Rückblick auf den Umsturz der Verfassung von 1833 verfolgen; allein wir müssen die Details als bekannt voraussetzen.

Heinrich Albert Oppermann: Hannoversche Zustände seit dem 24. Februar 1848. 1849.

Die Göttinger Sieben, oben: Georg Gottfried Gervinus und Wilhelm Eduard Albrecht; Mitte: Heinrich Georg August Ewald, Friedrich Christoph Dahlmann und Wilhelm Weber; unten: Wilhelm und Jakob Grimm

Hier in Göttingen entstanden »Reinhart Fuchs« (1834), »Freidanks Bescheidenheit« (1834), »Deutsche Mythologie« (1835), »Der Rosengarten« (1836) und die Fortsetzung der »Deutschen Grammatik«

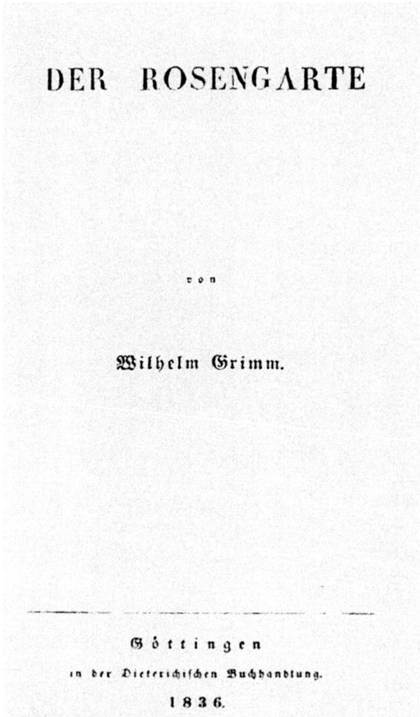

DER ROSENGARTE

von

Wilhelm Grimm.

Göttingen
in der Dieterichischen Buchhandlung.
1836.

Wilhelm Grimm: Der Rosengarten. Titelblatt, 1836

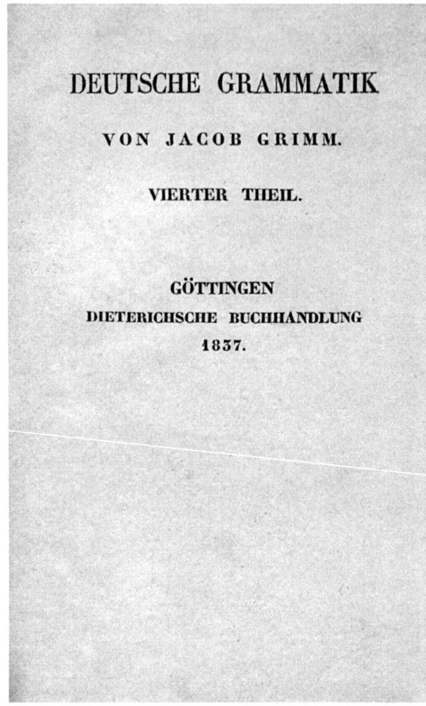

DEUTSCHE GRAMMATIK

VON JACOB GRIMM.

VIERTER THEIL.

GÖTTINGEN
DIETERICHSCHE BUCHHANDLUNG
1837.

Jakob Grimm: Deutsche Grammatik. Titelblatt, 1837

(1831–1837). Die Brüder gehörten als Mitunterzeichner des Protestes zu den »Göttinger Sieben« und wurden vom König von Hannover ihres Amtes enthoben und des Landes verwiesen. Der preußische König Friedrich Wilhelm IV. lud beide 1841 nach Berlin ein, wo sie Mitglieder der Preußischen Akademie der Wissenschaften wurden und bis zu ihrem Tod an der Universität arbeiteten und lehrten.

In Göttingen wurde 1835 Albert Möser geboren (gestorben 1900 in Dresden), wo er Jura, Philosophie und

Albert Möser: Aus der Mansarde. 1893

Adolf Ellissen

Geschichte studierte. Anschließend ging er als Gymnasiallehrer nach Dresden. Möser veröffentlichte zahlreiche umfangreiche Gedichtsammlungen, vor allem mit historischen Themen. In Internet-Zitatsammlungen findet man von ihm im August 2010 noch den Hexameter: »Die Liebe, sie ist des Lebens Tiefstes und Wahrstes. Jegliches Rätsel der Welt löset sich einzig in ihr.«[113]

In der Universitätsstadt schrieb der Literaturwissenschaftler Adolf Ellissen einige Gedichte und Übersetzungen (1815, Gartow – 1872, Göttingen). Sein Sohn Hans Ellissen (Pseudonym: Viktor Welten; 1845, Göttingen – 1901, Leipzig) wurde Buchhändler in Hannover, Lüneburg, Halle, Zerbst, Göttingen und Leipzig, schrieb Gedichte und u. a. einen

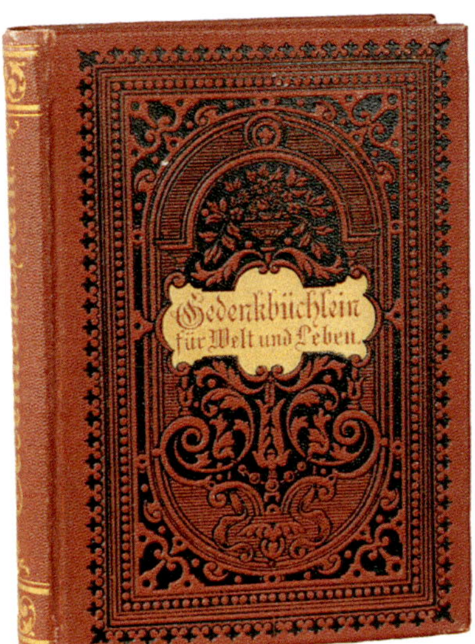

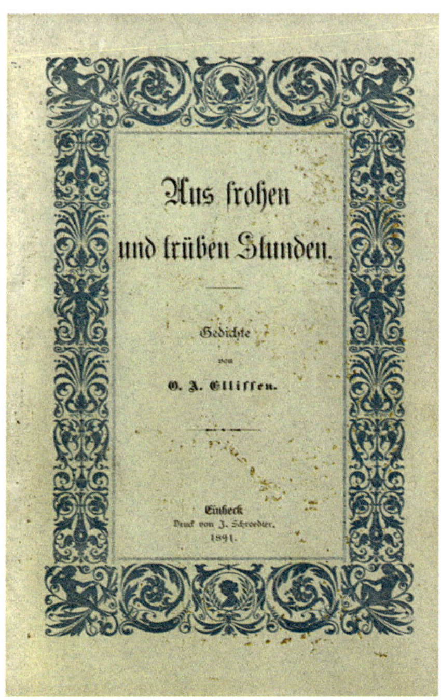

Viktor Welten [d. i. Hans Ellissen]: Gedenkbüchlein für Welt und Leben. 1890. – Rechts: Otto Adolf Ellissen: Aus frohen und trüben Stunden. 1891

Biographienband über »Die Berühmtheiten der Welt, nach Stand und Beruf geordnet« (1882). In einem von ihm pseudonym herausgegebenen »Gedenkbüchlein für Welt und Leben« finden sich einige selbst verfasste Sinnsprüche, z. B.:

Großes wollen ist die Feder,
die uns kraftvoll trägt und hält.
Weise Arbeit führt das Szepter,
und die Zeit regiert die Welt.[114]

Ein weiterer Sohn, Otto Adolf Ellissen (1859, Göttingen – 1943, Einbeck), war Gymnasiallehrer in Einbeck und verfasste u. a. die Gedichtsammlung »Aus frohen und trüben Stunden«.

Die Kunst

Alles zersetze der Zweifel, in's holde Geheimnis des Schönen,
Dringet er nicht, es beglückt morgen wie gestern und heut'.
Fremd steht's da in der tosenden Welt der Kräfte und Stoffe,
Fremd, doch das Schöne allein macht uns zur Heimath der Welt.

Adolf Ellissen: Aus frohen und trüben Stunden. 1891

Mit der Einsendung eines einzigen vierzeiligen Gedichtes an die »Fliegenden Blätter« 1878 begründete Friedrich Daniel (1809–1899), Universitätsnotar in Göttingen, später Bürgermeister in Pattensen, eine bis heute lebendige Form von Unsinnspoesie, die »Klapphornverse«. Hier folgen die Zeilen, die sofort eine Fülle von Nachahmern auf den Plan riefen:

Zwei Knaben gingen durch das Korn,
Der Andere blies das Klappenhorn.
Er konnt' es zwar nicht ordentlich blasen,
Doch blies er's wenigstens einigermaßen.[115]

Immer wieder aufgelegt wurden die »Vergnügten Geschichten aus dem alten Göttingen in Göttinger Mundart, Messingsch und Platt« von Schorse Szültenbürger, ein Pseudonym für Ernst Honig (1861, Göttingen – 1930, ebda.), einem Bäckermeister und Bürgervorsteher seiner Heimatstadt.

Die größte Bibliothek Niedersachsens, die heutige Staats- und Universitätsbibliothek, wurde 1734, ein Jahr vor der Gründung der Universität Göttingen, in Betrieb genommen; sie war die erste rein nach wissenschaftlichen Prinzipien aufgebaute und durch vorbildliche Kataloge

Illustration zu Friedrich Daniels Klapphornvers aus den »Fliegenden Blättern« vom 14. Juli 1878

erschlossene Büchersammlung und wurde weltberühmt und Vorbild u. a. für US-amerikanische Bibliotheken. In den 1870er Jahren erhielt die im Pauliner-Kloster untergebrachte Bibliothek einen großzügigen Erweiterungsbau. 1886 wurde Karl Dziatzko (1842–1903) Ordinarius für Bibliothekshilfswissenschaften, der erste und einzige in Deutschland.

Letzter Erweiterungsbau war 1914–1916 das so genannte Neubaumagazin. 1910 umfasste der Bestand rund 572.000 Bände.[116]

Schorse Szültenbürger [d. i. Heinz Honig]: Vergangene Zeiten. 1917

Die vier ältesten Göttinger

Es war so Ende Jannewar, da sitzen wer, der Brätjenschülperklub, mah in Rojal, hatten ne Skat chedroschen un so kommt's Chespräch auf ihne Pirkl seine Bildere an der Wand.

»Du, Schorse!« sagt er Multchen, »das weißte doch, daß diese vier alten Deutschen, die der einjeschlafenen Kneipchesellschaft den Wein auspülwern, daß das die vier ältesten Chöttinger vorstellen soll?«

»Ach, che doch los!« sare ich.

»No, denn frag doch ihne Pirkl, der se chemalt hat, selwer un der weiß es von ihne Profesor Henne! Haste denn das nich chelesen in der Zeitung von den Cheschichtsverein? Se haben doch en altes Schwert chefunden, da steht es ja deraufe: Chilbert, Cherobert, Chilperich ihrem lieben Theoderich zur freundlichen Erinnerung Ann 885. Nu kucke Dich den dritten Vers da oben mah an:

Theoderich, der Kahle,
Cherobert der Schmale,
Chilbert und Chilperich,
die pichelten ganz schauerlich.

No, das sind doch chenau dieselben! Und was de Hauptsache is: dreie schreiben sich mit ne – Ch! Das is doch so echt Chöttinesch, wie de man verlangen kannst; - un das alte Schwert kannste alle Dare in'n Alterrums-Museum bekucken.

Schorse Szültenbürger: Vergnügte Geschichten aus dem alten Göttingen in Göttinger Mundart, Messingsch und Platt. 1917

1897 wurde die Volksbibliothek Göttingen durch den Allgemeinen deutschen Schulverein gegründet.[117]

Besonders gut aufgearbeitet ist die Geschichte der Leihbibliotheken in der Universitätsstadt. Während überall im Land Hannover die Leihbibliotheken von Hannover aus zensiert wurden, geschah dies in Göttingen durch die Universitäts-Gerichts-Deputation, die so darauf achten sollte, dass die Studenten nicht von der wissenschaftlichen Arbeit abgehalten würden, weshalb das Ministerium die Deputation 1799 auch angewiesen hatte, »die Anlegung und Fortsetzung der Lese-Institute und Leihbibliotheken möglichst zu decouragieren«. Dennoch waren Studenten am Anfang des Jahrhunderts die eifrigsten Leihbibliotheksbenutzer. So hatte etwa die Leihbibliothek Schuster 1822 70 Leser, die zumeist der Studentenschaft angehörten. Zum Ausgang des Jahrhunderts waren dann kaum noch Studenten unter der Leserschaft zu finden.

Bedeutende Leihbibliotheken, die auch nach 1848 Bestand hatten, waren die von Schneider, die 1823 von Otto übernommen wurde, die

Universitätsbibliothek Göttingen (Paulinerkirche)

Göttinger Theater. Postkarte um 1900

Deuerlich'sche Leihbibliothek, das 1832 gegründete »Literarische Museum«, später dann die von Otto Carius und von Friedrich Kronbauer.[118]

Eine wechselvolle Geschichte erlebte die Mitte des 18. Jahrhunderts gegründete Dieterich'sche Verlagsbuchhandlung, die ursprünglich ein bedeutender Wissenschaftsverlag war und Lichtenberg als Autor hatte.

Während des ganzen Jahrhunderts wurde in Göttingen Theater an verschiedenen Orten gespielt, u. a. in der »Restauration« am heutigen Wilhelmplatz; dieses Gebäude brannte 1887 ab. Die Honoratioren seien aber darüber nicht ganz böse gewesen, schreibt Büttenbender, »hatte es sie doch von dem Theater ›befreit‹, das nach einigen Blütejahren mehr und mehr verkommen und in den Rang zweifelhaften Tingeltangels abgesunken war«. Eine Bürgerinitiative hatte sich schon ein Jahr zuvor für den Bau eines neuen Theaters engagiert, das dann 1889 bis 1890 neben dem Gymnasium am Albanitor errichtet wurde. Eröffnet wurde es mit Schillers »Wilhelm Tell« und 720 Besuchern.[119]

Harz und Vorharz

Von Göttingen geht ein Blick in den Bergbau-Ort Clausthal-Zellerfeld, wo der Mitarbeiter am Grimmschen Wörterbuch Georg Schulze 1807 geboren wurde (gestorben 1866 in Scharzfeld). Er schrieb Gedichte in Oberharzer Dialekt, die erst posthum erschienen.

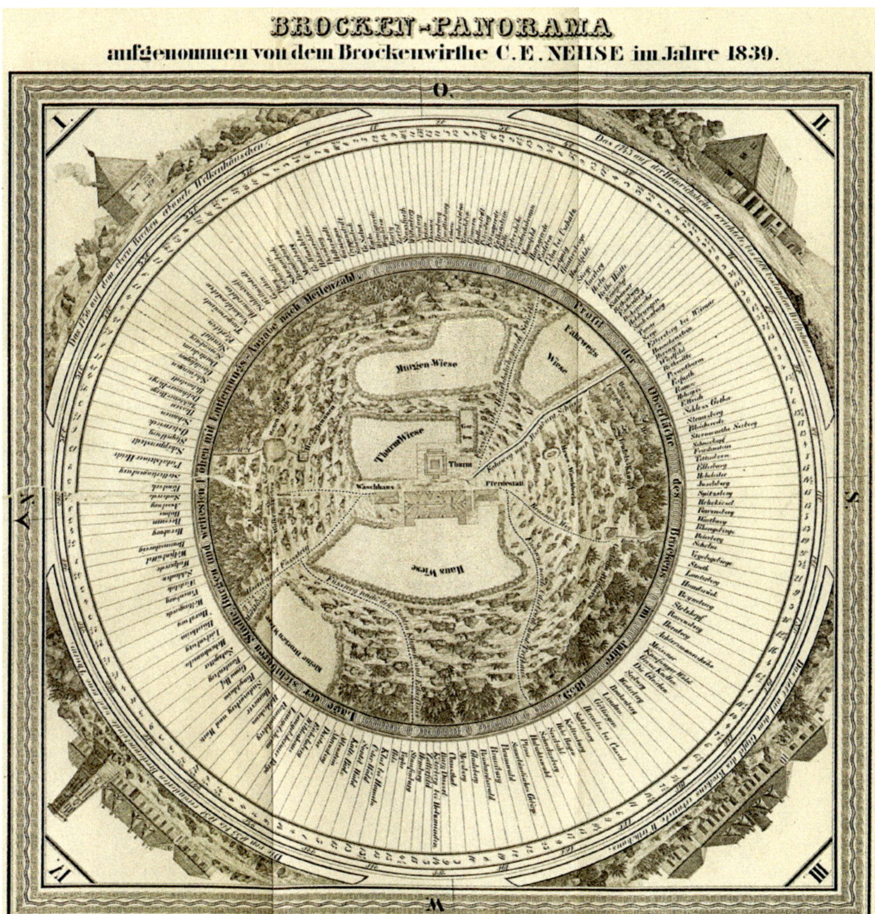

Adolf Ey: Harzerblut. Ausgabe von 1927

1844 wurde ebendort Julius Adolf Ey geboren (gestorben 1934, Hannover). Er studierte Theologie und Neuere Sprachen, unterrichte als Gymnasiallehrer u. a. in Lüneburg, Hannover und Flensburg und wurde Dozent für Französisch an der Technischen Hochschule Hannover. Sein Reiseführer »Harzbuch oder Geleitsmann durch den Harz« (1854) und seine Autobiographie »Bekenntnisse eines alten Schulmeisters« (1914) waren sehr erfolgreich.[120]

Im nahen Goslar gab der F. A. Lattmann Verlag vor allem heimatnahe Belletristik sowie die Goslarsche Zeitung heraus. Die angeschlossene Buchdruckerei konnte ihr Bestehen bis auf das Jahr 1604 zurückführen.[121]

Ebenfalls in Clausthal wurde 1864 Otto Erich Hartleben geboren (gestorben 1905, Salò/Gardasee), sechs Jahre später zog die Familie nach Hannover. Er legte sein Abitur in Celle

Auf dem Gymnasium

Das Clausthaler Gymnasium lag an der Erzstraße mit dem Rücken nach dem alten Friedhofe, auf dem meine Eltern und Großeltern und Freunde und Bekannte jeder Art sanft ruhen. Zwei große, weißangestrichene viereckige Häuser standen da, einander ähnlich wie Zwillinge, zwischen ihnen ein geräumiger viereckiger Platz zum Turnen. Das eine Gebäude war für die lateinischen Jungen, das andere für die Bürgerschüler.

Die Fenster waren für Clausthal ungewöhnlich groß, wurden auch nicht auf und nieder geschoben, sondern seitwärts. Der Fußboden bestand aus weißen Dielen, die leicht schmutzten und immer wieder gescheuert werden mußten. Die Bänke sahen hart mitgenommen aus. In der Prima fand ich nur noch halbe Tischplatten. Oben auf dem Boden war ein Bretterverschlag, der Karzer. Dort kam man »hinter die Latten«.

Die Aula war nicht mehr als ein größeres Schulzimmer. Dort mußte ich in der Zeit des Tischrückens mit anderen spiritistisch beanlagten Jungen vor dem Lehrerkolleg einen großen runden Tisch in den gewünschten Geistertrab bringen, dort hielt unser Schülergesangverein unter dem guten Kameraden Kraft seine Übungen ab, dort schwitzte ich im Maturum und blieb bei meiner Abschiedsrede einmal bedenklich stecken.

Adolf Ey: Bekenntnisse eines alten Schulmeisters. 1914

Otto Erich Hartleben: Rosenmontag. Erstausgabe, 1900

ab und studierte Jura in Leipzig und Berlin. Nach einer Referendarzeit in Stolberg am Harz (die dort nicht in guter Erinnerung blieb) und Magdeburg wurde er freier Schriftsteller in Berlin. Er schrieb Gedichte, Erzählungen und Dramen; besonders erfolgreich war die »Offiziers-Tragödie« »Rosenmontag« (1900). Heiko Postma: »Auch Hartlebens Gedichte hatten ja manchmal diesen kühl-frivolen Wedekind-Touch: Beide Autoren kannten einander aus München, aber auch Wedekind kam aus Hannover.«[122]

1810 entstand durch Erlass des westfälischen Finanzministers von Bülow die Bibliothek der Berg-

Liebe und Lyrik

Der Liebe Lust in Liedern auszuklagen,
scheint heutzutag dem Dichter fast verwehrt.
Was könnt er Neues auch den Leuten sagen:
so mancher hat uns schon sein Glück beschert.
Glaubt einer gar der Liebe Leid zu tragen,
lässt er uns sicherlich nicht unversehrt:
Herz reimt noch stets auf Schmerz, auf Liebe Triebe –
ich reimte mit Genuss auf beide – Hiebe!

So weiss denn selbst der traurigste Philister:
die Liebe sei so eine Himmelsmacht;
in illustrierten Wochenblättern liest er,
dass man sich oft sogar drum umgebracht.
Ein Kenner aller Leidenschaften ist er,
wer ihm nichts Neues bringt, wird ausgelacht:
kurz, was die Lieb angeht – *er* ist au fait:
es lässt sich nichts mehr machen drin. O weh!

Und ist man nun aus purem Pech ein Dichter,
dems schlecht behagt, den andern nachzutreten,
dems nicht genügt, nur manchmal neue Lichter

zu pflanzen vor ein Bild, zu dem sie beten –
so wird man fluchen auf das Reimgelichter,
das auch den schönsten Brei schon breitgetreten,
und wird, obwohl die Sache etwas schwierig,
die Liebe gänzlich streichen aus der Lyrik.

Wie hass ich jene, die naiv wie Thiere
ihr Lieben schmatzend beichten – ekelhaft!
Unreinem Ohre bei unechtem Biere!
Doch ist nicht schlimmer noch die Leidenschaft,
auf unverhülltem, feilem Druckpapiere
schamlos zu künden, was uns Freuden schafft?
Drum Heil dem Dichter, der mit sich gerungen
und als ein Held zum *schweigen* sich bezwungen!

Otto Erich Hartleben: Meine Verse. 1905

schule (ab 1864 Bergakademie – Universitätsbibliothek Clausthal) mit einem reichen Bestand an Literatur seit dem 16. Jahrhundert; im Mittelpunkt des historischen Bestandes steht die Bibliothek des Theologen Caspar Calvör (1650–1725) mit über 11.000 Titeln.[123] In der Berghauptmannschaft Clausthal gab es 1844 fünf Leihbibliotheken.[124]

DER WEG
ZUR FORM
ÄSTHETISCHE
ABHANDLUNGEN
VORNEHMLICH ZUR TRAGÖ-
DIE UND NOVELLE / VON
PAUL ERNST
IM VERLAGE VON JULIUS BARD
BERLIN 1906

Paul Ernst: Der Weg zur Form. Titelblatt, 1906

Im Harzort Elbingerode wurde 1866 Paul Ernst geboren (gestorben 1933 in St. Georgen/Steiermark). Er studierte Theologie und Philosophie in Göttingen und Tübingen und Literatur und Geschichte in Berlin, 1892 promovierte er. Ernst wurde Mitglied des progressiven Berliner Literatenvereins »Durch«. Später ging er nach Weimar, wo zahlreiche Dramen und Erzählungen entstanden. 1905 und 1906 war er Dramaturg am Düsseldorfer Schauspielhaus, danach freier Schriftsteller. In seinen frühen Werken wird er dem Naturalismus zugerechnet, später gilt er als Hauptvertreter der Neuklassik.

In der wahren Welt steht Gott als ein Bauersmann im blauen Kittel vor dem Scheunentor und worfelt Weizen. Er nimmt eine Schaufel voll Weizen und schleudert den in die Scheune. Da fliegen zusammen durch die Luft Korn und Spreu und wissen nicht, wer sie in Bewegung gesetzt hat und wohin sie getrieben werden; doch sie verspüren, daß eine Kraft in ihnen ist und daß dieselbe Sonne sie blitzend bescheint und daß dieselbe Luft sie klar bestreicht. Da denkt die Spreu hoffärtig: ›Siehe, wir sind wie diese da, und vielleicht sind wir auch besser, denn uns scheint, wir fliegen höher‹, und die Körner denken demütig: ›Es ist wohl so, daß wir alle gleich sind.‹ Aber nur einen Augenblick verweilen sie beide in der hellen Luft und unter der blitzenden Sonne; denn was Jahrhunderte sind für uns und unsre Welt des Scheins, das ist ein Augenblick für Gott und für seine wahre Welt. Dann senken sich die schweren Körner zu dem Weizenhaufen, auf den sie fallen sollen, und die Spreu trägt der Zugwind vor dem Scheunentor auf einen andern Haufen zu der früheren Spreu.

Paul Ernst: Der schmale Weg zum Glück. 1904

Im nahen Bad Gandersheim saß Karl Ludwig Häberlin ein (1784, Erlangen – 1858, Potsdam), der unter dem Pseudonym H. E. R. Belani schrieb. Häberlin war Sohn des Staatsrechtlers und Historikers Karl Friedrich Häberlin in Helmstedt und studierte dort Rechtswissenschaften. Nach Tätigkeiten in der Verwaltung und an Gerichten während der napoleonischen Herrschaft wurde er Kreisamtmann in Hasselfelde am Harz, wo es zu Amtsvergehen kam. 1824 wurde er zu einer langen Haftstrafe in Gandersheim verurteilt, 1828 aber wieder begnadigt. Er kehrte zunächst nach Helmstedt zurück und zog dann nach Potsdam. Während der Haft schrieb er unter verschiedenen Pseudonymen, u. a. dem des Wolfenbüttelers Buchhändlers Christian Niedmann, zahlreiche historische Romane. Bis zu seinem Tode sollten es 64 Werke in 136 Bänden werden.

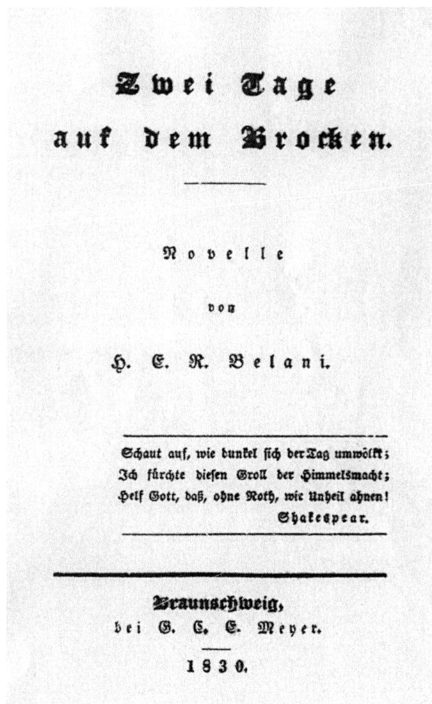
Zwei Tage
auf dem Brocken.

Novelle
von
H. E. R. Belani.

Schaut auf, wie dunkel sich der Tag umwölkt;
Ich fürchte diesen Groll der Himmelsmacht;
Helf Gott, daß, ohne Noth, wir Unheil ahnen!
Shakespear.

Braunschweig,
bei G. C. E. Meyer.
1830.

H. E. R. Belani [d. i. Karl Ludwig Häberlin]: Zwei Tage auf dem Brocken. Titelblatt, 1830

Es war ein sonniger Augusttage, als Erzähler dieses, mit einer heiteren Gesellschaft, aus dem niedern Tannengehege hinaus auf das freie Brockenfeld trat.

Die Natur wirkt hier, erhebend und erheiternd zugleich, auf das Gemüth. Der klare Horizont ringsum – wie unermesslich, wie reich belebt, wie ansteigend bis zum lichtblauen Himmels-Dome, erhebt er sich, in den sanftesten Schattierungen der mildesten Farbtöne verschwimmend! – und im Vordergrunde die düstern Schluchten der Harzgebirge, die waldigen Kuppen der Berge mit ihren zackigen Felsenkegeln, tief unten vor unsern Füßen!

H. E. R. Belani [Karl Ludwig Häberlin]: Zwei Tage auf dem Brocken. 1830

Wenden wir uns nach Norden in Richtung Metropole. In Peine wurde Friedrich Martin von Bodenstedt 1819 geboren (gestorben 1892 in Wiesbaden). Er besuchte eine Handelslehranstalt in Braunschweig, studierte in Göttingen, München und Berlin Philosophie und Neuere Sprachen. Er bereiste den Kaukasus, den Orient, Italien und redigierte, zurückgekehrt in Deutschland, wichtige Zeitschriften. 1854 wurde er Professor für orientalische Sprachen und Literatur in München. Nach umfangreichen Studien wurde er Leiter des Meininger Hoftheaters und der Hofkapelle. Anschließend lebte er vor allem in Berlin und Wiesbaden und reiste nach Nordamerika, wo er großes Ansehen besaß, vor allem durch die von ihm angeblich übersetzten – in Wirklichkeit eigenen – Gedichte der »Lieder des Mirza Schaffy« (1851), die 100 Auflagen in 30 Jahren erreichten.

Friedrich Martin von Bodenstedt

Bewusst wandte von Bodenstedt sich von politischen und anderen unerfreulichen Angelegenheiten der Gegenwart ab und einer lebensbejahenden, sinnfrohen Lebenseinstellung zu. Berühmt wurde sein Vers:

Das Paradies der Erde
Liegt auf dem Rücken der Pferde,
In der Gesundheit des Leibes
Und am Herzen des Weibes.[125]

In Groß Lafferde in der Nähe von Peine verbrachte Karl Bars (1800, Einbeck – 1840) seine letzten Lebensjahre. In Einbeck redigierte er die »Mitternachtszeitung« und schrieb Dramen und Erzählungen.

In Hildesheim wurde August Ernst Freiherr von Steigentesch 1774 geboren (gestorben 1826, Wien). Steigentesch machte eine bedeutende Karriere als Soldat und Diplomat in österreichischen Diensten und in verschiedenen Missionen gegen Napoleon in europäischen Staaten. Er schrieb Gedichte und Erzählungen sowie zahlreiche Lustspiele, die über seine Lebenszeit hinaus erfolgreich waren.

Ebenfalls aus Hildesheim stammte Karl Seifart (1821 – 1885, Lüneburg). Er schrieb zahlreiche Erzählungen und Schwänke, die sich vor allem mit Ereignissen aus seiner Hildesheimer Heimat beschäftigen. Seine Sammlung »Märchen, Schwänke und Gebräuche aus Stadt und Stift Hildesheim« von 1854 erschien bis Ende des 20. Jahrhunderts in mehreren Neuauflagen.

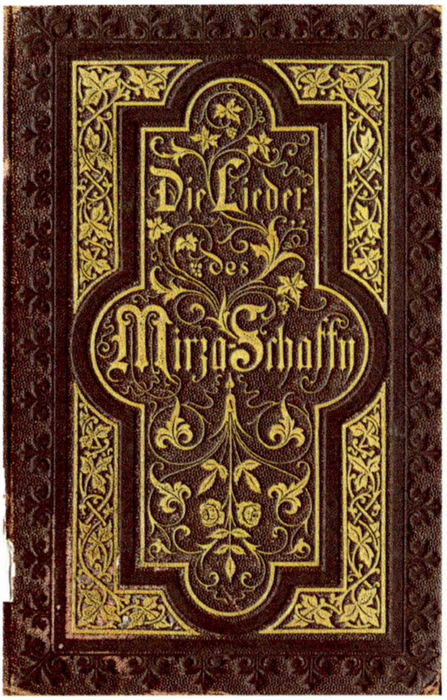

Friedrich Martin von Bodenstedt: Die Lieder des Mirza Schaffy. Bucheinband der Ausgabe von 1876

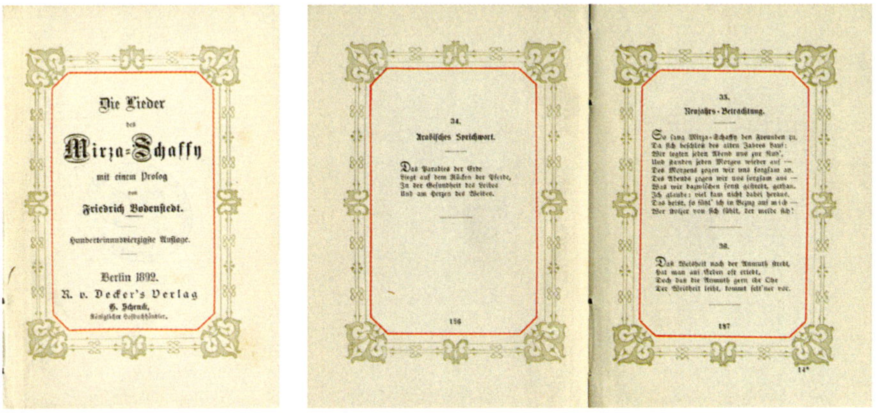

Friedrich Martin von Bodenstedt: Die Lieder des Mirza Schaffy. Titelblatt und Gedichtauszug der Ausgabe von 1892

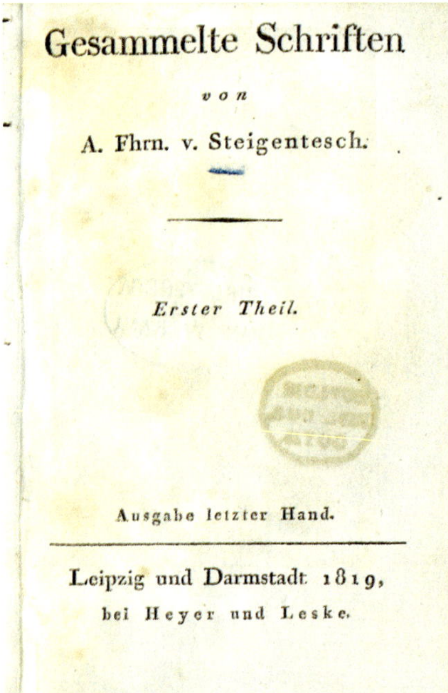

August Ernst Freiherr von Steigentesch: Gesammelte Schriften. Titelblatt, 1819

Karl Seifart: Sagen und Märchen von Hildeheim. Ausgabe von 1914

Wer sucht, findet, auch was er nicht sucht

Erster Auftritt.
Ein Garten. Im Hintergrund ein Gartenhaus mit zwei Fenstern auf der Vorderseite und einem auf der linken Seite. Auf der einen Seite Gebüsch; auf der andern Bäume, unter denen eine Leiter zur Beschneidung der Bäume steht.

Wartfeld. Seten.

Wartfeld: (führt Seten durch die Gebüsche herein und zeigt auf das Gartenhaus). Dort wohnt sie.
Seten: (erstaunt) Dort?
Wartfeld: Das ist alles, was ich von ihr weiß.
Seten: Das ist wenig.
Wartfeld: Es ist immer etwas. Heute kommt vielleicht noch etwas dazu, morgen wieder etwas, übermorgen auch noch etwas, und die verschiedenen Etwas machen endlich ihre Lebensgeschichte aus.
Seten: Also, du weißt nicht, wer sie ist; nicht, wie sie heißt; nicht, woher sie kommt; und nicht, wohin sie geht?

Wartfeld: Richtig, das weiß ich alles nicht. So weit bin ich mit meinen Nachforschungen gekommen.
Seten: An dir ist ein Kundschafter verdorben.

August Freiherr von Steigentesch: Lustspiele. 1861

Die glühende Kutsche

Viel Mal im Jahre fährt der wilde Jäger in einer glühenden Kutsche , Nachts Schlag zwölf Uhr, durch das Goschenthor auf den Neustädter Markt, wo er verschwindet. Die Pferde vor der Kutsche speien Feuer und Flammen und auch der Kutscher auf dem Bocke ist ein ganz glühender Mann, der links und rechts mit der Peitsche, aus welcher die Funken fliegen, um sich schlägt. Neugierigen, welche aus den Fenstern sehen, schlägt er die Augen aus.

Karl Seifart: Märchen, Schwänke und Gebräuche aus Stadt und Stift Hildesheim. 1854

Auch Börries Freiherr von Münchhausen wurde in Hildesheim geboren (1874–1945, Windischleuba). Er studierte in Göttingen, Berlin und München Rechts- und Staatswissenschaften und promovierte in Leipzig. In seiner Göttinger Studienzeit erschien ein erster Band Gedichte, die recht erfolgreich waren. Hier gab er auch den Göttinger Musenalmanach

Der Page von Hochburgund

Ich bin der Page von Hochburgund
Und trage der Königin Schleppe,
Heut lachte ihr Mund, heut sprach ihr Mund
Auf marmorner Pfeilertreppe:
„Page, was hobest du heimlicherweis
Zur Lippe der Schleppe Litzen,
Page, ich glaube, du küßtest leis
Am seidenen Saume die Spitzen!"

Auf meine Kniee warf ich mich hin
Und bat um Gnade mit Stocken,
Da lachte die junge Königin
Und zauste in meinen Locken:
„Die Heide dampft, und die Stute stampft,
Zur Strafe — darfst du mit jagen,
Der Falke, der sich um den Handschuh krampft,
Meinen Falken, den sollst du tragen!"

Und wir ritten von dann, fern blieb das Gefolg,
Und ein Lachen lag mir im Blute,
An meiner Seite tanzte der Dolch,
Und unter mir tanzte die Stute.
Wir hielten am Hag zwischen Heide und Tann,
Wo der Sturm die Esche zerbrochen,
Die Königin sah mich seltsam an
Und hat ganz leise gesprochen:

„Mir bot die goldberingte Hand
Der König von Kastilien,
Und bot mir seiner Väter Land
Und seines Wappens Lilien, —
Wohl schimmern die Lilien silberfahl,
Und im Land aufleuchten die Schlösser, —
Dein Lachen ist silberner tausendmal,
Deiner Augen Leuchten ist besser!"

7

Börries von Münchhausen: Balladen. Illustrierte Doppelseite, 1906

Ist es wahr, was du geschrieben?

Ist es wahr, was du geschrieben,
Oder ists nur Phantasie?
Saget, Freunde, was ist Wahrheit?
Glaubt, ein Dichter lüget nie.

Ihm ist dieses kurze Leben
Nur ein Traum von Lieb und Glück,
Und sein Dichten ist nicht minder
Ihm ein Traum von Lieb und Glück.

Fliessen ihm nun hold zusammen
Wirklichkeit und Träumerei,
Kann er selbst oft kaum noch sagen,
Wie viel falsch und wahr dabei.

Börries von Münchhausen. Gedichte. 1897

heraus, in dem vor allem Balladen der Zeit erschienen. Börries Freiherr von Münchhausen wurde einer der von den Nationalsozialisten am meisten geschätzten Schriftsteller. 1944 wurde er in die von Goebbels und Hitler zusammengestellte so genannte Gottbegnadeten-Liste aufgenommen, die die für das NS-Regime wichtigsten Künstler enthielt.

Göttinger Musenalmanach für 1900, herausgegeben von Börries von Münchhausen

Einer der bedeutendsten niedersächsischen Verlage, der Gebrüder Gerstenberg Verlag in Hildesheim, wurde 1792 in St. Petersburg gegründet. Von dort verlegte er 1796 seinen Standort nach Hildesheim, wo er bis dato angesiedelt ist.[126] Neben dem vielfältigen belletristischen und wissenschaftlichen Verlagsprogramm wurde auch eine Buch-, Kunst- und Musikalienhandlung sowie eine Druckerei betrieben. Mit der heutigen »Hildesheimer Allgemeine Zeitung« gibt Gerstenberg seit 1705 auch eine der ältesten noch existierenden Zeitungen heraus. Auf niedersächsischem Gebiet erscheinen zu Anfang des 21. Jahrhunderts noch drei weitere sehr alte Zeitungen, die »Schaumburger Zeitung« (1762) aus Rinteln, der »Tägliche Anzeiger« (1777) aus Holzminden und die »Goslarsche Zeitung« (1783). Darüber hinaus existieren im heutigen Niedersachsen rund 60 Zeitungen, die auf eine über hundert-

Geschichte von Hochstift und Stadt Hildesheim, erschienen im Verlag der Gerstenbergschen Buchhandlung, 1863

Althildesheimer Baudenkmäler, erschienen im Verlag Georg Olms, 1908

jährige Geschichte zurückblicken können. 1886 eröffnete Hermann Olms in Hildesheim eine Buchhandlung, die zum Ende des Jahrhunderts zu einem Verlag für Schulbücher, landwirtschaftliche Fach- und heimatkundliche Literatur ausgebaut wurde.

Im Landdrosteibezirk Hildesheim existierten in der ersten Hälfte des 19. Jahrhunderts 21 Leihbibliotheken, zwei davon in Hildesheim selbst, nämlich die Gerstenbergsche Leihbibliothek und die Leih- und Lesebibliothek von August Schwiening, die für das gesamte Jahrhundert nachgewiesen sind.[127]

Die Dombibliothek in Hildesheim (nachgewiesen seit 815) betreut die älteste Büchersammlung Niedersachsens. 1888 wurde eine Stadtbibliothek gegründet. Die kostbaren historischen Bestände u. a. der Ratsbibliothek und des Gymnasiums Andreanum kamen später zum Stadtarchiv.

Hildesheimer Dom

Theater wurde in Hildesheim seit Ende des 16. Jahrhunderts von reisenden Truppen gespielt, eine Weile sogar in einem von Fürstbischof Friedrich Wilhelm eingerichteten Schauspielhaus, das aber durch einen Brand 1822 zerstört wurde; danach spielte man in einer Weinschenke, dem »Rheinischen Hof«, bzw. 1873 im Saal des Knaupschen Etablissements, dessen bühnentechnische Einrichtungen freilich unbefriedigend waren. 1909 schließlich wurde das Stadttheater Hildesheim mit 40 Mitarbeitern eröffnet (seit 2007 »Theater für Niedersachsen«, gemeinsam mit der Landesbühne in Hannover). »Für die Theater und Bühnenmusik stand die Militärkapelle des 79. Infanterie-Regiments zu Verfügung, eröffnet wurde mit der Jubel-Ouvertüre von Carl Maria von Weber und Schillers Drama ›Die Jungfrau von Orleans‹«.[128]

Hannover

Auf eine wirklich bedeutende Theatertradition, vor allem des Musiktheaters, kann Hannover zurückblicken. Bei jeder Darstellung des kulturellen Lebens muss man sich freilich immer wieder in Erinnerung rufen, dass die hannoversche Region, anders als die anderen Landesteile des heutigen Niedersachsen, im 19. Jahrhundert nicht nur die napoleonische Besetzung, sondern auch einen totalen Bruch ihrer historischen Identität zu verkraften hatte.[129] Im ersten Drittel des 19. Jahrhunderts wurden im Schlosstheater Opern aufgeführt bis nach Ende der Personalunion König Ernst August ein neues Opernhaus in Auftrag gab, das von Georg Ludwig Friedrich Laves erbaut und 1852 eröffnet wurde.

Unter dem hochmusikalischen König Georg V., der selbst komponierte, und dem Komponisten und Hofkapellmeister Heinrich Marschner (1795, Zittau – 1861, Hannover) erlebte Hannover einen Aufschwung des

Opernhaus Hannover

Musiklebens. Die Oper wurde von Gounod, Berlioz, Tschaikowskij, Schumann und Brahms gelobt. Das zeitgenössische Wagner-Repertoire wurde in hoher Qualität gegeben, so dass Wagner gern den »Ring des Nibelungen« nach 1866 in Hannover hätte uraufführen lassen wollen, was aber nach der Annexion 1866 nicht mehr möglich war, weil »an keinem preußischen Hoftheater etwas gegeben« werden durfte, »das nicht für Berlin angenommen« worden war.[130] Trotz der Beeinträchtigung durch Berlin konnte vor allem durch die Verbindungen und Aktivitäten des Konzertmeisters Joseph Joachim ein qualitätvolles Musikleben in der nunmehrigen Provinz-Hauptstadt weiter geführt werden. Die Oper spielte trotz schwieriger Bedingungen während des gesamten Ersten Weltkrieges.

Das Schauspiel fand in der ersten Hälfte des Jahrhunderts am traditionsreichen Ballhof statt. In der Zeit der französischen Besetzung wurden hier vor allem französische Dramen gespielt. Seit 1818 wurde das »Königliche Hoftheater« mit einem staatlichen Zuschuss bedacht und durch eine Aktiengesellschaft auf eine finanzielle Basis gestellt, die freilich nur kurzeitig ausreichend war. Unter dem Regisseur und Schauspieler Franz von Holbein erlebte das Theater eine Blütezeit von wenigen Jahren, während der der »Faust« nach Braunschweig zum zweiten Mal aufgeführt wurde. 1837 wandelte sich das Theater durch eine erhebliche königliche Zuwendung und unter der Leitung zweier Hofbeamter zum echten Hoftheater.

Mit Carl Devrient kam 1838 ein Schauspieler nach Hannover, der über drei Jahrzehnte entscheidend zum hohen Niveau des Theaterlebens beitragen sollte. Eine große Aufgabe des Theaters blieb die höfische Repräsentation, zu der die Oper besser geeignet war, und so kamen im Verhältnis auf fünf Opernaufführungen zwei Schauspiele. Seit 1852 wurde im Opernhaus gespielt.

»Der vom Hof unterhaltenen Bühne entstand 1851 eine Konkurrenz durch den Thalia-Verein, der in einem Haus an der Marktstraße einen Theatersaal einrichtete und bespielte […] Daß sich das Thalia bis in die Mitte der siebziger Jahre neben dem Hoftheater halten konnte, war der Theaterfreudigkeit des hannoverschen Publikums zu verdanken […]«[131]

Königliche Schauspiele.
Hannover, Freitag, den 25. Februar 1870.
Außer Abonnement.
Für die Chor-Krankenkasse.
Zum ersten Male:
Die
Meistersinger von Nürnberg.
Oper in 3 Acten von Richard Wagner.
(In Scene gesetzt vom Regisseur Müller.)
Personen:
Hans Sachs, Schuster – Herr Slägemann.
Veit Pogner, Goldschmied – Herr Blezacher.
Kunz Vogelgesang, Kürschner – Herr Link.
Konrad Nachtigall, Spengler – Herr Heinze.
Sixtus Beckmesser, Schreiber – Herr Haas.
Fritz Kothner, Bäcker – Herr Keller.
Balthasar Zorn, Zinngießer – Herr Davin.
Ulrich Eislinger, Würzkrämer – Herr Berend.
Augustin Moser, Schneider – Herr Reimell.
Hermann Ortel, Seifensieder – Herr Wirth.
Hans Schwarz, Strumpfwirker – Herr Schumann.
Hans Foltz, Kupferschmied – Herr Scholl.
(Meistersinger)
Walther von Stolzing, ein junger Ritter aus Franken — * * *
David, Sachsen's Lehrbube — Herr Beese.
Eva, Pogner's Tochter — Fräul. Garthe.
Magdalene, Wirthschafterin bei Pogner — Fräul. Held.
Ein Nachtwächter — Herr Werlenthin.
Lehrbuben — Frau Ott. Herr Meyer.
Bürger und Frauen aller Zünfte. Gesellen. Lehrbuben. Mädchen. Volk.
* * * Walther von Stolzing — Herr W. Müller.
Ort der Handlung: Nürnberg. Zeit: Um die Mitte des 16. Jahrhunderts.
Neue Decorationen, vom Königl. Theatermaler J. N. Martin.
Act 2. Straße in Nürnberg. Act 3. Zimmer bei Hans Sachs. Wiese vor Nürnberg.
Texte an der Casse à 5 Gr.
Preise der Plätze.
Cassenöffnung 5 — Anfang 6 — Ende 10 Uhr.
Concert-Anzeige.
Sonnabend, den 26. Februar. Siebentes Abonnements-Concert, unter Mitwirkung der Frau Joachim, der Herren L. und G. Brassin.
Druck und Verlag der Schlüter'schen Hofbuchdruckerei.

Theaterzettel der hannoverschen Erstaufführung von Richard Wagners »Die Meistersinger von Nürnberg« am 25. Februar 1870

Nach 1866 unterstand das Theater der Berliner Generalintendanz und wurde von Hermann Müller geleitet. Er legte viel Wert auf Shakespeare und bis dahin nie gespielte klassische Stücke. Sein »Faust« an vier Abenden stand bis 1908 auf dem Spielplan. Die Moderne fand zunächst nur an den Privattheatern statt, deren Konkurrenzdruck jedoch zum Aufnehmen auch naturalistischer Stücke in den Spielplan führte. »Nachdem 1887 Bronsart von Schellendorf von Bruno Lepel-Gnitz abgelöst worden war, hieß es erneut, auf die Berliner Rücksicht zu nehmen: viel Klassisches, ein wenig Hebbel und Ibsen standen auf dem Spielplan.

1911 wurde Freiherr Paul Gerhard von Puttkamer Intendant. Er steuerte das Theater durch die Wirren des ersten Weltkrieges und übergab das ›Königliche Theater‹ schließlich der Stadt Hannover, die es am 10. Januar 1921 mit allen Rechten und Pflichten übernahm.«[132]

Georg Heinrich Pertz – Unten: Karl Goedecke: Elf Bücher Deutscher Dichtung. Titelblatt, 1849

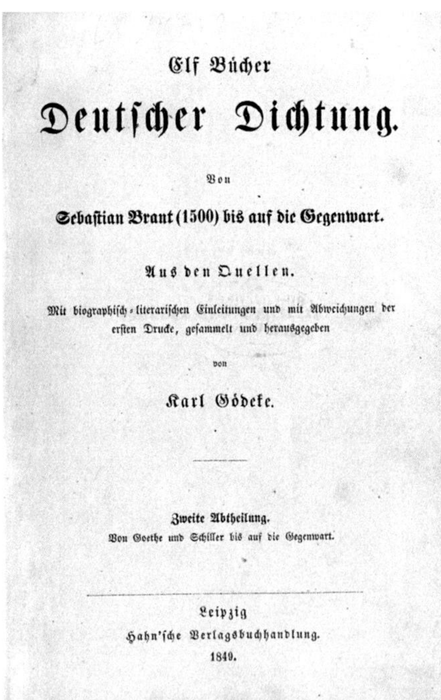

Elf Bücher

Deutscher Dichtung.

Von

Sebastian Brant (1500) bis auf die Gegenwart.

Aus den Quellen.

Mit biographisch-literarischen Einleitungen und mit Abweichungen der ersten Drucke, gesammelt und herausgegeben

von

Karl Gödeke.

Zweite Abtheilung.
Von Goethe und Schiller bis auf die Gegenwart.

Leipzig
Hahn'sche Verlagsbuchhandlung.
1849.

Auch das hannoversche Verlagsleben war im 19. Jahrhundert einer Metropole angemessen. Für die nationale und internationale Wissenschaft von höchster Bedeutung war die Herausgabe der »Monumenta Germaniae historica« u. a. durch Georg Heinrich Pertz (1795, Hannover – 1876, München), der sich als deren Mitbegründer um moderne Editionstechniken besondere Verdienste erworben hat. Er studierte Theologie, Philologie und Philosophie in Göttingen und widmete sich dann der Edition historischer Zeitschriften und vor allem den Monumenta. Pertz reiste durch verschiedene europäische Länder, um dort Archive und Bibliotheken auf der Suche nach Quellenmaterial zu durchforschen. 1827 wurde er Vorsteher der Königlichen Bibliothek in Hannover und ein Jahr später Historiograph des Gesamthauses Braunschweig-Lüneburg. Er redigierte fünf Jahre die »Hannoversche Zeitung«. 1842 wurde er Leiter der Königlichen Bibliothek in Berlin, leitete aber weiterhin die Herausgabe der Monumenta.

Der Verlag der Monumenta, die seit 1792 existierende Hahn'sche Verlagsbuchhandlung, ist einer von zwei bereits im 18. Jahrhundert gegründeten und noch im 21. Jahrhundert bestehenden Verlagen in Hannover. Neben dem Hauptwerk der Monumenta erschienen im Verlag noch zahlreiche andere bedeutsame wissenschaftliche Werke, etwa Karl Goedekes »Elf Bücher deutscher Dichtung«.

Bereits 1749 wurde die Schlütersche Buchdruckerei gegründet, die u. a. das »Vermehrte Hannoversche Kirchen-Gesangbuch« und die fünfbändige Welfengeschichte von Leibniz herausgab. Weitere Verlage waren Schmorl & von Seefeld, gegründet 1852; der Louis Oertel Musikverlag, gegründet 1866; der M. & H. Schaper Verlag, gegründet 1897; der Adolf Sponholtz Verlag, gegründet 1894, verlegte u. a. Hermann Löns; der pädagogische Verlag Manz & Lange, gegründet 1889; der religiöse und heimatkundliche Heinrich Feesche Verlag, gegründet 1865, und die seit 1550 nachweisbare Helwingsche Verlagsbuchhandlung, die u. a. Rechtwissenschaften und Militaria verlegte. 1892 gründete August Madsack die Gesellschaft »Hannoverscher Anzeiger A. Madsack & Co.«, die seitdem die auflagenstärkste Zeitung der Region herausgibt.[133]

Die bedeutendste Buchdruckerei des Königreiches einschließlich Verlag war die von Friedrich Bernhard Culemann (1770, Königslutter – 1845, Hannover) ursprünglich in Königslutter 1799 gegründete »Culemann, Druckerei und Verlag, Hannover«. Eine besondere Rolle für die Buchkultur der Stadt spielte sein Sohn Friedrich Georg Hermann Culemann (1811, Hannover – 1886, ebda.). 1861 erwarb er das von Pertz in Prag entdeckte Evangeliar Heinrichs des Löwen, das Anfang der 80er Jahre des 20. Jahrhunderts eine spektakuläre Rolle als »teuerstes Buch der Welt« spielen wird. 1887 kaufte die Stadt seine Kunstsammlung mit u. a. über 2000 Autographen, Inkunabeln, Gemälden und graphischen Blättern. Der Neffe August Kestners, Hermann Kestner, stiftete 1884 seine Kunstschätze der Stadt. Für seine und Culemanns Sammlung wurde 1889 das »Kestner-Museum« eingeweiht, das auch die Bestände der Stadtbibliothek und des Stadtarchivs aufnahm.

Im Königreich Hannover existierten 1832 zehn Sortimentsbuchhandlungen, 1846 waren es 56, 1855 dann 59. In der Stadt selbst gab es bis 1840 drei Buchhandlungen, deren älteste die Helwingsche, die zweitälteste die der Brüder Hahn war. Beide besaßen das Privileg einer Hofbuchhandlung. 1815 kam die Buchhandlung von Friedrich Cruse hinzu. Mitte des Jahrhunderts existierten acht Buchhandlungen in Hannover; innerhalb von 15 Jahren wuchs die Zahl auf 17. »Insgesamt gesehen existierte in Hannover ein Buchhandel, der anscheinend gut funktionierte – vor allem auch durch die Verbindung der Hahnschen Buchhandlung mit der Verlagsmetropole Leipzig – und ein breit gefächertes Angebot insbesondere an wissenschaftlicher Literatur, aber auch an populären Lesestoffen vorweisen konnte und z. T. überregionale Bedeutung erlangte.«[134]

Ex Libris der Königlichen Öffentlichen Bibliothek

1883 kam es im Café Rabe am Aegidientorplatz zu einer Zusammenkunft von 45 Buchhändlern aus Braunschweig, Schaumburg-Lippe und Hannover, die den »Buchhändler-Verband Hannover-Braunschweig« als Interessenverband und berufsständische Organisation gründeten – einen Vorläufer des Börsenverein-Landesverbandes.[135]

Wie in jener Zeit üblich waren viele Buchhandlungen gleichzeitig auch Leihbüchereien. Im Landdrosteibezirk Hannover gab es 1844 insgesamt zwölf Leihbüchereien. In der Stadt selbst waren es 1850 fünf, wenig später sieben, hinzu kamen drei kommerzielle Lesezirkel. Für das gesamte Königreich galt bis 1848 eine strenge Zensur (mit Ausnahme von ↗ Göttingen). Aber auch danach bestand eine Konzessionierungspflicht für die Etablierung von Leihbibliotheken. Gegen Ende des Jahrhunderts nahm die Zahl der Leihbibliotheken ab, wohl auch bedingt durch die Gründung zahlreicher öffentlicher Volksbüchereien. Allerdings hatten die anspruchsvolleren Institute einen enormen Zulauf an Lesern.

»In Hannover verabredete sich die ›gebildete Welt [...] mit Vorliebe‹ in der Kollmann'schen Leihbibliothek, einem ›Muster-Lokal‹ wegen der Eleganz ihrer Räume und der ›übersichtlichen Aufstellung der Regale, zwischen denen das Licht durch eine ganze Flucht großer Fenster‹ durchflutete, um ›ihre Urteile über literarische Fragen auszutauschen‹.« Julius Rodenberg schreibt 1907 in seinen »Erinnerungsblättern« »Aus der Kindheit« über dieses Institut, das unter dem Namen J. H. Nordmeyersche Leihbibliothek firmierte: »an jedem Sonnabend kam er [der Berater meiner Mutter in allen wirtschaftlichen Dingen], reich beladen von Hannover [nach Rodenberg] zurück [...] immer mit Büchern, die er in der Nordmeyerschen Leihbibliothek umgetauscht hatte und deren größter Reiz für uns Kinder darin bestand, daß sie uns verboten waren«.[136]

Die bedeutendste Bibliothek in Hannover war die »Königliche Öffentliche Bibliothek« (Gottfried Wilhelm Leibniz Bibliothek – Niedersächsische Landesbibliothek), Leibniz hatte sie 40 Jahre lang geleitet.[137] Sein Nachlass blieb in der Bibliothek: 200.000 Blatt eigenhändiger Manuskripte, der 15.000 Briefe umfassende Briefwechsel mit 1.100 Korrespondenten weltweit (seit 2007 UNESCO-Weltdokumentenerbe), seine Bibliothek und das einzig erhaltene Exemplar der von ihm entwickelten Rechenmaschine. Seit 1719 war die Hofbibliothek in dem neuen, gemeinsam mit dem Hofarchiv genutzten Sammlungsgebäude untergebracht.

Das 1719 fertig gestellte Archivgebäude war bis 1976 das Domizil von Staatsarchiv und Bibliothek

Mit dem allmählichen Erlahmen der aufklärerischen Wissenskultur im letzten Drittel des 18. Jahrhunderts begann auch für die Bibliothek eine Zeit der Stagnation, doch wuchsen die Buchbestände noch auf die Größenordnung von 130.000 Titeln an. Vor der Eingliederung eines Teils des Staates in das von Napoleon geschaffene Königreich Westfalen konnten die wertvollen Bestände der Bibliothek rechtzeitig nach England gebracht werden.

Die territoriale Vergrößerung des Königreiches erweiterte die Basis der Königlichen Bibliothek. 1816 trafen die nach England ausgelagerten Bestände wieder in Hannover ein. Die systematische Anschaffungspolitik wurde erneut aufgenommen, und der Benutzungsbetrieb kam rasch wieder in Gang. Nicht nur als Regierungsbibliothek, sondern auch als wissenschaftliche Bibliothek und Bildungsinstitution für die Hauptstadt Hannover erlangte die Bibliothek vermehrte Bedeutung. Die Durchsetzung der bürgerlichen Gesellschaft schlug sich zwar nicht im politischen, so doch aber im Bildungs- und Wissenschaftsbereich durch eine erhöhte Präsenzbenutzung und Ausleihe nieder. Die Bibliothek entwickelte sich immer mehr zu einer »Leseanstalt« für das gebildete Publikum.

Dem Direktor Georg Heinrich Pertz gelang die rasche Reorganisation der Königlichen Öffentlichen Bibliothek. 1828 setzte er die Umwandlung der Zuweisung von Belegexemplaren in ein Pflichtexemplarrecht durch. Die Bibliothek wandelte sich immer mehr zu einer wissenschaftlichen öffentlichen Bibliothek mit entsprechender Ausweitung der Öffnungszeiten und einer voll aufgenommenen Ausleihe außer Haus. Die Buchbeschaffung wurde universeller und löste sich allmählich von der überkommenen staatswissenschaftlich-landeskundlichen Orientierung.

Eduard Bodemann

Unter der Leitung des letzten Hofhistoriographen Adolf F. H. Schaumann (1809, Hannover – 1882, ebda.) wurde die Königliche Bibliothek endgültig in eine wissenschaftliche Gebrauchsbibliothek umgewandelt. Es begann die wissenschaftliche Erschließung der kritischen Leibniz-Ausgabe unter Onno Klopp ebenso wie die Katalogerschließung der Handschriften und Inkunabeln durch Eduard Bodemann.

Für die Königliche Bibliothek bedeuteten die Ereignisse von 1866 eine Zeit der Stagnation, vornehmlich resultierend aus dem Eigentumsstreit zwischen den entmachteten Welfen und dem preußischen Staat um das ehemalige Krongut: Handelte es sich bei der Bibliothek um althannoversches Staatseigentum oder um Privatbesitz der Welfen?

Die Bibliothek verlor ihre zentrale Stellung für das alte Königreich und wurde als eine Art Provinzbibliothek weitergeführt. Eine Einordnung in das preußische Bibliothekssystem war aber aufgrund des Eigentumsstreites nicht möglich. Das Personal der Bibliothek wurde drastisch reduziert, der Erwerbungsetat massiv gekürzt. In manchen Jahren kam der Bucherwerb vollständig zum Erliegen. Das Hofhistoriographenamt, die Bildstelle (das ehemalige Kupferstecheramt) sowie die Buchbinderei wurden aufgelöst. Schließlich arbeiteten nur noch drei Personen in der Bibliothek. Die Leibniz-Edition stellte ihre Arbeit ein. Ihr wissenschaftlicher Leiter Onno Klopp erhielt auf Bismarcks Weisung wegen seiner Verbindungen zur Welfenfamilie Hausverbot.

Der zwischen dem Welfenhaus und dem preußischen Staat geschlossene Kompromiss von 1893 entschied zwar nicht die Eigentumsfrage, verpflichtete aber wenigstens beide Seiten zu Unterhaltszahlungen an die Bibliothek. Das vormalige Pflichtexemplarrecht wurde auf die preußische Provinz Hannover übertragen. Zwischen 1889 und 1903 erfolgte ein umfassender Ausbau des Archivgebäudes, u. a. mit einem modernen Bibliotheksflügel einschließlich eines mehrstöckigen Magazinbaus. Durch die Eingliederung der Bibliothek der hannoverschen Landstände wurde die vormalige Königliche Bibliothek zur »Königlichen und Provinzialbibliothek« umbenannt und brachte sinnfällig den vom Kaiserreich postulierten, ständeübergreifenden Nationalstaat zum Ausdruck. Die ungeklärte Rechtsstellung der Bibliothek behinderte aber nicht ihren stetigen Ausbau, analog der stürmischen Entwicklung von Wissenschaft und Bildung im Kaiserreich.

Die Stadtbibliothek Hannover gehört zu den ältesten städtischen Bibliotheken Deutschlands. Ihre Anfänge reichen bis 1440 zurück. Ihr historischer Bestand geht auf die Ratsbücherei und verschiedene Kirchenbibliotheken zurück. Georg Friedrich Grotefend führte in der Mitte des Jahrhunderts diese und andere Buchbestände, etwa die Bibliothek der »Großen Lesegesellschaft«, im Gebäude des Lyzeums zusammen, weitere folgten später. An der Stadtbibliothek ist u. a. das Hermann-Löns-Archiv beheimatet.

Seit 1875 war es das Bestreben des Volksbildungsvereins, Volksbibliotheken zu errichten; 1883 wurde die erste in der Großen Packhofstraße errichtet, in den nächsten 13 Jahren stieg ihre Zahl auf 13.[138]

Die 1788 gegründete Bibliothek der »Königlichen Roßarzney-Schule« (Bibliothek der Tierärztlichen Hochschule) und die 1831 gegründete Universitätsbibliothek der Technischen Hochschule stellten historische wie neue Bestände ihrer jeweiligen Klientel zur Verfügung.

Wie sah nun die literarische Szene in Hannover aus? In den »Goldenen Jahren« vor der Wende zum 19. Jahrhundert wurden in Hannover bedeutende und berühmte Persönlichkeiten des geistigen Lebens geboren, die später das literarische Leben Deutschlands befruchtet haben. Zu ihnen gehören die Söhne des Pfarrers und Schriftstellers Johann Adolf Schlegel (1721, Meißen – 1793, Hannover), August Wilhelm Schlegel (1767–1845, Bonn) und sein Bruder Friedrich (1772–1829, Dresden).[139]

Als Autor wie als Schauspieler überaus erfolgreich wurden August Wilhelm Iffland (1759–1814, Berlin) und auch sein zeitweiliger Schulkame-

Links: Friedrich Schlegel – Rechts: August Wilhelm Schlegel

rad Karl Philipp Moritz (geboren 1756), der bereits 1793 starb. Auch Johann Anton Leisewitz wäre hier zu nennen, der eingangs bei der Darstellung der Braunschweiger Literatur erwähnt wurde. Durch die Literatur, nämlich durch Goethes »Leiden des jungen Werthers« weltberühmt wurde Charlotte »Lotte« Kestner, geb. Buff, die 1753 in Hannover geboren wurde und 1828 ebendort starb.

Links: August Wilhelm Iffland – Rechts: Charlotte »Lotte« Kestner

Wilhelm Blumenhagen: Hannovers Spartaner. Ausgabe um 1926

Über die ersten Jahrzehnte des 19. Jahrhunderts und nach der Rückkehr der welfischen Landesherren schreibt Henkel: »Insbesondere das Hoftheater und das Hoforchester erhielten nun neue Impulse [...] Dagegen erlangte die hannoversche Literatur im Vormärz keine überregionale Bedeutung. [...] ›Hier im Lande haben wir, glücklicher Weise! äusserst wenige oder gar keine sogenannte hommes de lettres, Menschen, die allein ihr Leben ohne übrige Berufspflichten, der Schriftstellerei oder Leserei weihen‹, hieß es dazu bei dem Geheimen Kanzleisekretär Ernst Brandes, der selbst der hannoverschen Literaturszene angehörte.«[140]

Eine gewisse überregionale Bekanntheit erreichte der Arzt Wilhelm Blumenhagen (1781, Hannover – 1893, ebda.). Er schrieb u. a. Gelegenheitsgedichte, etwa Huldigungen auf König Jérôme bei dessen Besuch in Hannover, später auch auf die hannoverschen Könige. Was er wirklich von diesen honorierten Auftragsgedichten hielt,

So wie der Vogel in dem Haine singt
So sing' ich zu dem deutschen Saitenspiele
Was kunstlos in dem Herzen mit erklingt,
So Lieb' als Schicksal, Schmerz und Hochgefühle.

Wenn nur mein Lied im kalten Weltgewühle
Mir treuen Handdruck, milden Gruß erringt,
Dann streb' ich nicht nach gold'nem Meisterziele.
Ein hoher Geist nur in das Heil'ge dringt.

Euch sing' ich draussen mir verwandte Herzen
Voll jungen Stolzes und voll lieber Schmerzen!
Euch tön't des braunen Sängers kühnes Lied,
Die Ihr mit mir auf dunklem Teppich standet,
Mit mir des Vaterlandes Schmach empfandet
Von heil'ger Lieb' und heil'gem Hass erglüht.

Wilhelm Blumenhagen: Gedichte. 1826

Links: Georg Harrys: Blitzableiter für melancholische Gewitterschauer. 1823 – Rechts: Georg Harrys

lässt sein Satz »Nur der Künstler ist frey in dem tyrannischen Säcul – / Freylich frey; aber so was man vogelfrey nennt« erahnen.[141] Seine gefälligen, aber literarisch anspruchslosen Erzählungen, von denen »Hannovers Spartaner« – der legendäre Opfertod von sieben Männern im Döhrener Turm bei einem Angriff auf die Stadt – am bekanntesten wurde, waren erfolgreich (Gesammelte Werke, 25 Bände, 1836–1840). Die Rückbesinnung auf die »vaterländische« Geschichte war ein charakteristischer Zug der Zeit; sie führte 1835 zur Gründung des Historischen Vereins für Niedersachsen durch eine Reihe hannoverscher Honoratioren.

Im so genannten Biedermeier kam auch das populärste Hannover-Lied in Umlauf, das fünfstrophige »Wir lustigen Hannoveraner«: »Ihr lustigen Hannoveraner, seid ihr alle beisammen? Ei, so lasset uns fahren mit Roß und mit Wagen nach unserm Quartier: Lust'ge Hannoveraner, das sein wir […]« Es gibt von dem Lied allerdings 30 Fassungen, die auch auf andere Orte bezogen sind, u. a. auf Braunschweig.[142]

Neben Blumenhagen ist in jener Zeit Georg Harrys (1780, Hannover – 1838, ebda.) literarisch und journalistisch tätig. Recht erfolgreich war 1823 sein »Blitzableiter für melancholische Gewitterschauer«, eine Sammlung von Anekdoten und Witzen. Seit 1831 gab er die Kunst- und

Literaturzeitschrift »Die Posaune« heraus, deren Niveau allerdings durch allzu viele Zugeständnisse an den Geschmack der Leserschaft beeinträchtigt wurde.[143] Franz v. Dingelstedt (↗Schaumburg und Weserberland) schrieb während seines Aufenthaltes in Hannover in der »Posaune« Theaterkritiken.

1801 wurde in Hannover Carl Johann Philipp Spitta geboren. Er studierte Theologie in Göttingen und gehörte dort ebenso wie Heinrich Heine einem poetischen Freundeskreis an. Danach wurde er Hauslehrer in Lüne bei Lüneburg. In jener Zeit entstand die Mehrzahl seiner geistlichen Lieder. Spittas Weg als Geistlicher führte ihn nach Sudwalde, Hameln, Wittingen, Peine und Burgdorf. 1833 und 1843 erschienen die beiden Teile der Sammlung »Psalter und Harfe« mit geistlichen Liedern, die von großer Bedeutung für die niedersächsische Erweckungsbewegung waren und während des gesamten Jahrhunderts immer wieder aufgelegt wurden. Hier die ersten beiden Strophen des darin erschienenen Liedes »Ich steh in meines Herren Hand«:

Ich steh in meines Herren Hand
und will drin stehen bleiben;
nicht Erdennot, nicht Erdenhand
soll mich daraus vertreiben.
Und wenn zerfällt die ganze Welt,
wer sich an ihm und wen er hält,
wird wohl behalten bleiben.

Er ist ein Fels, ein sichrer Hort,
und Wunder sollen schauen,
die sich auf sein wahrhaftig Wort
verlassen und ihm trauen.
Er hat's gesagt, und darauf wagt

Carl Johann Philipp Spitta

Philipp Spitta: Psalter und Harfe. Titelblatt, 1843

mein Herz es froh und unverzagt
und läßt sich gar nicht grauen.[144]

Ein ebenso wie Spitta weit über die Grenzen des Landes hinaus bekannter Schriftsteller, dazu Journalist und Politiker, war der 1807 in Hannover geborene Johann Hermann Detmold (gestorben 1856, ebda.). Seine Person und sein Werk scheinen seit dem Ausgang des 20. Jahrhunderts vergessen zu sein. Die dreibändige »Kleine niedersächsische Literaturgeschichte« »Von Dichterfürsten und anderen Poeten« hat ihn nicht in ihre Kurzbiographien aufgenommen. Ebenso fehlt er in dem 2003 von Klaus Seehafer herausgegebenen Band »Dichter, Denker, Eigenbrötler. 30 niedersächsische Klassiker«. Das »Hannoversche Biographische Lexikon« von 2002 widmet ihm einen ausführlichen Artikel, während er in dem sonst recht zuverlässigen »Lexikon der niedersächsischen Schriftsteller« von Eckart aus dem Jahr 1891 überhaupt nicht erwähnt wird. Auch die verbreitete »Deutsche Literaturgeschichte« von Alfred Biese nimmt im dritten Band der 3. Auflage von 1918 keine Kenntnis von Detmold, während Richard M. Meyer in seiner »deutschen Litteratur des Neunzehnten Jahrhunderts« von 1900 ihm immerhin fast eine drittel Seite widmet, und das mit positiver Konnotation. Der hannoversche Schriftsteller Erich Rosendahl (1866, Wolfenbüttel – 1952, Hannover) erwähnt ihn 1932 in seiner stark antisemitisch geprägten niedersächsischen Literaturgeschichte nicht einmal.[145]

Als ebenso plötzlich als unerwartet am 24. Februar 1833 der Kunstsinn in Hannover erwachte, mußte derselbe sich nur sehr notdürftig behelfen. Er fand zwar eine Menge Bilder, und darunter auch gewiß manche vortreffliche, er fand auch Künstler und darunter ausgezeichnete, aber mit seinem Hofstaat, den Kunstkennern, war es schlecht bestellt. Deren waren sehr wenige. Das Publikum empfand diesen Mangel sehr schmerzlich. Man wollte doch sein Geld für das Entree nicht umsonst ausgegeben haben, man wollte doch dafür ein Urteil, sei's das eigene, sei's ein fremdes, mit nach Hause nehmen, und an wen sollte man sich nun halten? Die Zimmer das Kunstausstellung, in denen gerade der eine oder der andere Kunstkenner die Leute belehrte, waren stets überfüllt, alles drängte sich heran, die Worte der Weisheit zu hören, aber die Zimmer faßten nicht alle, und es war wirklich traurig anzusehen, wie manche sich begnügen mußten, vor den Türen, oder wenn auch diese zu sehr besetzt waren, in den andern Zimmern desselben Stockwerkes, vielleicht gar in einem anderen Stockwerke, die Honigworte zu erlauschen. Durch diesen Versuch nun, durch welchen jeder zum Kunstkenner werden kann, wird deshalb einem wirklichen und tief gefühlten Bedürfnisse abgeholfen.

Johann Hermann Detmold: Anleitung zur Kunstkennerschaft. 1834

Bemerkenswert ist die Tatsache, dass eine der am weitesten verbreiteten Literaturgeschichten der ersten Hälfte des 20. Jahrhunderts, die zunächst von völkischem, in späteren Auflagen von nationalsozialistischem Geist durchdrungene »Literaturgeschichte der deutschen Stämme und Landschaften« von Joseph Nadler, 1928 in ihrem Kapitel »Welfenland« Detmold eine umfangreiche Darstellung widmet. Die Charakterisierung Nadlers folgt in der ersten Ausgabe seiner Literaturgeschichte noch literaturhistorischen Kriterien und Fakten, während spätere Auflagen von dem berüchtigten Antisemiten Adolf Bartels – aus seiner Sicht zu Recht – gelobt wurden.

Johann Hermann Detmold

Nadler: »Die staatliche Haltung des welfischen Bürgertums verkörperte der einzige Schriftsteller, der geistig Figur machte, der Jude Johann Hermann Detmold, 1807–1856, aus Hannover. Von Beruf Anwalt, machte Detmold in Frankfurt, wo er zuletzt dreifacher Minister des abgehenden Reichsverwesers war, die preußenwidrige Politik Hannovers und Österreichs. Das preußische Werk hatte wenig Gegner, die die Waffe des Spottes so geistreich und so gefährlich zu führen verstanden. Ein begabter Zeichner, ein umgänglicher Freund von Künstlern und Schriftsteller erzog sich Detmold zu seiner Form an den kleinen Begebenheiten der stillen Zeit. So geißelte er, angeregt durch die hannoversche Gemäldeausstellung, die landläufige Art zu urteilen in dem satirischen Büchlein von 1834: ›Anleitung zur Kunstkennerschaft‹. So gab er mit Freunden während der Ausstellungen 1835 und 1836 die ›Hannoverschen Kunstblätter‹ heraus. Und so ließ er, eine erhebliche Geldstrafe zu decken, 1844 die ergötzlichen ›Randzeichnungen‹ erscheinen: ein politisches Kindermärchen und die Verhandlungen eines Kunstklubs über Wiederherstellung seines Venusbildes. Die Sache der hannoverschen Linken führte er, der ein schlechter Redner war, mit der Feder in der ›Allgemeinen Zeitung‹ und anderen Blättern. Und durch seinen Briefwechsel war er der leitende Kopf der Verfassungspartei. Sein beißender Witz in Vers und Prosa machten ihn zum Schrecken der Frankfurter Versammlung. Er glaubte nicht an sie und sie lächerlich zu machen war ihm menschliches, künstlerisches, politisches Bedürfnis. Also schuf er mit dem Maler Adolf Schrödter den genialen Bilderkreis, ›Die Taten und Meinungen des Herrn Piepmeyer‹, die Satire ›auf jene unsterbliche Sorte von Politikern, die schwankend zwischen der eigenen Ansicht und dem Bedürfnis nach Popularität stets im Zweifel sind, ob sie nicht in Anbetracht der neuesten Zeitereignisse zweckmäßiger mit ihren politischen Überzeugungen etwas weiter links oder in Anbetracht der allerneuesten etwas weiter rechts rücken sollen‹. Der Held reist schließlich, nachdem er die Reichsverfassung mit zustande gebracht, nach Berlin um – etwas zu werden. Detmolds Stichblatt war der Philister, der Kunstbanause, der Reichsschwärmer; seine Haltung war unbegeistert, kühl, ironisch; seine Bosheiten machten keine Wunden, sondern die Haut jucken. Detmold zog in gehaltvollsten Ätzstoff zusammen, was sich um 1848 von Hannover aus über Preußens Parteigänger sagen ließ.«[146]

1 Ausgegeben am 28. Februar 1836. 2

Hannoversche Kunstblätter.

No. 1.

RIEDEL PINX. [Breite 2 F. 2 Z. Höhe 2 F. 6½ Z.] C. OSTERWALD FEC.

Vor- und Fürwort.

Aus zartem Götterkeim entsprossen,
In Künstlers warmer Brust bewahrt,
Ist einst ein Bäumchen aufgeschossen,
Das schnell zum Wunderbaume ward.
Erst karg erblüht am nied'ren Herde,
Gedrückt durch Lebens-Ungemach,
Umschlingt er jetzt die weite Erde
Mit seiner Äste stolzem Dach.

Er trägt Euch freilich keine Früchte
Und füllt nicht wirthlich Euer Haus,
Er schüttelt, schöpferisch im Lichte,
Nur Farben in die Welt hinaus;
Doch rauscht er mild, wie Liebesträume,
Und hält Euch zaubergrün umlaubt,
Daß Ihr der Dichtung sel'ge Räume
In seinem Schooß erschlossen glaubt.

Hannoversche Kunstblätter, herausgegeben von Johann Hermann Detmold und Georg Osterwald

Johann Hermann Detmold wurde 1807 in Hannover geboren, wo er 1856 starb. 1815 trat die Familie zum Christentum über, und er wurde in der Neustädter Kirche, der Begräbnisstätte von Leibniz, getauft. In Heidelberg und Göttingen studierte er Jura, wo er Heinrich Heine kennen lernte. Anschließend wurde er Rechtsanwalt in Hannover, wo der dilettierende Maler den Kunstverein mitbegründete und die »Hannoverschen Kunstblätter« herausgab. Aus Paris zurückgekehrt, machte er sich 1837 zu einem der führenden Oppositionellen im Verfassungskonflikt. Im Prozess gegen die Oppositionellen 1841 erhielt nur Detmold eine hohe Geldstrafe. Später wurde er Abgeordneter in der Frankfurter Nationalversammlung und 1849 Justiz-, später auch Innen- und Handelsminister. Ein Jahr später ernannte ihn König Ernst August zum Legationsrat. Johann Hermann Detmold war in den 30er bis 50er Jahren des 19. Jahrhunderts in Hannover eine der einflussreichsten Persönlichkeiten auf politischem wie auf kulturellem Gebiet. Heinrich Heine, der ihn schon in Paris kennen gelernt hatte, besuchte Detmold 1843 in Hannover, ein Besuch, der seinen Niederschlag im Caput XIX von »Deutschland – ein Wintermärchen« fand:

Ich kam nach Hannover um Mittagzeit,
Und ließ mir die Stiefel putzen.
Ich ging sogleich die Stadt zu besehn,
Ich reise gern mit Nutzen.

Mein Gott! da sieht es sauber aus!
Der Koth liegt nicht auf den Gassen.
Viel' Prachtgebäude sah ich dort,
Sehr imponirende Massen.

Besonders gefiel mir ein großer Platz
Umgeben von stattlichen Häusern;
Dort wohnt der König, dort steht sein Palast,
Er ist von schönem Aeußern.

(Nemlich der Palast.) Vor dem Portal
Zu jeder Seite ein Schildhaus.
Rotröcke mit Flinten halten dort Wacht,
Sie sehen drohend und wild aus.

Mein Cicerone sprach: »Hier wohnt
Der Ernst Augustus, ein alter,
Hochtoryscher Lord, ein Edelmann,
Sehr rüstig für sein Alter.

Idyllisch sicher haußt er hier,
Denn besser als alle Trabanten
Beschützet ihn der manglende Mut
Von unseren lieben Bekannten.

Ich seh' ihn zuweilen, er klagt alsdann
Wie gar langweilig das Amt sey,
Das Königsamt, wozu er jetzt
Hier in Hannover verdammt sey.

An großbritanisches Leben gewöhnt,
Sei es ihm hier zu enge,
Ihn plage der Spleen, er fürchte schier,
Er halt' es nicht aus auf die Länge.

Vorgestern fand ich ihn traurig gebückt
Am Kamin in der Morgenstunde;
Er kochte höchstselbst ein Lavement
Für seine kranken Hunde.«[147]

Friedrich Spielhagen

Georg Freiherr von Ompteda

Anfang der 60er Jahre betreute einer der erfolgreichsten Schriftsteller der Zeit, Friedrich Spielhagen (1829–1911), zwei Jahre lang das Feuilleton der »Zeitung für Norddeutschland«. In seinen »Erinnerungen an mein Leben« (Berlin 1911) bezeichnete er seinen Aufenthalt in der Stadt an der Leine als die glücklichste Zeit seines Lebens.[148]

Georg Freiherr von Ompteda (1863, Hannover – 1931, München) war als Sohn des letzten Hofmarschalls Georgs V. dessen Patenkind. Er wuchs in Wien und Dresden auf und schlug die Militärlaufbahn ein. Nach einem Reitunfall wurde er Ende des Jahrhunderts Schriftsteller in Berlin und Dresden, Meran und München und schrieb zahlreiche Romane, darunter einen sozialkritischen Roman über den Niedergang des deutschen Adels

Die Dame hatte, in ihren Fauteuil zurückgelehnt und, mit den guten, geistvollen Augen von Einem der Sprechenden zum Andern blickend, ruhig dagesessen. Jetzt wandte sie den Kopf ein wenig zu mir und sagte mit schalkhaftem Lächeln: Hören Sie wohl! das ist die Strafe für meine Vermessenheit! Ich habe Euch Poeten getadelt, daß Ihr die Wahrheit nicht sagen mögt; jetzt machen mir meine eigenen Kinder denselben Vorwurf. Nehmen Sie um Himmelswillen die Farben nicht noch heller, wenn Sie – und das können Sie ja doch nicht lassen – die Geschichte weiter erzählen.

Ich werde sie, mit Ihrer gütigen Erlaubnis, genau so weiter erzählen, wie ich sie von Ihnen gehört habe, sagte ich.

Friedrich Spielhagen: Die Dorfcoquette. 1868

um 1900 (1897–1902). Die zeitgenössische Literaturkritik war überaus angetan von ihm. So widmet sich etwa Richard M. Meyer in seiner 1900 erschienenen »Deutschen Litteratur des 19. Jahrhunderts« mit großer Sympathie dem »eifrigen Schüler Maupassants« und bescheinigt ihm »eine ungewöhnliche Schärfe des beobachtenden Blicks und des individualisierenden Ausdrucks (›Ein ganz kleines Mädchen mit strohblonden, wassergetränkten Zöpfen und fröhlich laufendem Näschen‹)«.[149]

Heinz Tovote (1864, Hannover – 1946, Berlin) studierte Philosophie und Literaturwissenschaften in Göttingen, München und Berlin, wo er sich habilitierte und ab 1890 als freier Schriftsteller lebte. Sein erster sozialkritischer Roman »Im Liebesrausch«, der 1890 erschien (49. Auflage 1921), war außerordentlich erfolgreich.

In seinen Anfangsjahren in Hannover gehörte Tovote einem literarischen Kreis an, der sich in einem Sammelband »Hannoversche Schriftsteller der Gegenwart in Wort und Bild« 1888 selbst darstellte. Über diesen Band bzw. die darin vorgestellten Personen schreibt Henning Rischbieter: »Dem Titelblatt gegenüber finden sich die fotografierten Porträtbüsten der achtzehn Beiträger, darunter sind elf Frauen. Von die-

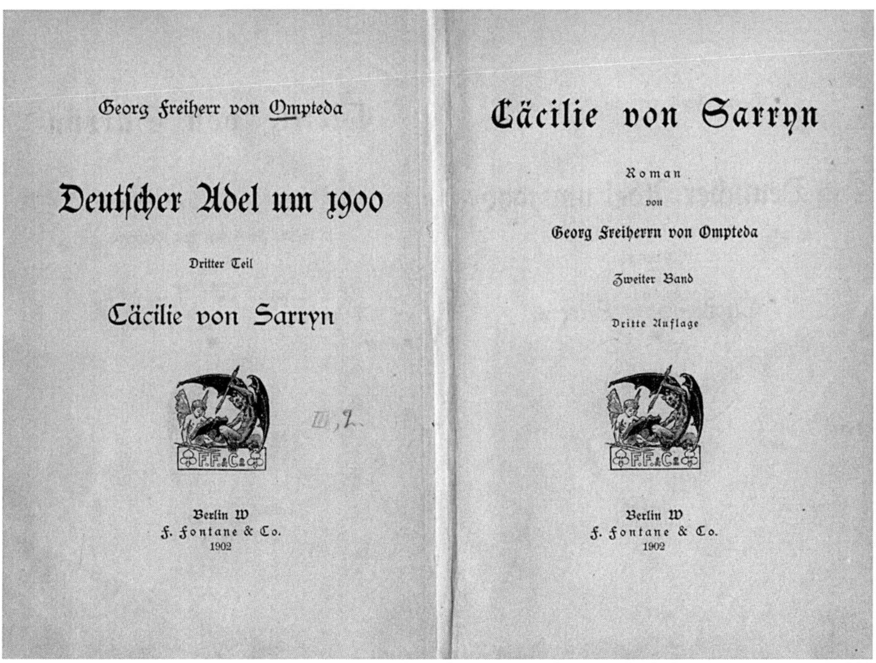

Georg Freiherr von Ompteda: Deutscher Adel um 1900. Titelblatt, 1902

Portraits aus dem Sammelband »Hannovers Schriftsteller« von 1888

sen wiederum sind sechs Fräuleins und vier Witwen, nur eine ist Ehefrau. Von den elf Schriftstellerinnen benutzt eine ein männliches Pseudonym, fünf kürzen ihre Vornamen bis auf den Anfangsbuchstaben ab, so daß ihr Geschlecht verborgen bleibt (was keiner der Männer tut). Die Altersspannweite bei den elf Frauen reicht von 60–30 Jahren, bei den sieben Männern dagegen von 84–22. Nur eine der Frauen hat einen Beruf: sie ist Pensionsvorsteherin. Von den verstorbenen Männern der vier Witwen waren zwei Beamte, zwei Offiziere. Von den sieben männlichen Schriftstellern haben fünf Berufe: der älteste (84) ist Pastor im Ruhestand, der nächste Redakteur (71 Jahre alt), einer ist Eisenbahn-Betriebssekretär (37 Jahre alt), zwei sind Schauspieler (28 und 24 Jahre alt). Nur zwei der jüngsten geben keinen Beruf an: ein zweiundzwanzigjähriger und der siebenundzwanzigjährige Heinz Tovote [...]

Was nun und wie schreiben die achtzehn Autoren? Elf erzählen Liebesgeschichten, sie enden bis auf zwei mit einem happy end – so zum Beispiel die ›Tagebuchblätter einer Schauspielerin‹ von L. Herzog (das ist Frl. Malwine Enckhausen). Da lernt besagte Schauspielerin einen Grafen kennen und lieben, welcher leider verheiratet ist. Doch des Grafen Frau stirbt, und er schreibt an die Schauspielerin: ›Geliebte, ich bin frei, ich darf dich lieben. Liebst Du mich mehr als Deine Kunst? Kannst Du ihr entsagen, um mein Weib zu sein?‹ – Sie kann. Als ›Plauderei‹ bezeichnet A. Kistner (das ist eine Hauptmannswitwe) den Dialog zwischen Fernande von Hellfort (eine junge Witwe) und Egon von Stadolf mit dem Titel ›Senzaspina‹, er endet damit, daß ihr ›Herz sein Eigentum‹ ist. In acht Texten dieser (bis auf zwei adlige Damen) bürgerlichen Schriftsteller sind Adlige die Hauptfiguren, ebenfalls acht spielen in einer romantisierten Vergangenheit. Tragisch geht es dreimal zu: einmal liebt ›Georg von Waldegg, der einzige Sohn eines höheren, aber vermögenslosen Offiziers‹ ein Naturkind und entsagt ihm (in der Novelle ›Das Mädchen vom Waldsee‹ von Oskar Hansen), zum zweiten rivalisieren ein gutes und ein böses Mädchen ums Herz eines Schloßbesitzers an der Loire. Die böse siegt, die gute sagt am Schlusse: ›Jetzt ist sie Gräfin Adair – und ich?‹ (in der Erzählung ›Schloß Ernac‹ von Baronin Auguste von Schulte). Drittens: in der Erzählung ›Umsonst geopfert‹ von Luise Westkirch hält auch eine entsagungsvolle Heirat den Bankrott einer Kaufmannsfirma nicht auf. Dies einzige Mal kommen wirtschaftliche Motive ins Spiel: als Vehikel für Tragik.

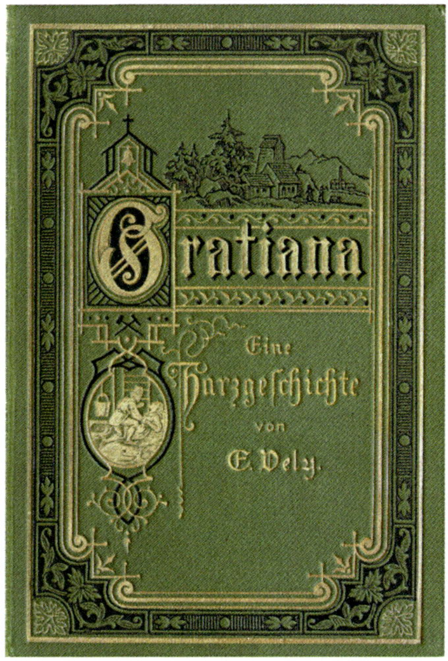

Emma Vely [d. i. Emma Couvely]: Gratiana. Eine Harzgeschichte. 1879

1848 in Hannover geboren wurde Emma Couvely (die sich als Schriftstellerin Emma Vely nannte). Ihr Großvater war Büchsenmacher in der Langen Straße, ihr Vater starb früh, die kleingeratene Emma wurde nach dem Besuch der Stadttöchterschule Gouvernante, heiratete einen nicht

Emma Couvely

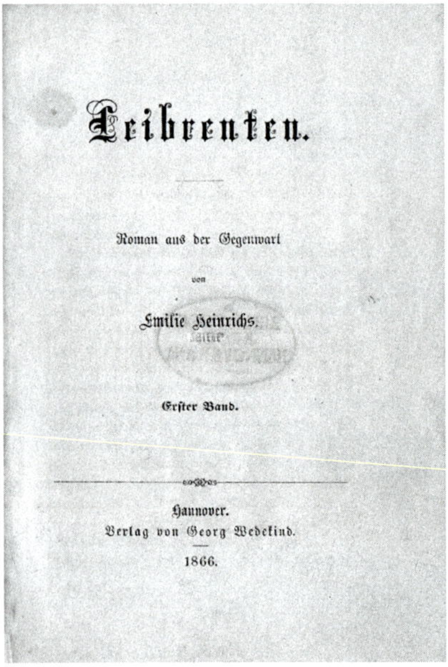

Emilie Heinrichs: Leibrenten. Titelblatt, 1866

Neuauflage von Emilie Heinrichs Roman »Leibrenten« aus dem Jahr 2008

sehr erfolgreichen Verlagsbuchhändler, begann unter ökonomischen Druck zu schreiben, ließ sich scheiden und lebte jahrzehntelang in Berlin, war auch als Journalistin tätig. Sie hatte mit Hunderten von Leuten, fast allen Schriftstellern ihrer Zeit, Umgang, begleitete die Frauenbewegung mit Sympathie, empfand aber sonst national und bürgerlich. Ihre Autobiographie ›Mein schönes und schweres Leben‹ Leipzig 1929 ist exemplarisch für den Horizont und den Lebenskampf einer Trivialromanautorin der wilhelminischen Zeit.«[150]

22 Jahre lebte Emilie Heinrichs (1823–1910) in Hannover, dessen Hofgesellschaft sie in dem Roman »Auf der Menschheit Höhen« (1886) kritisch darstellte. Ihr Kriminalroman »Leibrenten« wurde 2008 erneut aufgelegt.

Wie Heinrichs, die aus politischen Gründen Hannover verlassen musste, erging es auch Ludwig Grote (1825, Husum bei Nienburg/Weser – 1887, Basel). Der Theologe lebte in verschiedenen Orten des Königreiches, wurde aus politischen und kirchlichen Gründen entlassen und floh 1878 aus Hannover in die Schweiz. Er gab zahlreiche Lieder- und Gedichtsammlungen heraus.

Karl Friedrich Henckell (1864, Hannover – 1920, Lindau am Bodensee) studierte Literatur und Philosophie in Berlin, Heidelberg, München und Zürich. Er schrieb zunächst sozialkritische Lyrik, später Natur- und Liebeslyrik.

Ein 1864 geborener Sohn Hannovers ist auch Frank Wedekind (gestorben 1918

Es ist seltsam, wie ungeheuer viel bei uns armen Menschenkindern vom ersten Eindrucke abhängt, bedingt doch dieser oft das ganze Lebensglück des Einzelnen. Und wie beim Menschen, so ist's auch mit den Orten, welche wir auf der Reise flüchtig berühren. Liegt der Bahnhof in der Nähe des Aristokraten-Viertels, wo uns die Stadt ihre vornehmste und eleganteste Miene zeigt, dann ist der Eindruck ein entschieden günstiger und bildet in der Erinnerung ein maßgebendes Urtheil.

Aber zum Lichte gehört der Schatten, zum Glanz und Reichthum die Armut, zum Palaste die bescheidene Hütte, doch warum auch das krasse Elend? Warum der hohläugige Hunger? – Wird das Bild nicht schauerlich und unnatürlich mit zu starkem Schatten, zu grellem Lichte?

Freilich, die Natur fordert Harmonie, Übereinstimmung selbst in den Contrasten, nur die Welt, nur die Menschen stürmen in Leid und Freud' dem Unnatürlichen entgegen und bilden die schneidenden Contraste, welche schon oft vernichtend mit einander gekämpft.

Emilie Heinrichs: Leibrenten. 1866

in München). Er wuchs in Hannover auf und zog 1872 mit seiner Familie in die Schweiz. Dort lebte er als freier Schriftsteller in Zürich, später in Paris und seit 1890 in München, wo er freier Mitarbeiter beim Simplicissimus und dann einer der erfolgreichsten (und skandalträchtigsten) deut-

Ludwig Grote – Rechts: Von Ludwig Grote herausgegebener Althannoverscher Volkskalender aus dem Jahr 1873

Dichters Losung

Von Gipfeln zu Gründen
Feuer zünden,
Menschen verbünden
Und befrein –
Seiner Seele Kampf und
Erlösung künden,
In den Rhythmus ewiger
Meere münden –
Dichter,
Bekenner,
Künstler sein!

Karl Henckell: Gedichte. 1898

Karl Friedrich Henckell

schen Bühnenautoren am Ende des Kaiserreiches wurde. Einst aufgrund seiner angeblichen Obszönität verboten und zensiert, ist sein bekanntestes Stück »Frühlings Erwachen« von 1891 heute verbreitete Schullektüre.

Der 1936 in Hannover gestorbene Jurist Adolf Bessell (geboren 1857 in Nienburg an der Weser) schrieb Dramen wie »Tristan und Isolde«

HELIANTH

Bilder aus dem Leben zweier Menschen von heute
und aus der norddeutschen Tiefebene
in neun Büchern dargestellt
von
Albrecht Schaeffer

Der drei Bände erster

Im Insel-Verlag zu Leipzig
1924

Oben: Frank Wedekind – Links: Albrecht Schaeffer: Helianth. Titelblatt, 1924

(1895), »Der jüngste Tag« (1910) und »Rembrandt« (1916), die in Hannover uraufgeführt wurden.

Ein umfangreiches literarisches Œuvre hinterließ Albrecht Schaeffer (1885, Elbing – 1950, München), der von 1911 bis 1915 in Hannover lebte.

Außerordentlich beliebt war Wilhelm Henze (1845, Einbeck – 1918, Hannover), ein Tapetendrucker, der neben seinem Beruf humoristische Literatur in Calenberger Platt verfasste und auch vortrug. Um die Jahrhundertwende erschienen seine Texte gedruckt als lose Blätter, später wurden Sammelbände, etwa unter den Titeln »Eck segge man bloß« oder »Wat sei allet maket«, herausgegeben.

Wilhelm Henze: Eck segge man bloß. ca. 1920 – Rechts: Wilhelm Henze

Wat en echten hannoverschen Jungen is, die weit ok, dat vor en paar hundert Jahren die Engelänners den Kurfürsten von Hannover tau öhren Keuning 'ewählt hebbet. Dat gaff niu en groten Hopphei in'n Lande, as die herowerkamm un seck up den grotbretannschen Thron sette. Wat wör'n da for Jökeleen 'emaket; saugar die Hanen mößten seck duelleeren, und at Fräten und Siupen namm gar kein Enne.

Wilhelm Henze: Eck segge man bloß. 1917

Eng mit dem literarischen Expressionismus verbunden sind die Namen von Gerrit Engelke und Karl Jakob Hirsch. Engelke (1890, Hannover – 1918, Cambrai/Frankreich) widmete sich nach einer Lehre als Anstreichergehilfe dem Zeichnen und der Literatur. Er schrieb Gedichte, Theater- und Prosatexte, hatte Kontakt zu Richard Dehmel in Hamburg, damals eine zentrale Gestalt in der deutschen Literatur, und ging 1916 als Kriegsfreiwilliger an die Westfront.

Gerrit Engelke

Karl Jakob Hirsch (1892, Hannover – 1952, München) besuchte die Kunstgewerbeschule Hannover, später eine Kunstschule in München. Nach einigen Jahren in Worpswede zog er nach Berlin und arbeitete an der expressionistischen Zeitschrift »Die Aktion« mit. Es folgten zahlreiche Veröffentlichungen expressionistischer Texte und Grafiken, 1931 erschien sein Hauptwerk »Kaiserwetter«, das in seiner Heimatstadt spielt. Aus jüdischer Familie stammend, musste Hirsch emigrieren und fand nach seiner Rückkehr nach Deutschland keine Anerkennung mehr. »Neben Kurt Schwitters wohl der wichtigste hannoversche Schriftsteller der ersten Hälfte des 20. Jahrhunderts, der mit seinem Hannover-Roman ›Kaiserwetter‹ der Stadt einen Platz in der Literaturgeschichte gesichert hat.«[151]

Kurt Schwitters (1887, Hannover – 1948, Kendall/London, beerdigt in Ambleside) studierte an der Kunstgewerbeschule Hannover, dann fünf Jahre an der Akademie der Künste in Dresden sowie Literatur bei Oskar Walzel. Nach dem Ersten Weltkrieg nahm er ein Architekturstudium an der Technischen Hochschule Hannover auf. Es folgten enge Kontakte zu den Expressionisten in Berlin, wo auch sein erstes MERZ-Bild ausgestellt wurde. Schwitters Dada-Kunst wurde international gefeiert. 1937 emigrierte er nach Norwegen. »Lange Zeit missverstanden und missachtet, hat Schwitters heute auch in Hannover den Stellenwert, der ihm gebührt, nämlich den des bedeutendsten hannoverschen Künstlers im 20. Jahrhundert.«[152]

Seit 1901 lebte Werner Kraft (1896, Braunschweig – 1991, Jerusalem) in Hannover. Nach einer Banklehre studierte er Deutsche Philologie, Romanistik und Philosophie in Berlin und, nach dem Militärdienst, auch in Freiburg und Hamburg. Nach Bibliotheksausbildung, Promotion und Examen für den wissenschaftlichen Bibliotheksdienst wurde er Bibliotheksrat an der Provinzialbibliothek (der heutigen Gottfried Wilhelm Leibniz Bibliothek) in Hannover. Es folgten zahlreiche literaturwissenschaftliche und literarische Arbeiten. 1934 emigrierte er nach Palästina.[153]

Werner Kraft

Während die Schaffenszeit der zuletzt genannten Schriftsteller schon weit ins 20. Jahrhundert weist, wuchs der 1872 in Hannover geborene Ludwig Klages (gestorben 1956, Kilchberg/Zürich) in der Blütezeit des Kaiserreichs auf. Klages studierte Physik und Chemie in Leipzig und München, hatte Anschluss an den Kreis um Stefan George und schrieb Standardwerke zur Graphologie und zur Charakterkunde.

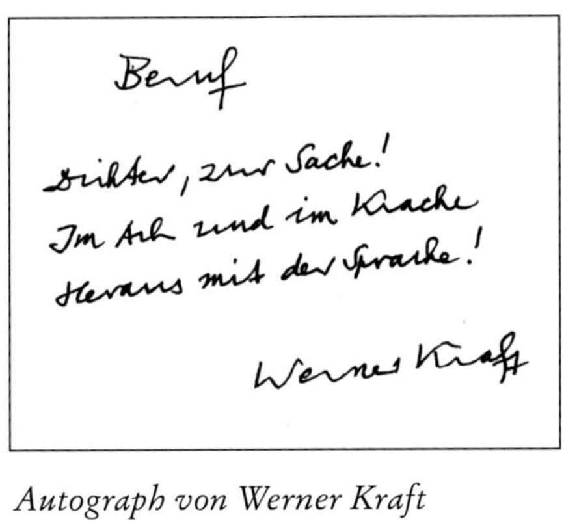

Autograph von Werner Kraft

Mit Klages in der Jugend eng befreundet war Theodor Lessing, geboren 1872, von Nationalsozialisten 1933 in Marienbad ermordet. Aus einem jüdischen Elternhaus des gehobenen Bürgertums stammend, studierte er wie sein Vater Medizin in Freiburg im Breisgau, Bonn und München, wo er zur Literatur, Philosophie und Psychologie wechselte, und schrieb eine Dissertation in Philosophie. Der Versuch einer Habilitation in Dresden scheiterte am Widerstand der Universität gegen den Juden und Sozialisten, der überdies für die Frauenemanzipation eintrat.

Als Lazarettarzt im Krieg schrieb Lessing sein Werk »Geschichte als Sinngebung des Sinnlosen«, dessen Veröffentlichung jedoch von der Militärzensur verhindert wurde und erst 1919 erscheinen konnte. Nach dem Krieg wurde er Privatdozent in Hannover und baute die Volkshochschule gemeinsam mit seiner zweiten Frau Ada Lessing auf.

Lessing publizierte in zahlreichen deutschen und ausländischen Tageszeitungen und wurde einer der bekanntesten politischen Schriftsteller der Zeit. Aufsehen erregte sein Bericht über den Prozess gegen den Serien-

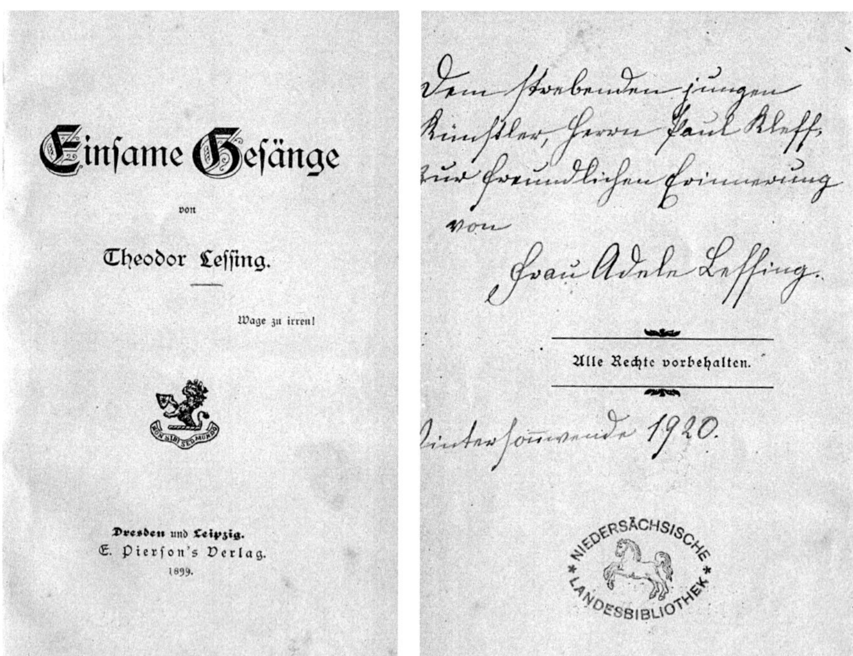

Einsame Gesänge

von

Theodor Lessing.

Wage zu irren!

Dresden und Leipzig.
E. Pierson's Verlag.
1899.

Dem strebenden jungen Künstler, Herrn Paul Kloff zur freundlichen Erinnerung von Frau Ada Lessing.

Alle Rechte vorbehalten.

Wintersonnwende 1920.

NIEDERSÄCHSISCHE LANDESBIBLIOTHEK

Theodor Lessing: Einsame Gesänge. Titelblatt mit rückseitiger Widmung von Ada Lessing, 1899

Wohldenberg. Postkarte, um 1900

mörder Fritz Haarmann, auf dessen Tätigkeit als Polizeispitzel er aufmerksam machte. Kritische Äußerungen über Hindenburg trugen ihm hasserfüllte, antisemitische Reaktionen der Studenten und Professorenschaft ein. (»Nach Plato sollen die Philosophen Führer der Völker sein. Ein Philosoph würde mit Hindenburg nun eben nicht den Thronstuhl besteigen. Nur ein repräsentatives Symbol, ein Fragezeichen, ein Zero. Man kann sagen: Besser ein Zero als ein Nero. Leider zeigt die Geschichte, daß hinter einem Zero immer ein künftiger Nero verborgen steht.«)[154] Daraufhin musste Lessing seine Lehrtätigkeit beenden. 1933 flüchtete Lessing in die Tschechoslowakei, wo er von nationalsozialistischen Auftragsmördern erschossen wurde.

In seiner Jugend war Lessing häufig Gast auf dem Wohldenberg, einer ländlichen Wald-Idylle in der Nähe von Hildesheim, bei einem der deutschlandweit erfolgreichsten Schriftsteller des 19. Jahrhunderts. Dort, im ehemaligen Drostenhaus, residierte der vor allem unter dem Pseudonym Gregor Samarow bekannte Romanschriftsteller und ehemalige Regierungsrat Oskar Meding. Lessing erinnert sich daran in seiner 1935 posthum erschienenen Autobiographie »Einmal und nie wieder«.

Oskar Meding

Johann Ferdinand Martin Oskar Meding wurde in Königsberg 1828 geboren[155] und besuchte die Gymnasien in Marienwerder und Köslin. Er studierte in Berlin, Heidelberg und schließlich wieder in Berlin Jura und Cameralia (Staats- und Volkswirtschaftslehre). In Heidelberg war er eifriger Bursche und Chargierter des Corps Saxo-Borussia. Seine Heidelberger Zeit hat Meding dann später als Gregor Samarow zu einem seiner Erfolgsromane verarbeitet (»Die Saxo-Borussen« 3 Bde. 1885).

Wie erfolgreich dieser Roman tatsächlich war, zeigt sich auch daran, dass eine 1885 erschienene Parodie auf ihn, »Die Saxo-Saxonen« von Samar Gregorow, glänzenden Absatz fand (1908 im 110. Tausend). Verfasser der Parodie war Wilhelm Meyer-Förster (1862, Hannover – 1934, Berlin). Berühmt wurde Meyer-Förster durch seinen Studentenroman »Karl Heinrich« (1889), der dramatisiert wurde und als Schauspiel »Alt-Heidelberg« dauerhaft während des 20. Jahrhundert glänzende Erfolge erzielte und 1927 von Ernst Lubitsch verfilmt wurde.

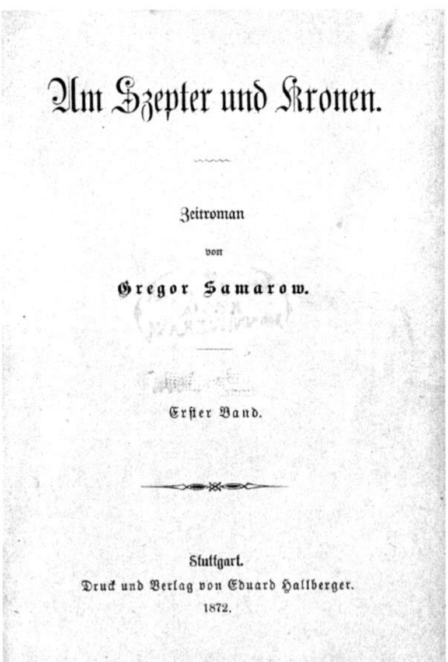

Um Szepter und Kronen.

Zeitroman
von
Gregor Samarow.

Erster Band.

Stuttgart.
Druck und Verlag von Eduard Hallberger.
1872.

Gregor Samarow [d. i. Oskar Meding]: Um Szepter und Kronen. Titelblatt, 1872

Nach einigen Jahren im preußischen Staatsdienst wurde Oskar Meding 1859 in Hannover Pressereferent, wo er sich bald einer außergewöhnlichen Vertrauensstellung zu König Georg V. erfreuen konnte.[156] Aus dieser Zeit schöpfte Meding den Stoff für seine »Zeitromane«, wie er sie nannte.

In Samarows (Medings) Roman-Erstling »Um Szepter und Kronen« (1872–76) tritt der Autor unter seinem tatsächlichen Namen auf: Im Wartesalon Königs Georg V. erläutert der General von Tschirschwitz seinem Gesprächspartner Meding eine sehr persönliche Art der Zeitrechnung.

»Wissen Sie, mein lieber Regierungsrath,« sagte er nach einer Pause, »wie lange ich schon gewartet habe in meinem Leben?« [...]

Herr Meding deutete durch ein leises Achselzucken an, dass es ihm unmöglich sei, die gestellte Frage zu beantworten.

»Acht Jahre, sieben Monate, drei Wochen und vier Tage!« rief der General mit lauter Stimme und in tiefer Entrüstung.

Der Regierungsrath Meding konnte ein helles Lachen nicht unterdrücken und rief:

»Da haben Eure Excellenz allerdings das Möglichste geleistet und Ihre Geduld hat die Probe bestanden!«

»Ich habe ein Buch,« sagte der General finster mit einem halb humoristischen halb wirklichen Grimm, »in welches ich jeden Tag – schon seit der Zeit, da ich dem höchstseligen Herrn den Vortrag hatte – die Zeit eintrage, die ich im Wartezimmer zubringe. – Macht bis jetzt acht Jahre, sieben Monate, drei Wochen und vier Tage. – Was sagen Sie dazu? Man sagt«, fuhr er fort, »ich sei achtundsechzig Jahre alt – es

Die Saxoborussen erhoben sich bei dieser Strophe wie ein Mann und sangen dieselbe stehend zu Ende (S. 90).

Die Saxoborussen

Roman von

Gregor Samarow

Neue, ungekürzte Ausgabe mit 8 Vollbildern von E. Cucuel

Zehnte Auflage

Globus Verlag G. m. b. H. · Berlin W 66

Gregor Samarow [d. i. Oskar Meding]: Die Saxoborussen. Titelblatt, ca. 1915

ist nicht wahr; g e l e b t habe ich nur neunundfünfzig Jahre, fünf Monate, eine Woche und drei Tage. – Den Rest habe ich g e w a r t e t .«[157]

Über die Rolle Medings im Jahr 1866 herrscht in der historischen Forschung keine eindeutige Klarheit. In seinen Memoiren behauptet er, dass er versucht habe, Hannover in einen Neutralitätsvertrag mit Preußen zu bringen. Von 1867 bis 1869 fungierte Meding als inoffizieller Gesandter Georgs V. in Paris, wo er entscheidend bei der Bildung der »Welfenlegion« mitwirkte.

Nach deren Auflösung 1870 fiel Meding bei seinem König in Ungnade und wurde entlassen. In dieser Zeit erstarkte die antipreußische Opposition in Hannover. Meding knüpfte Verbindungen nach Berlin und stellte sich für die Aufdeckung der welfischen Umtriebe zu Verfügung, indem er die aktivsten Oppositionellen benannte. Die am schwersten belasteten Hannoveraner hatte Meding jedoch vorher gewarnt, wofür ihm Bismarck dankbar war.

Meding gelang es auch, Soldaten und Offiziere der ehemaligen Welfenlegion von ihrem Eintritt in die französische Armee abzuhalten, die finanziellen Mittel dafür kamen aus dem »Reptilienfonds«. Daraus erhielt auch Meding ein hohe Summe sowie eine jährliche Pension, die es ihm ermöglichte, das schlossartige Anwesen auf dem Wohldenberg, zu erwerben und zu unterhalten. Über das Leben dort schrieb Theodor Lessing u. a.:

> »Morgens um acht erschien auf Schloß Wohldenberg der Stenograf. Meding lag im Bett, trank Kaffee, rauchte schwere Zigarren und begann je nach Laune zu erzählen. Er blieb bis gegen Mittag im Bette; der Schnellschreiber saß hinter einem Wandschirm stumm im Winkel; er durfte nicht sprechen, kein Geräusch machen; musste alles sofort aufzeichnen, was der Regierungsrat einsam vor sich hin sprach. Und der sprach ausgezeichnet; er war ein glänzender Erzähler und amüsanter Plauderer und immer fiel ihm etwas Fesselndes und Spannendes ein. Er diktierte Tag für Tag mindestens drei Druckbögen. Der Sekretär nahm das Stenogramm mit und übertrug es sofort ins Reine. Es ging dann sogleich an Hallberger. Meding bekam es nur in der Korrektur wiederzusehen. Aber auch die Druckfahnen las er nur selten; ich las für ihn Probeabzüge von Plaudereien, ohne dass er sich um den Erfolg bekümmerte. Seine mehrbändigen Romane (er goß Unmengen Wassers in seinen Wein) hatten große Erfolge«.[158]

66 Romane in 142 Bänden, die bis weit in das 20. Jahrhundert hinein ihre Leser fanden, hat Oskar Meding publiziert, und er erzielte damit hohe Einnahmen. Sein aufwendiger Lebenswandel allerdings führte zu seiner

völligen Verarmung; er zog nach der Versteigerung seiner Habe nach Berlin und starb 1903 in Charlottenburg.

So erfolgreich Medings Romane über ein halbes Jahrhundert waren, sie waren Zeitromane im doppelten Sinne. Sie thematisierten Ereignisse der Zeit, und sie waren der Zeit verhaftet. Im 21. Jahrhundert sind sie allenfalls von historischem oder literaturhistorischem Interesse.

Schnupdiwup! da wird nach oben
Schon ein Huhn herauf gehoben.

Wilhelm Busch

Überzeitliche, weltliterarische Qualitäten besitzt dagegen das Werk eines Dichters und bildenden Künstlers, der zwar auch seine Zeit thematisiert hat, der jedoch von den nachkommenden Generationen und von vielen Kulturkreisen rezipiert wurde und wird und der gleichzeitig wie kein anderer das Attribut »niedersächsisch« in Anspruch nehmen kann.

Wilhelm Busch, geboren am 15. April 1832 in Wiedensahl (bei Stadthagen), gestorben am 9. Januar 1908 in Mechtshausen, heute Stadtteil von Seesen am Harz, ist als Dichter und Zeichner in der ganzen Welt medial präsent. Seiner wird im bedeutenden Wilhelm-Busch-Museum (seit 2010 Deutsches Museum für Karikatur und Zeichenkunst · Wilhelm Busch) in Hannover gedacht sowie in Gedenk- und Ausstellungsstätten in Wiedensahl, Ebergötzen, Lütthorst, Mechtshausen und in Hattorf am Harz. Seinem Gedenken dienen u. a. auch der Wilhelm-Busch-Preis und vor allem die Wilhelm-Busch-Gesellschaft.

Wilhelm Busch, Selbstportrait um 1885

Wilhelm Busch wurde als erstes von sieben Kindern in einfache Verhältnisse geboren, die seine Eltern bewogen, ihn seinem Onkel, einem Pfarrer in Ebergötzen bei Göttingen, später in Lütthorst am Solling, anzuvertrauen. Mit 15 begann Busch ein Maschinenbaustudium an der Technischen Hochschule in Hannover, das er 1851 abbrach. Er ging nach Düsseldorf und Antwerpen an die dortigen Kunstakademien und war begeistert von

Max und Moritz in verschiedensprachigen Ausgaben

der Malerei des 17. Jahrhunderts. Nach Wiedensahl zurückgekehrt sammelte er Märchen und niederdeutsche Volksüberlieferungen. 1854 ging er nach München an die dortige Akademie, danach wurde er Mitarbeiter an den »Fliegenden Blättern« und am »Münchener Bilderbogen«.

1865 gelang ihm der Durchbruch mit der Bildergeschichte »Max und Moritz«, die er für eine geringe Summe an seinen Verleger Casper Braun verkauft hatte, der damit ein Vermögen verdiente.

Schon vorher hatte er den »Heiligen Antonius von Padua« publiziert, eine Bildergeschichte, die für sechs Jahre verboten blieb. 1868 wurde er bei seinem Bruder Otto in Frankfurt am Main mit dem Werk des Philosophen Arthur Schopenhauer bekannt. 1872 kehrte

»Die Fromme Helene«

Busch endgültig in seine niedersächsische Heimat nach Wiedensahl zurück, von wo aus er gelegentlich ausgedehnte Reisen unternahm, auch etwa nach Wolfenbüttel, wo er oft seine Sommerferien verbrachte.

Bis 1884 erschienen seine berühmtesten Bildergeschichten, die weltweite Verbreitung fanden. Hier die englische Übersetzung der Anfangsstrophen der 1872 publizierten »Frommen Helene – Helen Who Couldn' Help it« von Walter Arndt. Nach »Max und Moritz« war die alles andere als »fromme« Helene Buschs größter Erfolg.

Sadly, like the wind through ruins
Or in weeping-willow trees,
Sighs the bard of wicked doings
In the great metropoles.

Journalists!! The shameless vipers –
Do they hesitate to spread
Tales of vice among subscribers
Scarcely risen yet from bed?[159]

Weniger bekannt, aber von der literarischen Qualität mindestens ebenso hoch einzuschätzen wie seine Bildergeschichten sind die Prosastücke »Eduards Traum« (1891) und »Der Schmetterling« (1895).

Die Wirkung und Rezeption von Wilhelm Busch ist in der deutschen Literatur- und Kunstgeschichte ohne Beispiel. Als Haus- oder als Kinderbücher sind seine Bildergeschichten seit Mitte des 19. Jahrhunderts in den meisten bürgerlichen Haushalten präsent – und nicht nur dort. Dies erstaunt insofern, als seine Texte wie seine Bilder zum Teil durchaus einen brutalen Duktus haben. Sein Werk wird geliebt und bewundert in allen Bildungsschichten, in allen Altersstufen.

Egon Friedell hat Busch 1931 als Gesamtkunstwerk bezeichnet und gemeint, dass es »das Einfachste wäre, ihn in Bausch und Bogen zu bewundern, sich in Superlativen zu ergehen und die Ausrufungszeichen

Übrigens ist es nicht schlimm mehr, nun die Sache gedruckt ist; denn, man mag sagen, was man will, der passendste Stoff, um Schrullen, die sich nun mal nicht unterdrücken lassen, auf das bescheidenste drin einzuwickeln und im Notfall zu überreichen, ist der Stoff des Papiers.

Ein Buch ist ja keine Drehorgel, womit uns der Invalide unter dem Fenster unerbittlich die Ohren zermartert. Ein Buch ist sogar noch zurückhaltender als das doch immerhin mit einer gewissen offenen Begehrlichkeit von der Wand herabschauende Bildnis. Ein Buch, wenn es so zugeklappt daliegt, ist ein gebundenes, schlafendes, harmloses Tierchen, welches keinem was zuleide tut. Wer es nicht aufweckt, den gähnt es nicht an; wer ihm die Nase nicht grad zwischen die Kiefern steckt, den beißt's auch nicht.

Wilhelm Busch: Eduards Traum. 1891

nicht zu sparen [...] Er ist die personifizierte Vollkommenheit; und man kann das eigentlich bloß konstatieren. Nachdem sein Oeuvre jahrzehntelang als ein harmloses Kaspertheater gegolten hat, gut genug für die Kinderstube und den Nachmittagskaffee, ist es neuerdings Mode geworden, ihn als dämonischen Pessimisten und Nihilisten aufzufassen. Beides ist gleich irrig. Die unvergleichliche undefinierbare Wirkung, die von Wilhelm Busch ausgeht, beruht einfach darauf, dass er niemals selber etwas macht, sondern das Leben machen lässt [...] Busch macht sich über den deutschen Bürger ununterbrochen lustig. Aber man hat alle diese Menschen gern.«[160]

Illustration aus »Die Fromme Helene«

Buschs geniale Kombination von Wort und Bild greift den neuen medialen Techniken des 20. Jahrhunderts vor bzw. initiiert und beflügelt sie: die bewegten Bilder des Films wie die neue Kunstform des Comics. Seine Bilderfolge »Virtuos« »ist nicht erst in neuerer Zeit als eine von Buschs genialsten und revolutionärsten gelobt worden, als zeichnerische Umsetzung von Zeit und Bewegung, in der eine futuristische Multiplizierung der Glieder stattfinde«.[161]

Auch die Einbeziehung des Gehörsinns mit Mitteln der Lautmalerei in das Lesen und Anschauen seiner Bildergeschichten hat Wilhelm Busch fast hundert Jahre vor dem genialen Zeichner des Disneyschen »Entenhausen-Universums« Carl Barks und seiner kongenialen deutschen Übersetzerin Erika Fuchs geschaffen. In der »Frommen Helene« reißt ein durchgedrehter Kater eine Nippes-Figur vom Kamin:

Ach, – Die Venus ist perdu –
Klickeradoms! – Von Medici![162]

Das »Register der Onomatopöien«, der Lautmalereien, in der wunderbaren historisch-kritischen Ausgabe von 2007, beginnend mit »Ah, ja ja jam! – so gähnt er eben« und endend mit »Zupptrudiridirallala rallalala«, aber auch das der Ausrufe (von »A! e! i! o! u!« bis »Zu spät, mein Lieber!«), der Zeugmata (»Voll Seelenruh und Branntewein«) und der Binnen- und Schlagreime (»Und die Komteß sich unterdeß«) sind reines Busch-Lesevergnügen in nuce.[163]

Georg Freiherr von Ompteda lässt sein Gedicht »Der Heimat« so beginnen:

Du Land der Niedersachsen,
da meine Wiege stand,
du Land der herben Eigenart,
du tiefes, ernstes Land![164]

Ernstes Land? Der »Niedersachse unter Niedersachsen: Wilhelm Busch«[165] hätte dann als Ausnahme zu gelten. Festzuhalten bleibt, dass, wenn von niedersächsischer Literatur und Kunst in Vergangenheit oder Gegenwart die Rede ist, ein Name an erster Stelle genannt werden muss: der des Dichters, des Zeichners, des Malers und des Weltweisen Wilhelm Busch. Er bleibt präsent, auch in Anthologien des 21. Jahrhunderts, etwa im »Großen Conrady« von 2008 mit acht Gedichten, deren eines von 1874 hier den Vorhang zuzieht:

Es sitzt ein Vogel auf dem Leim,
Er flattert sehr und kann nicht heim.
Ein schwarzer Kater schleicht herzu,
Die Krallen scharf, die Augen gluh.
Am Baum hinauf und immer höher
Kommt er dem armen Vogel näher.

Der Vogel denkt: Weil das so ist
Und weil mich doch der Kater frißt,
So will ich keine Zeit verlieren,
Will noch ein wenig quinquilieren
Und lustig pfeifen wie zuvor.
Der Vogel scheint mir, hat Humor.[166]

Anmerkungen

1 Heinrich HEINE: Historisch-kritische Gesamtausgabe der Werke. Hrsg. von Manfred Windfuhr im Auftrag der Landeshauptstadt Düsseldorf. Bd. 6: Briefe aus Berlin. Über Polen. Reisebilder I/II (Prosa). Bearb. von Jost Hermand. Hamburg 1973. S. 117/8.
Vgl. zum Folgenden Georg RUPPELT: Niedersachsen! Von Menschen und Büchern zwischen Elbe und Ems, Harz und Nordsee. Hameln 2007; Heinrich HEINE: Im Pavillon am Jungfernstieg. Eine literarische Reise von Helgoland bis in den Harz. Hrsg. von Jan-Christoph Hauschild. Hamburg 2006.
Für den gesamten Text wurden herangezogen: Fred OBERHAUSER und Axel KAHRS unter Mitarb. von Detlef Ignasiak, Peter Neumann und Gerd Holzheimer: Literarischer Führer Deutschland. Frankfurt am Main und Leipzig 2008; Rudolf ECKART: Lexikon der Niedersächsischen Schriftsteller von den ältesten Zeiten bis zur Gegenwart. Osterwieck 1891. (Nachdruck Hildesheim, New York 1974.)
Für Korrekturen, Hinweise und Ergänzungen danke ich Ulrich Breden, Dr. Anne-Katrin Henkel, Iris Höntsch und Marita Simon herzlich. – Das Buch wurde nahezu ausschließlich auf der Grundlage von Beständen der Gottfried Wilhelm Leibniz Bibliothek – Niedersächsische Landesbibliothek geschrieben und illustriert. Vom Oktober 2010 bis zum Februar 2011 zeigte die Bibliothek eine Ausstellung ausgewählter Bestände unter dem Titel dieses Buches.

2 Vgl. Literarische Harzreisen. Bilder und Realität einer Region zwischen Romantik und Moderne. Hrsg. von Cord-Friedrich Berghahn, Herbert Blume, Gabriele Henkel und Eberhard Rohse. Bielefeld 2008 (Braunschweiger Beiträge zur deutschen Sprache und Literatur, Bd. 20).

3 Vgl. u. a. Jan-Christoph HAUSCHILD und Michael WERNER: »Der Zweck des Lebens ist das Leben selbst.« Heinrich Heine. Eine Biographie. Köln 1997.

4 HEINE, Die Harzreise (wie Anm. 1), S. 83.

5 Heinrich HEINE: ›Memoiren‹. In: Heinrich HEINE: Historisch-kritische Gesamtausgabe (wie Anm. 1). Bd. 15. Geständnisse, Memoiren und kleinere autobiographische Schriften. Bearbeitet von Gerd Heinemann. Hamburg 1982. S. 81.

6 Die im Weltdokumentenerbe der UNESCO eingetragenen »Kinder- und Hausmärchen« der Grimm-Brüder entstanden nicht in deren achtjähriger Göttinger Periode.

7 Walter GRAB und Uwe FRIESEL: Noch ist Deutschland nicht verloren. Eine historisch-politische Analyse unterdrückter Lyrik von der Französischen Revolution bis zur Reichsgründung. München 1970. S. 224. Vgl. auch u. v. a. Bodo PLACHTA: Zensur. Stuttgart 2006. S. 91–123; Wolfram SIEMANN: Chancen und Schranken von Wissenschaftsfreiheit im deutschen Konstitutionalismus 1815–1918. In: Historisches Jahrbuch 107 (1987). S. 315–348; Ernst Heinrich REHERMANN: Zentralisierungs- und Verschärfungstendenzen bei der Handhabung des Zensurgesetzes gegenüber Leihbibliotheken und Lesegesellschaften im Königreich Hannover von 1831 bis 1848. In: Die Leihbibliothek als Institution des literarischen Lebens. Organisationsformen, Bestände und Publikum. Arbeitsgespräch in der Herzog August Bibliothek Wolfenbüttel, 30. September bis 1. Oktober 1977. Hrsg. von Georg Jäger und Jörg Schönert. Hamburg 1980. S. 311–323; Klaus-Peter MÜLLER:

Zensur in Oldenburg. Ein Überblick. In: In Oldenburg gedruckt. Drucke, Drucker und Druckereien in Oldenburg seit 1599. Gemeinsame Ausstellung des Stadtmuseums Oldenburg, der Landesbibliothek Oldenburg und des Druckereimuseums Sandkrug vom 13. Juni bis 22. August 1999. Hrsg. von Egbert Koolman und Lioba Meyer. Oldenburg 1999. S. 252–274; Klaus-Peter MÜLLER: Die Zensur in Oldenburg von den Karlsbader Beschlüssen 1819 bis zum Reichspressegesetz 1874. In: Oldenburger Jahrbuch 99 (1999). S. 57–97.

8 Vgl. Anne-Katrin HENKEL: Bibliotheken und Lektüreangebot in der Residenzstadt Hannover. Aspekte der Literaturversorgung im Vormärz. In: Archiv für Geschichte des Buchwesens 49 (1998). S. 221–265.

9 Vgl. Volkhard SCHUSTER: Zeitungen in Niedersachsen von den Anfängen bis heute. In: Stefan BORRMANN, Victor LIS, Volkhard SCHUSTER: Handbuch 2005. Zeitungen in Niedersachsen. Hannover 2005. S. 10–35, *hier*: S. 17. Vgl. auch Dirk RIESENER: Polizei und politische Kultur im 19. Jahrhundert. Die Polizeidirektion Hannover und die politische Öffentlichkeit im Königreich Hannover. Hannover 1996. S. 407–482; Georg RUPPELT: Gedanken zur Zeitung. In: Es begann 1609 mit dem *Aviso* – Zeitungen in Niedersachsen. Hameln 2007 (Lesesaal, H. 24). S. 4–19.

10 Vgl. RUPPELT, Niedersachsen (wie Anm. 1), S. 30–32.

11 Der Verlauf von Schiller-Feiern oder Texte, die zu diesem Anlass gesungen oder gesprochen wurden, sind u. a. aus Braunschweig, Hameln, Hannover, Oldenburg, Osnabrück und Stade überliefert, doch haben mit einiger Sicherheit auch die übrigen größeren Städte des historischen Raumes Niedersachsen Schiller gebührend gefeiert.
Vgl. Wilhelm ASSMANN: Gedenkbüchlein der Schillerfeier […] für Jung und Alt. 3. Abdruck. Braunschweig 1859; Die Schiller-Feier in Braunschweig. In: Reichs-Zeitung Braunschweig vom 12. November 1895. S. 1; Reinhard OTTO: Worte der Weihe am hundertjährigen Geburtstage Schiller's […] in der Aegidienkirche zu Braunschweig […] auch bei der Schillerfeier in Wolfenbüttel. O. O., o. J.; Ders.: Prolog zur hundertjährigen Geburtstagsfeier Schiller's, gesprochen […] in […] Braunschweig […], derselbe Prolog wurde bei der Schillerfeier im Stadttheater zu Stade gesprochen. Braunschweig 1859; Ferdinand NAUMANN: Die Schiller-Feier in Hameln. Bericht. Hannover 1859; Ernst ROMMEL: Schillerfeier des Künstlervereins zu Hannover. Poesie und Kunst. Festgedicht zur Feier des hundertjährigen Geburtstages Friedrich von Schiller's. Am 11. November 1859 im Königlichen Hoftheater gesprochen vom Verfasser. Hannover 1859; Programm des Fackelzuges zur öffentlichen Schiller-Feier zu Hannover am 10. November 1859. Hannover 1859; Die Schillerfeier im Casino, 9. November 1859. Veranstaltet von dem literarisch-geselligen Verein in Oldenburg. Oldenburg 1859; Tycho MOMMSEN: Die Schillerfeiern der höheren Bürgerschule am 10. November 1859. In: Siebzehntes Programm der Vorschule und höheren Bürgerschule zu Oldenburg. Oldenburg 1860. S. 2–23; Otto RODE: Schiller-Feier des Handels-Instituts zu Osnabrück. Osnabrück 1859; Friedrich Schiller. Festreden der Schüler des Handels-Instituts zu Osnabrück. Osnabrück 1860. – Vgl. auch Norbert OELLERS (Hrsg.): Schiller – Zeitgenosse aller Epochen. Dokumente zur Wirkungsgeschichte Schillers in Deutschland. Frankfurt a. M. 1970.

12 Johann Wolfgang GOETHE: Tag- und Jahres-Hefte als Ergänzung meiner sonstigen Bekenntnisse, von 1749 bis 1806. 1801. Goethes Werke. Hrsg. im Auftrag der Großherzogin Sophie von Sachsen. 35. Bd. Weimar 1892. S. 97.
Vgl. zum Folgenden: Georg RUPPELT: Literatur und Theater. In: Die Braunschweigische Landesgeschichte. Jahrtausendrückblick einer Region. Hrsg. von Horst-Rüdiger Jarck und Gerhard Schildt. Braunschweig 2000. S. 855–872.

13 Vgl. die Übersicht bei Eberhard ROHSE: Goethe in Braunschweig. In: Braunschweiger

Stadtlexikon. Ergänzungsband. Hrsg. im Auftrag der Stadt Braunschweig von Manfred R. W. Garzmann und Wolf-Dieter Schuegraf unter wesentlicher Mitarbeit von Norman-Mathias Pingel. Braunschweig 1996. S. 53.

14 Vgl. Eberhard ROHSE: Philipp Friedrich Hermann Klencke. In: Braunschweigisches Biographisches Lexikon, 19. und 20. Jahrhundert. Im Auftrag der Braunschweigischen Landschaft e. V. hrsg. von Horst-Rüdiger Jarck und Günter Scheel. Hannover 1996. S. 320; Hans-Ulrich LUDEWIG: Der Dichter als Historiker. Hermann Klenckes Romane als Quellen zur braunschweigischen Geschichte. In: Literatur in Braunschweig zwischen Vormärz und Gründerzeit. Beiträge zum Kolloquium der Literarischen Vereinigung Braunschweig vom 22. bis 24. Mai 1992. Hrsg. von Herbert Blume und Eberhard Rohse. Braunschweig 1993. S. 133–153.

15 [Karl Christian Friedrich NIEDMANN]: Die Verschwörung in Krähwinkel. Historisch-romantische Tragi-Comödie in vier Aufzügen. Anhang zu »Krähwinkel wie es ist«. Hamburg 1829.

16 Zitiert nach LUDEWIG (wie Anm. 14), S. 139.

17 [Hermann KLENCKE]: Aus Hannovers Gegenwart. Eine politische Novelle. Leipzig 1868. S. 216/7.

18 Herbert BLUME, Eberhard ROHSE: Vorwort. In: Literatur in Braunschweig (wie Anm. 14). S. 9.

19 Heinrich HEINE: Historisch-kritische Gesamtausgabe (wie Anm. 1). Bd. 8/I. Zur Geschichte der Religion und Philosophie in Deutschland. Die romantische Schule. Text bearbeitet von Manfred Windfuhr. Hamburg 1979. S. 136.

20 Vgl. Alberto MARTINO: Die deutsche Leihbibliothek. Geschichte einer literarischen Institution (1756–1914). Wiesbaden 1990 (Beiträge zum Buch- und Bibliothekswesen, 29). Passim.

21 Vgl. Johann Gottfried GRUBER: August Lafontaine's Leben und Wirken. Halle/S. 1833. S. 89; Dirk SANGMEISTER: August Lafontaine oder Die Vergänglichkeit des Erfolges. Leben und Werk eines Bestsellerautors der Spätaufklärung. Tübingen 1998 (Hallesche Beiträge zur Europäischen Aufklärung, 6); DERS.: Bibliographie August Lafontaine. Bielefeld 1996 (Bielefelder Schriften zu Linguistik und Literaturwissenschaft, 7).

22 August Heinrich Julius LAFONTAINE: Clara du Plessis und Clairant. Eine Familiengeschichte französischer Emigranten. Hrsg., erläutert und mit einem Nachwort versehen von Evi Rietzschel. München 1986. S. 6 (Bibliothek des 18. Jahrhunderts). Zuerst erschienen 1795, 3. Aufl. 1801.

23 Karl STEINACKER: Abklang der Aufklärung und Widerhall der Romantik in Braunschweig. Braunschweig 1939 (Werkstücke aus Museum, Archiv und Bibliothek der Stadt Braunschweig, 10). S. 22.

24 STENDHAL: Tagebuch in Braunschweig. Neu herausgegeben. Braunschweig 1964 (Literarische Vereinigung Braunschweig, Bibliophile Schriften, 11). S. 24/25.

25 Biographische Daten nach: Braunschweigisches Biographisches Lexikon 19. u. 20. Jh. Hrsg. von Horst-Rüdiger Jarck u. Günter Scheel. Hannover 1996; Braunschweiger Stadtlexikon. Hrsg. von Luitgart Camerer, Manfred R. W. Garzmann u. Wolf-Dieter Schuegraf. Braunschweig 1992; Ergänzungsband 1996; Rolf HAGEN: Literatur. In: Braunschweigische Landesgeschichte im Überblick. Hrsg. von Richard Moderhack. 3. Auflage. Braunschweig 1979. S. 275–300.

26 STEINACKER (wie Anm. 23), S. 92.

27 Stephan August WINKELMANN: Begrif des Idealismus. Ein philosophisches Gespräch. In: Stephan August Winkelmann. Philosoph, Poet & Arzt. Mit einer Einführung v. Ingeborg Schnack. Braunschweig 1986 (Literarische Vereinigung Braunschweig, Bibliophile Schriften, 33). S. 23–58, *hier*: S. 57.

28 Wolfgang Robert GRIEPENKERL: Maximilian Robespierre. Trauerspiel in fünf Aufzügen. Nach dem Erstdruck Braunschweig 1849 hrsg., mit Erläuterungen und einem Nachwort versehen von Eberhard Rohse. Braunschweig 1989 (Literarische Vereini-

gung Braunschweig, Bibliophile Schriften, 36). S. 55. – Zu Griepenkerl vgl. das Nachwort von ROHSE u. DERS.: Literarische »Märzerrungenschaften«. Die Revolution von 1848 in Werken Braunschweiger Schriftsteller. In: Literatur in Braunschweig (wie Anm. 14). S. 55–110.

29 Ebda., S. 74.

30 Zitiert nach Horst DENKLER: Glanz u. Elend einer literarischen Region. Braunschweig in Vormärz, Nachmärz und Gründerzeit. In: Literatur in Braunschweig (wie Anm. 14). S. 17–27, *hier*: S. 25.

31 Vgl. u. a. Karin MAHLER: Eduard Schmelzkopf und die Zensur. Niederdeutsche Lyrik und politische Ausrichtung eines Braunschweiger Vormärzdichters. Bielefeld 1997 (Westfälische Beiträge zur niederdeutschen Philologie, Bd. 5), insbesondere S. 70–84. Vgl. auch die Datenbank des Niedersächsischen Ministeriums für Wissenschaft und Kultur: www.literatur-niedersachsen.de .

32 Zitiert nach August Heinrich HOFFMANN von Fallersleben: Ein Volksliederbuch. Hrsg. von Uli Otto. Hildesheim, Zürich, New York 1984. S. 39/40.

33 Vgl. u. a. Jürgen BORCHERT: Hoffmann von Fallersleben. Ein deutsches Dichterschicksal. Berlin 1991.

34 Vgl. zu Raabe u. v. a. Gabriele HENKEL: Raabe und Braunschweig 1870–1910. Lebenszeugnisse und Werke des Schriftstellers und Zeichners aus den Beständen der Stadt Braunschweig. Braunschweig 1998; Horst DENKLER: Wilhelm Raabe: Legende – Leben – Literatur. Tübingen 1989; Werner FULD: Wilhelm Raabe. Eine Biographie. München, Wien 1993; Hans-Werner PETER: Wilhelm Raabe. Der Dichter in seinen Federzeichnungen und Skizzen. Rosenheim 1983; Raabe-Verzeichnis. Bestände in Braunschweig, Marbach/Neckar und Wolfenbüttel. Mit einem Beitrag von Horst Denkler. Hrsg. von Manfred R. W. Garzmann u. Wolf-Dieter Schuegraf. Braunschweig 1985.

35 Horst DENKLER: Raabe, Wilhelm. In: Braunschweigisches Biographisches Lexikon (wie Anm. 14). S. 473/4.

36 Wilhelm RAABE: Sämtliche Werke. Im Auftrag der Braunschweigischen Wissenschaftlichen Gesellschaft hrsg. von Karl Hoppe. 12. Bd. Frau Salome. Die Innerste. Vom alten Proteus. Horacker. Bearbeitet von Hans Butzmann und Hans Oppermann. Göttingen 1969. S. 398.

37 Vgl. Georg RUPPELT: Scholz, Wilhelm. In: Braunschweigisches Biographisches Lexikon (wie Anm. 14). S. 538.

38 Vgl. Heiko POSTMA: Hagenmarkt und Mississippi. Der Erzähler Friedrich Gerstäcker. In: Literatur in Braunschweig (wie Anm. 14). S. 215–230.

39 Friedrich GERSTÄCKER: Die Regulatoren in Arkansas. Aus dem Waldleben Amerikas. Original-Ausgabe neu durchgesehen und hrsg. von Dietrich Theden. 16. Aufl. Berlin [um 1890].

40 Ricarda HUCH: Der dreißigjährige Krieg. Mit Illustrationen von Jacques Callot. 2. Bd. Frankfurt am Main 1974. (Zuerst erschienen 1914.). S. 809.

41 Adolf KIENE: Macht und Recht. Eine Geschichte aus dem Anfange des XVII. Jahrhunderts. Wolfenbüttel 1908. S. 34.

42 Adolf GLASER: Henning Braband. Historisches Trauerspiel in vier Aufzügen nebst einem Vorspiel. (Braunschweig 1857). Mit einem Nachwort und einer Bibliographie hrsg. von Eberhard Rohse. Braunschweig 1993 (Schriften der Literarischen Vereinigung Braunschweig, 40). – Zu Glaser vgl. das Nachwort von ROHSE und DERS.: Adolf Glaser als Braunschweiger Literat. In: Literatur in Braunschweig (wie Anm. 14). S. 155–214.

43 Vgl. Günther BOUCHÉ: »... und beehre mich Ihnen anzuzeigen.« Festschrift zum 150jährigen Bestehen des Unternehmens Westermann 1838–1988. Braunschweig 1988.

44 Vgl. Reinhard WÜRFFEL: Lexikon deutscher Verlage von A–Z. 1071 Verlage und 2800 Verlagssignete vom Anfang der Buchdruckerkunst bis 1945. Adressen, Daten, Fakten, Namen. Berlin 2000.

45 Vgl. u. a. Lexikon zur Geschichte und Gegenwart der Herzog August Bibliothek. Hrsg.

von Georg Ruppelt und Sabine Solf. Wiesbaden 1992; Beate NAGEL: Zur Geschichte der Universitätsbibliothek der Technischen Universität Braunschweig 1748–1972. Braunschweig 1988; Jubiläumsschrift 127 Jahre Stadtarchiv, 125 Jahre Stadtbibliothek, 75 Jahre Öffentliche Bücherei. Hrsg. von Manfred R. W. Garzmann u. Wolf-Dieter Schuegraf. Braunschweig 1985.

[46] Vgl. MARTINO (wie Anm. 20), passim.

[47] August KLINGEMANN: Kunst und Natur. Blätter aus meinem Reisetagebuch. Braunschweig 1823. Zit. nach Gerd BIEGEL: Alltag und Politik in Braunschweig zwischen 1800 und 1830. In: Die 175jährige Geschichte der Braunschweiger UNION – des ältesten Kaufmann-Vereins Deutschlands. Braunschweig 1993. S. 7–13, *hier*: S. 7. – Zur Braunschweiger Theatergeschichte vgl. u. a. Ralf EISINGER: Das Hagenmarkt-Theater in Braunschweig (1690–1861). Braunschweig 1990; 275 Jahre Theater in Braunschweig. Geschichte und Wirkung. Braunschweig 1965; 300 Jahre Theater in Braunschweig 1690–1990. Braunschweig 1990 (Braunschweiger Werkstücke, Reihe A, 19; der ganzen Reihe, 78); Braunschweiger Theaterzettel 1711 bis 1911. Ausgewählt und eingeleitet von Ralf Eisinger. Braunschweig 1990 (Literarische Vereinigung Braunschweig, Bibliophile Schriften, 37); Yorck Alexander HAASE: Theater. In: Braunschweigische Landesgeschichte im Überblick. Hrsg. von Richard Moderhack. 3. Auflage. Braunschweig 1979. S. 301–312.

[48] Vgl. Jost SCHILLEMEIT: Bonaventura. Der Verfasser der ›Nachtwachen‹. München 1973; DERS.: Studien zur Goethezeit. Hrsg. von Rosemarie Schillemeit. Göttingen 2006. S. 311–437.

[49] August KLINGEMANN: Nachtwachen von Bonaventura. Mit Illustrationen von Lovis Corinth. Hrsg. und mit einem Nachwort versehen von Jost Schillemeit. Frankfurt a. M. 1974. S. 99.

[50] Vgl. Jost SCHILLEMEIT: Die Ära Klingemann«. In: 300 Jahre Theater in Braunschweig (wie Anm. 35). S. 195–216.

[51] Vgl. Manfred R. W. GARZMANN: Das Theater am Hagenmarkt und am Steinweg und seine heimlichen, meist volkstümlichen Konkurrenten bis ins frühe 20. Jahrhundert. In: 300 Jahre Theater in Braunschweig (wie Anm. 35). S. 55–268.

[52] Ricarda HUCH: Braunschweig in meiner Kinderzeit. Braunschweig 1953. S. 34.

[53] Vgl. u. a. Thomas DUPKE: Hermann Löns. Mythos und Wirklichkeit. Hildesheim 1994.

[54] Hermann LÖNS: Ulenspeigels und Fritz von der Leines ausgewählte Lieder. Nebst Schulaufsätzen von Aadje Ziesenis und Ulenspeigels Selbstbiographie. Bad Pyrmont, Hannover 1928. S. 111.

[55] Ebda., S. 83.

[56] Hermann LÖNS: Duodez. Mit einem biographischen Beitrag und einer Zeittafel von Thomas Dupke. Wuppertal 2001 (verfasst 1911, zuerst in Buchform erschienen 1958). S. 5.

[57] Hermann LÖNS: Werke. Mein braunes Buch. Heidegeschichte. Mein buntes Buch. Beobachtungen in der Natur. Hannover, Hameln 1995. S. 57.

[58] Vgl. Robert MINDER: Lüneburger Heide, Worpswede und andere Heide- und Moorlandschaften. Essay. Bargfeld 2000; Walter GRÖLL: Auf alten Heidewegen. Die Entdeckung einer Landschaft zur Zeit der Postkutsche. Hamburg 1979; Andrea KIENDL: Die Lüneburger Heide. Fremdenverkehr und Literatur. Hamburg 1993 (Lebensformen, Bd. 6); Karl-Ludwig BARCKHAUSEN: Reisen in die Lüneburger Heide 1794–1894. Soltau 2003.

[59] Vgl. Jörg SCHILLING: Heimatkunstbewegung in Niedersachsen. Eine Untersuchung zu Leben und Werk Friedrich Freudenthals. Rinteln 1986.

[60] Vgl. RWLE MÖLLER und Bernd POLSTER: Celle. Das Stadtbuch. Bonn 2009. S. 113. – Zur Bearbeitung seines Hauptwerkes existiert 2010 eine Arbeitsstelle bei der Berlin-Brandenburgischen Akademie der Wissenschaften.

[61] Zwei Bände seiner »Werke« wurden publiziert: Otto BÖGEHOLZ: Alles ist Gefühl.

Diepenau 2002; DERS.: Gefühl ist alles. Mein zweites Buch. Diepenau 2005.

62 Vgl. Peter UTZ: Ausgehöhlte Gasse. Stationen der Wirkungsgeschichte von Schillers »Wilhelm Tell«. Königstein/Taunus 1984. S. 7–42.

63 Originalgetreuer Nachdruck in: Georg RUPPELT: Lüneburger Zeitreise durch Stadt und Region von 1859 bis 2009. Mit einem Ausblick auf 2029. Lüneburg 2009. S. 83–92.

64 ECKART (wie Anm. 1), S. 141. Vgl. auch Werner PREUSS: Lüneburger Autoren des 18. und 19. Jahrhunderts. Eine Auswahl. Hrsg.: Literarische Gesellschaft Lüneburg e. V. und Literaturbüro Lüneburg e. V. Lüneburg 1993 (Literatur im Heinrich-Heine-Haus Lüneburg, Bd. 3).

65 Vgl. Rolf MÜLLER: Schätze der Ratsbücherei Lüneburg. Eine traditionsreiche Bibliothek in modernem Gewand. Husum 2001.

66 Vgl. MARTINO (wie Anm. 20), S. 532 u. S. 203.

67 Vgl. Ilona BÜTTENBENDER: Theater in Niedersachsen. Mit Fotos von Karen Walter. Braunschweig 1989. S. 118.

68 Johann Wolfgang GOETHE: An Marianne Willemer am 26.9.1830. In: Briefe April–Oktober 1830. Goethes Werke. Hrsg. im Auftrag der Großherzogin Sophie von Sachsen. Bd. 47. Weimar 1892. S. 250.

69 Vgl. MARTINO (wie Anm. 20), S. 203.

70 Vgl. WÜRFFEL (wie Anm. 44), S. 681/2.

71 www.hermann-allmers.de/feldeinsamkeit.php (August 2010). Vgl. auch: Innen und Aussen – Heimat und Fremde. Hermann Allmers als Modell. Beiträge einer Tagung aus Anlass des 125. Jubiläums der Männer vom Morgenstern, Heimatbund an Elb- und Wesermündung e. V. im Jahre 2007. Hrsg. von Axel Behne. Bremerhaven 2008.

72 Zitiert nach Rolf STRUBE: Rainer Maria Rilke. »Das Meer ist die Historie dieses Landes.« In: Von Dichterfürsten und anderen Poeten, Bd. 2. S. 107–125, *hier*: S. 107/8. Vgl. auch Irmela KÖRNER: Heinrich Vogeler. »Ein nie gekannter menschlicher Zustand ist am Werden«. In: ebda., S. 113–117.

73 Vgl. ECKART (wie Anm. 1), S. 69.

74 Elise FINK: Brookklocken. Eine Auswahl ihrer Dichtungen zusammengestellt und eingeleitet von Georg von Lindern. Delmenhorst 1963. S. 59.

75 Vgl. zum Folgenden Karl Veit RIEDEL: Kulturelles Leben von der Aufklärung bis zur frühen Nachkriegszeit. In: Geschichte des Landes Oldenburg. Ein Handbuch. Im Auftrag der Oldenburgischen Landschaft hrsg. von Albrecht Eckhardt in Zusammenarbeit mit Heinrich Schmidt. Oldenburg 1987. S. 927–967; Paul RAABE: Wie Shakespeare durch Oldenburg reiste. Skizzen und Bilder aus der oldenburgischen Kulturgeschichte. Oldenburg 1986. S. 145–153; Oldenburg literarisch. Im Auftrag der Oldenburgischen Landschaft hrsg. von Dirk Grathoff und Raimund Hethey. Oldenburg 1992.

76 Vgl. ECKART (wie Anm. 1), S. 178.

77 Vgl. RAABE: Wie Shakespeare ... (wie Anmerkung 75), S. 226–232.

78 Zitiert nach Hermann WOHLGESCHAFT: Große Karl May Biographie. Leben und Werk. Paderborn 1994. S. 394.

79 Vgl. RAABE: Wie Shakespeare ... (wie Anmerkung 75), S. 321.

80 Vgl. Wikipedia-Eintrag »Tiroler Landeshymne« (August 2010).

81 Zitiert nach Karl KROLOW: Deutschland deine Niedersachsen. Ein Land, das es nicht gibt. Mit Illustrationen von Heinz Knoke. Hamburg 1972. S. 98.

82 Vgl. Dirk DASENBROCK: Ferdinand Hardekopf. In: Dichter, Denker, Eigenbrötler. 30 niedersächsische Klassiker. Hrsg. von Klaus Seehafer. Leer 2003. S. 220–224.

83 RIEDEL (wie Anm. 75), S. 940.

84 Vgl. zum Folgenden Gabriele HAVERMANN: Vom ungewollten Übel zur protegierten Institution – die Entwicklung des Theaterlebens unter den Großherzögen von Oldenburg. In: Dem Wohle Oldenburgs gewidmet. Aspekte kulturellen und sozialen Wirkens des Hauses Oldenburg 1773–1918. Hrsg. von der Oldenburgischen Landschaft. Oldenburg 2004. S. 135–149; RIEDEL (wie Anm. 75); BÜTTENBENDER (wie Anm. 67).

[85] RIEDEL (wie Anm. 75), S.950/1. Vgl. auch Carl HAASE: Anmerkungen zum Oldenburger Theater von 1870 bis 1918. In: Oldenburger Jahrbuch 83 (1983). S. 167–185; Hoftheater, Landestheater, Staatstheater. Beiträge zur Geschichte des oldenburgischen Theaters 1833–1983. Im Auftrage des Oldenburgischen Staatstheaters hrsg. von Heinrich Schmidt. Oldenburg 1983; Albrecht ECKHARDT: Repertoire einer Provinzbühne im Kaiserreich. Die Spielpläne des Großherzoglichen Theaters in Oldenburg 1870–1918. Göttingen 1983 (Veröffentlichungen der Niedersächsischen Archivverwaltung. Inventare und kleinere Schriften des Staatsarchivs in Oldenburg, H. 18); Karl-Heinz NEUMANN: Theater in Oldenburg. Wesen und Werden einer nordwestdeutschen Bühne. Oldenburg 1982.

[86] Vgl. Corinna ROEDER: Die öffentlichen Bibliotheken in Oldenburg und Eutin. In: Dem Wohle Oldenburgs gewidmet (wie Anmerkung 84). S. 151–157.

[87] Vgl. MARTINO (wie Anm. 20), passim.

[88] Vgl. auch Wolfgang BÜSING: Glück, Heil und Segen angewünscht. Familiengeschichtliche und heimatkundliche Beiträge aus dem Oldenburgischen. Oldenburg 1988. S. 134–141.

[89] Vgl. In Oldenburg gedruckt (wie Anm. 7); Gottfried SIELER: 200 Jahre Bücher am Schlossplatz in Oldenburg. Von der Schulzeschen Buchhandlung zur Buchhandlung Anna Thye. Mit einem Ausblick von Gerda Fritz. Oldenburg 2000. Vgl. auch: 200 Jahre Casino-Gesellschaft 1785–1985. Hrsg. von Werner Neumann-Nieschlag im Auftrage der Casino-Gesellschaft Oldenburg. Oldenburg 1985; Literarisch-geselliger Verein zu Oldenburg 1839–1989. Festschrift bearbeitet von Egbert Koolman. Oldenburg 1989; Heinz HOLZBERG: Im Zeichen der Högl'schen Vase. Buchhandlung G. Holzberg vorm. A. Wiechmanns Buchhandlung 1861 bis 1986. Oldenburg 1986.

[90] Sophie PATAKY: Lexikon deutscher Frauen der Feder. Bd. 1. Berlin 1898. S. 172.

[91] Vgl. Kostbarkeiten in Bibliotheken Niedersachsens. Zusammengestellt und bearbeitet von Maria Haldenwanger, Rolf Manfred Hasse u. Wolfgang Zick. Hannover 1996 (mb. Mitteilungsblatt der Bibliotheken in Niedersachsen und Sachsen-Anhalt, Sonderheft, H. 100). S. 7–9; Barbara LISON-ZIESSOW und Martin TIELKE: Die Geschichte der Landschaftsbibliothek. Aurich 1995; MARTINO (wie Anm. 20), S. 203 und S. 533.

[92] Vgl. Louis HAHN: Emdens Theaterwesen an der Wende vom 18. zum 19. Jahrhundert. In: Jahrbuch der Gesellschaft für bildende Kunst und vaterländische Altertümer zu Emden 25 (1937). S. 191–215.

[93] Vgl. Uwe ROEDER: Johannes a Lasco Bibliothek Große Kirche Emden. Ein Führer durch Bibliothek und Gebäude. Emden 2001.

[94] ECKART (wie Anm. 1), S. 55.

[95] Vgl. Johannes HAGEMANN: Levin Schücking. Der Dichter und sein Werk. Emsdetten 1959.

[96] Ludwig SCHRÖDER: Vorwort des Herausgebers. In: Levin SCHÜCKING: Hart am Rande. Leipzig 1904.

[97] Richard M. MEYER: Die deutsche Litteratur des Neunzehnten Jahrhunderts. Berlin 1900 (Das Neunzehnte Jahrhundert in Deutschlands Entwicklung, Bd. 3). S. 808/9.

[98] Vgl. Karl KOCH: Ach Weimar, geliebtes Weimar. Literarische, musikalische und theologische Spaziergänge durch die Klassikerstadt. Nordhorn 2006.

[99] www.literaturportal-westfalen.de (Juli 2010).

[100] Vgl. MARTINO (wie Anm. 20), S. 203 und 120.

[101] Vgl. BÜTTENBENDER (wie Anm. 67), S. 124–126.

[102] Vgl. Reinhard KROLLAGE: Theater in Osnabrück. »Ein tollkühnes Wagnis«. Osnabrücker Bühnengeschichte 1771 bis 1909 vor der Eröffnung des Hauses am Domhof. Osnabrück 2004.

[103] Rudolf BENSEN: Olle Bückebörger Döhnchen. Band 2. Zweite Auflage. 1906. S. 1.

[104] Vgl. Kostbarkeiten in Bibliotheken Niedersachsens (wie Anm. 91), S. 10–12; Hans-Peter SCHRAMM: Schaumburgische Bibliotheken in Früher Neuzeit und Moderne. In:

Zur Geschichte der Erziehung und Bildung in Schaumburg. Hrsg. von Hubert Höing. Bielefeld 2007. S. 574–585.

105 www.goethezeitportal.de (August 2009)

106 Vgl. Mechthild FENDEL: Literaturland Niedersachsen. Literarische Gedenkstätten, Museen und Stipendiatenstätten. Hrsg. von der Literarischen Gesellschaft Lüneburg e. V. Lüneburg [1996] (Literatur im Heinrich-Heine-Haus Lüneburg, Bd. 7). S. 23/24.

107 Vgl. auch Detlef CREYDT: Literaten und deren Erinnerungsstätten im Landkreis Holzminden. Holzminden 1988.

108 Vgl. WÜRFFEL (wie Anm. 44), S. 610.

109 Sibylle LEHMANN: Das fürstliche Schauspielhaus in Bad Pyrmont. Die Funktion eines Kurtheaters im 19. Jahrhundert. München 1994.

110 KROLOW (wie Anm. 81), S. 160.

111 Christoph SUIN DE BOUTEMARD: Heinrich Albert Oppermann. In: Dichter, Denker, Eigenbrötler. Dreißig niedersächsische Klassiker. Hrsg. von Klaus Seehafer. Leer 2003. S. 167–176. Vgl. auch Heinrich Albert Oppermann. Zivilgesellschaftliches Handeln in historischer und aktueller Perspektive. Hrsg. von Christoph Suin de Boutemard. St. Ingbert 2007 (Oppermann-Studien, Bd. 1).

112 Vgl. Matthias WEHRHAHN: Jacob und Wilhelm Grimm. »Komödianten, Huren und Professoren«. In: Von Dichterfürsten und anderen Poeten (wie Anm. 72). S. 43–47; Barbara BARTOS-HÖPPNER: »Wir wollen uns einmal nie trennen.« Jacob und Wilhelm Grimm. In: Dichter, Denker, Eigenbrötler (wie Anm. 111). S. 129–136.

113 www.gutzitiert.de (August 2010)

114 Viktor Welten [d. i. Hans Ellissen]: Gedenkbüchlein für Welt und Leben. Worte der Lebensweisheit. Leipzig [1890].

115 Zitiert nach www.wikipedia.de (Juli 2010)

116 Vgl. die Reihe der umfangreichen Göttinger Bibliotheksschriften. Bd. 1 ff. 1991 ff.

117 Vgl. Stephan FÜSSEL: Die Geschichte der Volksbibliothek Göttingen. 80 Jahre Stadtbibliothek Göttingen 1897–1977. Göttingen 1977.

118 Vgl. MARTINO (wie Anm. 20), S. 35 und S. 658/9 und passim.

119 Vgl. BÜTTENBENDER (wie Anm. 67), S. 94–96.

120 Vgl. Hugo THIELEN: Ey, Karl Julius Adolf. In: Dirk BÖTTCHER, Klaus MLYNEK, Waldemar R. RÖHRBEIN, Hugo THIELEN: Hannoversches Biographisches Lexikon. Von den Anfängen bis in die Gegenwart. Hannover 2002. S. 112.

121 Vgl. WÜRFFEL (wie Anm. 44), S. 495/6.

122 Vgl. Heiko POSTMA: Otto Erich Hartleben. »Scheint dir mein Reimgebäude imposant.« In: Von Dichterfürsten (wie Anm. 72). S. 79–83.

123 Vgl. Kostbarkeiten in Bibliotheken (wie Anm. 91), S. 22–25.

124 Vgl. MARTINO (wie Anm. 20), S. 204.

125 Die Lieder des Mirza Schaffy mit einem Prolog von Friedrich Bodenstedt. Berlin 1892. S. 186.

126 Von St. Petersburg nach Hildesheim. Festschrift zum 200jährigen Jubiläum des Hauses Gerstenberg 1792–1992. Hrsg. von Paul Raabe. Hildesheim 1992.

127 Vgl. MARTINO (wie Anm. 20), S. 191 und 203.

128 Vgl. BÜTTENBENDER (wie Anm. 67), S. 107/8.

129 Vgl. zum Folgenden Henning RISCHBIETER: Hannoversches Lesebuch oder: Was in Hannover und über Hannover geschrieben, gedruckt und gelesen wurde. 1. Bd.: 1650–1850. 2. Bd.: 1850–1950. Velber 1975–1978; Stadtlexikon Hannover. Von den Anfängen bis in die Gegenwart. Hrsg. von Klaus Mlynek und Waldemar R. Röhrbein mit Dirk Böttcher und Hugo Thielen. Hannover 2009.

130 Ebda. S. 16; vgl. auch Rudolf LANGE: Kleiner Spaziergang durch Hannovers Theatergeschichte. Hannover 1994 (Prinzenstraße. Hannoversche Hefte zur Theatergeschichte, H. 2).

131 Dieter BROSIUS, Klaus MEYER, Waldemar R. RÖHRBEIN: Geschichte der Stadt Hannover. Bd. 2: Vom Beginn des 19. Jahrhunderts bis in die Gegenwart. Hannover 1994. S. 329.

[132] BÜTTENBENDER (wie Anm. 67), S. 24.
[133] Vgl. WÜRFFEL (wie Anm. 44), passim.
[134] HENKEL (wie Anm. 8), S. 228/9.
[135] Vgl. Wolfgang GRIMPE: Ein steiniges Arbeitsfeld. Vom Buchhändler-Verband Hannover-Braunschweig zum Landesverband der Buchhändler und Verleger in Niedersachsen 1883 bis 1983. Hannover 1983.
[136] Vgl. MARTINO (wie Anm. 20), S. 169–174, S. 320/1, S. 648, S. 655.
[137] Vgl. u. a. Georg RUPPELT und Thomas FUCHS: Kostbarkeiten, Informationen, Begegnungen. Die Gottfried Wilhelm Leibniz Bibliothek – Niedersächsische Landesbibliothek stellt sich vor. Hameln 2007. S. 20–32.
[138] Vgl. Werner LAWRENZ: Die Anfänge des öffentlichen Büchereiwesens in Hannover. Göttingen 1978; Kostbarkeiten in Bibliotheken (wie Anm. 91), S. 47–53.
[139] Vgl. Harro ZIMMERMANN: Friedrich Schlegel oder Die Sehnsucht nach Deutschland. Die Biographie des ersten deutschen Intellektuellen. Paderborn 2009.
[140] Vgl. HENKEL (wie Anm. 8), S. 225/6.
[141] Zitiert nach RISCHBIETER, Bd. 1 (wie Anm. 129), S. 222/3.
[142] Ebda.,, S. 228/9.
[143] Vgl. Dieter BROSIUS, Klaus MEYER, Waldemar R. RÖHRBEIN: Geschichte der Stadt Hannover. Bd. 2: Vom Beginn des 19. Jahrhunderts bis in die Gegenwart. Hannover 1994. S. 303–391.
[144] Evangelisch-lutherisches Gesangbuch der Hannoverschen Landeskirche. Hannover 1883. S. 280.
[145] Erich ROSENDAHL: Niedersächsische Literaturgeschichte. Hildesheim, Leipzig 1932.
[146] Josef NADLER: Literaturgeschichte der deutschen Stämme und Landschaften. IV. Bd.: Der deutsche Staat. (1814–1914.) Erste und zweite Auflage. Regenburg 1928. S. 568/9.
[147] Heinrich HEINE: Historisch-kritische Gesamtausgabe (wie Anm. 1). Bd. 4. Atta Troll. Ein Sommernachtstraum; Deutschland. Ein Wintermärchen. Bearbeitet von Winfried Woesler. Hamburg 1985. S. 133/4.
[148] RISCHBIETER, Bd. 2 (wie Anm. 129), S. 47.
[149] MEYER (wie Anm. 97), S. 808/9.
Zum Folgenden vgl. auch BÖTTCHER u. a.: Hannoversches Biographisches Lexikon (wie Anm. 120).
[150] RISCHBIETER, Bd. 2 (wie Anm. 129), S. 105/6.
[151] Hugo THIELEN: Hirsch, Karl Jakob. In: BÖTTCHER u. a.: Hannoversches Biographisches Lexikon (wie Anm. 120). S. 170.
[152] Hugo THIELEN: Schwitters, Kurt. In: Ebda., S. 329/30.
[153] Vgl. Ulrich BREDEN: »Meine Anstellung war lebenslänglich und hörte 1933 auf.« Werner Kraft – Bibliothekar, Dichter, Literaturkritiker in Hannover. Hameln 2008 (Lesesaal. Kleine Spezialitäten aus der Gottfried Wilhelm Leibniz Bibliothek – Niedersächsische Landesbibliothek, H. 28).
[154] Theodor LESSING: Hindenburg. In: Prager Tagblatt, 25.04.1923. S. 3.
[155] Vgl. zum Folgenden Georg RUPPELT: Oskar Meding (Gregor Samarow) – Diplomat und Bestsellerautor zwischen Georg V. und Wilhelm I. In: Der lange Abschied. Das Ende des Königreichs Hannover 1866 und die Folgen. Hrsg. von Arne G. Drews. Göttingen 2009. S. 50–62 u. S. 110.
[156] Über Medings Verfahren, die oppositionelle Presse zu manipulieren und unter Druck zu setzen, vgl. RIESENER (wie Anm. 9), S. 470–476.
[157] Gregor SAMAROW: Um Szepter und Kronen. Zeitroman. Bd. 1–4. Stuttgart 1874. Bd. 1. S. 185/6.
[158] Theodor LESSING: Einmal und nie wieder. Gütersloh 1969. (Zuerst erschienen Prag 1935.) S. 166–170.
[159] Wilhelm BUSCH: The Genius of Wilhelm Busch. Comedy of Frustration. An English Anthology. Edited and Translated by Walter Arndt. Berkeley, Los Angeles, London 1982. S. 42.
[160] Vgl. Das Friedell Lesebuch. Hrsg. von Heribert Illig. München 1988. S. 223–226.
[161] So Alexander Dorner 1932, zitiert nach Eva WEISSWEILER: Wilhelm Busch. Der la-

chende Pessimist. Eine Biographie. Köln 2007. S. 142/3. Vgl. auch Gert UEDING: Wilhelm Busch. Das 19. Jahrhundert en miniature. Revidierte und erweiterte Neuausgabe. Frankfurt am Main 2007.

[162] Wilhelm BUSCH: Die Bildergeschichten. Historisch-kritische Gesamtausgabe. Im Auftrag der Wilhelm-Busch-Gesellschaft hrsg. von Herwig Guratzsch und Hans Joachim Neyer. Bd. 2: Reifezeit. Bearbeitet von Hans Ries. Unter Mitwirkung von Ingrid Haberland. 2., überarbeitete Auflage. Hannover 2007. Sp. 278.

[163] Wilhelm BUSCH: Die Bildergeschichten. Historisch-kritische Gesamtausgabe (wie Anm. 162). Bd. 3: Spätwerk. Bearbeitet von Hans Ries. Unter Mitwirkung von Ingrid Haberland. 2., überarbeitete Auflage. Hannover 2007. Sp. 1814–1837.

[164] Zitiert nach Richard CARSTENSEN: Typisch Niedersächsisch. Würzburg 2001. S. 9.

[165] KROLOW (wie Anm. 81), S. 114.

[166] Der Große Conrady. Das Buch deutscher Gedichte von den Anfängen bis zur Gegenwart. Erweiterte Neuausg. Ausgewählt und hrsg. von Karl Otto Conrady. Düsseldorf 2008. S. 512. – Von den in diesem Beitrag aufgeführten Schriftstellern sind darin außerdem vertreten: Heinrich Heine mit 26 Gedichten, Franz von Dingelstedt und Hermann Allmers mit je einem, Wilhelm Raabe, Ferdinand Hardekopf und Frank Wedekind mit je zwei, Karl Henckell mit drei, Gerrit Engelke mit vier, Kurt Schwitters mit fünf und August Heinrich Hoffmann von Fallersleben mit sechs Gedichten.

Literaturverzeichnis

Zitierte Primärliteratur

ASSMANN, Wilhelm: Gedenkbüchlein der Schillerfeier […] für Jung und Alt. 3. Abdruck. Braunschweig 1859.

BELANI, H. E. R. [d. i. Karl Ludwig HÄBERLIN]: Zwei Tage auf dem Brocken. Braunschweig 1830.

BLUMENHAGEN, Wilhelm: Gedichte. Hannover 1826.

BRINCKMEIER, Eduard: Geschichte des Jahres 1848. Ein Gedenkbuch für das deutsche Volk. Braunschweig 1849.

BRILL, Ludwig: Der Singschwan. Münster 1882.

BUSCH, Wilhelm: Die Bildergeschichten. Historisch-kritische Gesamtausgabe. Im Auftr. der Wilhelm-Busch-Gesellschaft hrsg. von Herwig Guratzsch und Hans Joachim Neyer. Bd. 3: Spätwerk. Bearb. von Hans Ries. Unter Mitw. Von Ingrid Haberland. 2. überarb. Aufl. Hannover 2007.

BUSCH, Wilhelm: Eduards Traum. München 1891.

BUSCH, Wilhelm: The Genius of Wilhelm Busch. Comedy of Frustration. An English Anthology. Edited and Translated by Walter Arndt. Berkeley, Los Angeles, London 1982.

DASSEL, Christian Konrad Jacob: Reise der Gutmannschen Zöglinge um unsere Erde. Hannover 1821.

DEDEKIND, Julie Marie Sophie: Die Eheverschreibung. Braunschweig 1893.

DEYE, Richard: Neue Gedichte. Oldenburg 1906.

DETMOLD, Johann Hermann: Anleitung zur Kunstkennerschaft. Hannover 1834.

DINCKLAGE, Emmy von: Geschichten aus dem Emslande. Leipzig 1872.

ECKERMANN, Johann Peter: Gespräche mit Goethe in den letzten Jahren seines Lebens. Leipzig 1876.

ERNST, Paul: Der schmale Weg zum Glück. Stuttgart 1904.

EUCKEN, Rudolf: Lebenserinnerungen. Ein Stück deutschen Lebens. Leipzig 1921.

EY, Adolf: Bekenntnisse eines alten Schulmeisters. Berlin 1914.

FINK, Elise: Brookklocken. Eine Auswahl ihrer Dichtungen zusammengestellt und eingeleitet von Georg von Lindern. Delmenhorst 1963.

FONTANE, Theodor; LEPEL, Bernhard von: Ein Freundschafts-Briefwechsel. München 1940.

Friedrich Schiller. Festreden der Schüler des Handels-Instituts zu Osnabrück. Osnabrück 1860.

GERSTÄCKER, Friedrich: Die Regulatoren in Arkansas. Aus dem Waldleben Amerikas. Original-Ausg. Neu durchges. und hrsg. von Dietrich Theden. 16. Aufl. Berlin [um 1890].

GLASER, Adolf: Henning Braband. Historisches Trauerspiel in vier Aufzügen nebst einem Vorspiel. (Braunschweig 1857). Mit einem Nachwort und einer Bibliographie hrsg. von Eberhard Rohse. Braunschweig 1993 (Schriften der Literarischen Vereinigung Braunschweig, 40).

GOETHE, Johann Wolfgang: Tag- und Jahres-Hefte als Ergänzung meiner sonstigen Bekenntnisse, von 1749 bis 1806. 1801. Goethes Werke. Hrsg. im Auftrag der Großherzogin Sophie von Sachsen. 35. Bd. Weimar 1892.

GRAMBERG, Gerhard Anton: Gedichte. Oldenburg 1816.

GRIEPENKERL Wolfgang Robert: Maximilian Robespierre. Trauerspiel in fünf Aufzügen. Nach d. Erstdruck Braunschweig 1849 hrsg., mit Erl. u. e. Nachw. vers. von Eberhard Rohse (Literarische Vereinigung Braunschweig. Bibliophile Schriften, 36).
HAIDHEIM, Luise [d. i. Luise AHLBORN]: Johann Duve. Jena 1897.
HALEM, Gerhard Anton von: Schriften. Band 1. Prosaische Aufsätze. Münster 1803.
HARTLEBEN, Otto Erich: Meine Verse. Berlin 1905.
HEIMBURG, Ernst von: Zeichnungen nach Natur und Phantasie. Oldenburg 1807.
HEINE, Heinrich: Historisch-kritische Gesamtausgabe. In Verbindung mit dem Heinrich-Heine-Institut herausgegeben von Manfred Windfuhr im Auftrag der Landeshauptstadt Düsseldorf. Bd. 1–16. Hamburg 1973–1997.
HEINE, Heinrich: Im Pavillon am Jungfernstieg. Eine literarische Reise von Helgoland bis in den Harz. Hrsg. von Jan-Christoph Hauschild. Hamburg 2006.
HEINRICHS, Emilie: Leibrenten. Hannover 1866.
HENCKELL, Karl: Gedichte. Zürich 1898.
HENZE, Wilhelm: Eck segge man bloß. Hannover 1917.
HEUSINGER, Christian: Braunschweig in seiner Betheiligung an der Deutschen Volkserhebung. Rückblicke und Zeitbilder. Braunschweig 1849.
HOFFMANN von Fallersleben, August Heinrich: Ein Volksliederbuch. Hrsg. von Uli Otto. Hildesheim, Zürich, New York 1984.
HOLST, Adolf: Die Schule im Walde. Oldenburg 1931.
HUCH, Ricarda: Braunschweig in meiner Kinderzeit. Braunschweig 1953.
HUCH, Ricarda: Der dreißigjährige Krieg. Mit Illustrationen von Jacques Callot. Zweiter Band. Frankfurt am Main 1974.
HUCH, Rudolf: Aus dem Tagebuch eines Höhlenmolches. Leipzig 1896.
NIEDMANN, Karl Christian Friedrich: Die Verschwörung in Krähwinkel. Historisch-romantische Tragi-Comödie in vier Aufzügen. Anhang zu »Krähwinkel wie es ist«. Hamburg 1829.
KIENE, Adolf: Macht und Recht. Eine Geschichte aus dem Anfange des XVII. Jahrhunderts. Wolfenbüttel 1908.
KLENCKE, Hermann: Aus Hannovers Gegenwart. Eine politische Novelle. Leipzig 1868.
KLINGEMANN, August: Kunst und Natur. Blätter aus meinem Reisetagebuch. Braunschweig 1823.
KLINGEMANN, August: Nachtwachen von Bonaventura. Mit Illustrationen von Lovis Corinth. Hrsg. u. mit einem Nachwort versehen von Jost Schillemeit. Frankfurt am Main 1974.
LAFONTAINE, August Heinrich Julius: Clara du Plessis und Clairant. Eine Familiengeschichte französischer Emigranten. Hrsg., erläutert und mit einem Nachwort versehen von Evi Rietzschel. München 1986 (zuerst erschienen 1795, 3. Aufl. 1801 – Bibliothek des 18. Jahrhunderts).
LESSING, Theodor: Einmal und nie wieder. Gütersloh 1969 (zuerst erschienen Prag 1935).
LESSING, Theodor: Hindenburg. In: Prager Tagblatt, 25.04.1923.
LEWALD-JANSEN, Emmi: Unter den Blutbuchen. Berlin 1915.
LÖNS, Hermann: Duodez. Mit einem biographischen Beitrag und einer Zeittafel von Thomas Dupke. Wuppertal 2001.
LÖNS, Hermann. Der kleine Rosengarten. Volkslieder. Jena 1911.
LÖNS, Hermann: Ulenspeigels und Fritz von der Leines ausgewählte Lieder. Nebst Schulaufsätzen von Aadje Ziesenis und Ulenspeigels Selbstbiographie. Bad Pyrmont, Hannover 1928.
LÖNS, Hermann: Der Wehrwolf. Jena 1910.
LÖNS, Hermann: Werke. Mein braunes Buch. Heidegeschichte. Mein buntes Buch. Beobachtungen in der Natur. Hannover, Hameln 1995.
MALTITZ, Hermann von [d. i. Hermann KLENCKE]: Der Braunschweig'sche Hof und der Abt Jerusalem. Leipzig 1863.
MOMMSEN, Tycho: Die Schillerfeiern der höheren Bürgerschule am 10. November 1859.

In: Siebzehntes Programm der Vorschule und höheren Bürgerschule zu Oldenburg. Oldenburg 1860. S. 2–23.

MÜNCHHAUSEN, Börries von: Gedichte. Göttingen 1897.

NAUMANN, Ferdinand: Die Schiller-Feier in Hameln. Bericht. Hannover 1859.

OPPERMANN, Heinrich Albert: Hannoversche Zustände seit dem 24. Februar 1848. Bremen 1849.

POCKELS, Carl Friedrich: Miscellen für Freunde und Freundinnen des ernsten Nachdenkens und des schuldlosen Frohsinns. Hannover 1803.

Programm des Fackelzuges zur öffentlichen Schiller-Feier zu Hannover am 10. November 1859. Hannover 1859.

RAABE, Wilhelm: Sämtliche Werke. Im Auftrag der Braunschweigischen Wissenschaftlichen Gesellschaft hrsg. von Karl Hoppe. 12. Bd.: Frau Salome. Die Innerste. Vom alten Proteus. Horacker. Bearbeitet von Hans Butzmann und Hans Oppermann. Göttingen 1969.

RODE, Otto: Schiller-Feier des Handels-Instituts zu Osnabrück. Osnabrück 1859.

RODENBERG, Julius: Lieder. Hannover 1862.

ROGGE, Friedrich Wilhelm. Gedichte. Göttingen 1830.

ROMMEL, Ernst: Schillerfeier des Künstlervereins zu Hannover. Poesie und Kunst. Festgedicht zur Feier des hundertjährigen Geburtstages Friedrich von Schiller's. Am 11. November 1859 im Königlichen Hoftheater gesprochen vom Verfasser. Hannover 1859.

ROSE, Felicitas: Heideschulmeister Uwe Karsten. Berlin u. a. 1920.

SAMAROW, Gregor [d. i. Oskar MEDING]: Um Szepter und Kronen. Zeitroman. Bd. 1–4. Stuttgart 1874.

Die Schillerfeier im Casino, 9. November 1859. Veranstaltet von dem literarisch-geselligen Verein in Oldenburg. Oldenburg 1859.

Die Schiller-Feier in Braunschweig. In: Reichs-Zeitung Braunschweig vom 12. November 1895. S. 1.

SCHMELZKOPF, Eduard: Immen. Braunschweig 1846.

SCHOLZ, Wilhelm: Fünfzehn Jahre mit Wilhelm Raabe. Braunschweig 1912.

SCHÜCKING, Levin: Hart am Rande. Leipzig 1887.

SCHÜLTENBÜRGER, Schorse [d. i. Heinz HONIG]: Vergnügte Geschichten aus dem alten Göttingen in Göttinger Mundart, Messingsch und Platt. Göttingen 1917.

SEIFART, Karl: Märchen, Schwänke und Gebräuche aus Stadt und Stift Hildesheim. Göttingen 1854.

SÖHLE, Karl: Schummerstunde. Bilder und Gestalten aus der Lüneburger Heide. Leipzig 1926.

SPIELHAGEN, Friedrich: Die Dorfcoquette. Leipzig 1872.

STEIGENTESCH, August Freiherr von: Lustspiele. Leipzig 1861.

STENDHAL: Tagebuch in Braunschweig. Neu herausgeben. Braunschweig 1964 (Literarische Vereinigung Braunschweig, Bibliophile Schriften, 11).

STRACKERJAN, Ludwig: Aberglaube und Sagen aus dem Herzogtum Oldenburg. Oldenburg 1867.

STRAUSS UND TORNEY Lulu von: Gedichte. Göttingen 1898.

STROMBECK, Karl: Darstellungen aus meinem Leben und aus meiner Zeit. Braunschweig 1835.

THORBECKE, Karl: Lieder. Berlin 1814.

WINKELMANN, Stephan August: Begrif des Idealismus. Ein philosophisches Gespräch. In: Stephan August Winkelmann. Philosoph, Poet & Arzt. Mit e. Einf. v. Ingeborg Schnack. Braunschweig 1986 (Literarische Vereinigung Braunschweig, Bibliophile Schriften, 33).

WOTHE, Anny: Heidezauber. Berlin 1919.

Sekundärliteratur

200 Jahre Casino-Gesellschaft 1785–1985. Hrsg. von Werner Neumann-Nieschlag im Auftrage der Casino-Gesellschaft Oldenburg. Oldenburg 1985.

275 Jahre Theater in Braunschweig. Geschichte und Wirkung. Braunschweig 1965.

300 Jahre Theater in Braunschweig 1690–1990. Braunschweig 1990.

BARCKHAUSEN, Karl-Ludwig: Reisen in die Lüneburger Heide 1794–1894. Soltau 2003.

BARTOS-HÖPPNER, Barbara: »Wir wollen uns einmal nie trennen.« Jacob und Wilhelm Grimm. In: Dichter, Denker, Eigenbrötler. 30 niedersächsische Klassiker. Hrsg. von Klaus Seehafer. Leer 2003. S. 129–136.

BIEGEL, Gerd: Alltag und Politik in Braunschweig zwischen 1800 und 1830. In: Die 175jährige Geschichte der Braunschweiger UNION – des ältesten Kaufmann-Vereins Deutschlands. Braunschweig 1993. S. 7–13.

BÖTTCHER, Dirk; MLYNEK Klaus; RÖHRBEIN, Waldemar R.; THIELEN, Hugo: Hannoversches Biographisches Lexikon. Von den Anfängen bis in die Gegenwart. Hannover 2002.

BORCHERT, Jürgen: Hoffmann von Fallersleben. Ein deutsches Dichterschicksal. Berlin 1991.

BOUCHÉ, Günther: »... und beehre mich Ihnen anzuzeigen.« Festschrift zum 150jährigen Bestehen des Unternehmens Westermann 1838–1988. Braunschweig 1988.

Braunschweigisches Biographisches Lexikon. 19. und 20. Jahrhundert. Im Auftrag der Braunschweigischen Landschaft e. V. hrsg. von Horst-Rüdiger Jarck und Günter Scheel. Hannover 1996.

Die Braunschweigische Landesgeschichte. Jahrtausendrückblick einer Region. Hrsg. von Horst-Rüdiger Jarck und Gerhard Schildt. Braunschweig 2000.

Braunschweigische Landesgeschichte im Überblick. Hrsg. v. Richard Moderhack. 3. Aufl. Braunschweig 1976.

Braunschweiger Stadtlexikon. Hrsg. v. Luitgart Camerer, Manfred R. W. Garzmann u. Wolf-Dieter Schuegraf. Braunschweig 1996.

Braunschweiger Stadtlexikon. Ergänzungsband. Hrsg. im Auftrag der Stadt Braunschweig von Manfred R. W. Garzmann und Wolf-Dieter Schuegraf unter wesentlicher Mitarb. von Norman-Mathias Pingel. Braunschweig 1996.

Braunschweiger Theaterzettel 1711 bis 1911. Ausgew. u. eingel. von Ralf Eisinger. Braunschweig 1990 (Literarische Vereinigung Braunschweig, Bibliophile Schriften, 37).

BREDEN, Ulrich: »Meine Anstellung war lebenslänglich und hörte 1933 auf.« Werner Kraft – Bibliothekar, Dichter, Literaturkritiker in Hannover. Hameln 2008. (Lesesaal. Kleine Spezialitäten aus der Gottfried Wilhelm Leibniz Bibliothek – Niedersächsische Landesbibliothek, H. 28).

BROSIUS, Dieter; MEYER, Klaus; RÖHRBEIN, Waldemar R.: Geschichte der Stadt Hannover. Bd. 2: Vom Beginn des 19. Jahrhunderts bis in die Gegenwart. Hannover 1994.

BÜSING, Wolfgang: Glück, Heil und Segen angewünscht. Familiengeschichtliche und heimatkundliche Beiträge aus dem Oldenburgischen. Oldenburg 1988.

BÜTTENBENDER, Ilona: Theater in Niedersachsen. Mit Fotos von Karen Walter. Braunschweig 1989.

CARSTENSEN, Richard: Typisch Niedersächsisch. Würzburg 2001.

CONRADY, Karl Otto (Hrsg.): Der Große Conrady. Das Buch deutscher Gedichte von den Anfängen bis zur Gegenwart. Erweiterte Neuausgabe. Düsseldorf 2008.

CREYDT, Detlef: Literaten und deren Erinnerungsstätten im Landkreis Holzminden. Holzminden 1988.

DASENBROCK, Dirk: Ferdinand Hardekopf. In: Dichter, Denker, Eigenbrötler. 30 niedersächsische Klassiker. Hrsg. von Klaus Seehafer. Leer 2003. S. 220–224.

DENKLER, Horst: Glanz u. Elend einer literarischen Region. Braunschweig in Vormärz,

Nachmärz und Gründerzeit. In: Literatur in Braunschweig zwischen Vormärz und Gründerzeit. Beiträge zum Kolloquium der Literarischen Vereinigung Braunschweig vom 22. bis 24. Mai 1992. Hrsg. von Herbert Blume und Eberhard Rohse. Braunschweig 1993. S. 17–27.

DENKLER, Horst: Wilhelm Raabe: Legende – Leben – Literatur. Tübingen 1989.

DENKLER: Raabe, Wilhelm. In: Braunschweigisches Biographisches Lexikon, 19. und 20. Jahrhundert. Im Auftrag der Braunschweigischen Landschaft e. V. hrsg. von Horst-Rüdiger Jarck und Günter Scheel. Hannover 1996. S. 473/4.

Dichter, Denker, Eigenbrötler. 30 niedersächsische Klassiker. Hrsg. von Klaus Seehafer. Leer 2003.

DUPKE, Thomas: Hermann Löns. Mythos und Wirklichkeit. Hildesheim 1994.

ECKART, Rudolf: Lexikon der Niedersächsischen Schriftsteller von den ältesten Zeiten bis zur Gegenwart. Osterwieck 1891 (Nachdruck Hildesheim, New York 1974).

ECKHARDT, Albrecht: Repertoire einer Provinzbühne im Kaiserreich. Die Spielpläne des Großherzoglichen Theaters in Oldenburg 1870–1918. Göttingen 1983 (Veröffentlichungen der Niedersächsischen Archivverwaltung. Inventare und kleinere Schriften des Staatsarchivs in Oldenburg, H. 18).

EISINGER, Ralf: Das Hagenmarkt-Theater in Braunschweig (1690–1861). Braunschweig 1990 (Braunschweiger Werkstücke, Reihe A, 19; der ganzen Reihe, 78).

Evangelisch-lutherisches Gesangbuch der Hannoverschen Landeskirche. Hannover 1883.

FENDEL, Mechthild: Literaturland Niedersachsen. Literarische Gedenkstätten, Museen und Stipendiatenstätten. Hrsg. von der Literarischen Gesellschaft Lüneburg e. V. Lüneburg [1996] (Literatur im Heinrich-Heine-Haus Lüneburg, Bd. 7).

Das Friedell Lesebuch. Hrsg. von Heribert Illig. München 1988.

FULD, Werner: Wilhelm Raabe. Eine Biographie. München, Wien 1993.

FÜSSEL, Stephan: Die Geschichte der Volksbibliothek Göttingen. 80 Jahre Stadtbibliothek Göttingen 1897–1977. Göttingen 1977.

GARZMANN, Manfred R. W.: Das Theater am Hagenmarkt und am Steinweg und seine heimlichen, meist volkstümlichen Konkurrenten bis ins frühe 20. Jahrhundert. In: 300 Jahre Theater in Braunschweig 1690–1990. Braunschweig 1990. S. 55–268.

Geschichte des Landes Oldenburg. Ein Handbuch. Im Auftrag der Oldenburgischen Landschaft hrsg. von Albrecht Eckhardt in Zusammenarbeit mit Heinrich Schmidt. Oldenburg 1987.

GRAB, Walter; FRIESEL, Uwe: Noch ist Deutschland nicht verloren. Eine historisch-politische Analyse unterdrückter Lyrik von der Französischen Revolution bis zur Reichsgründung. München 1970.

GRIMPE, Wolfgang: Ein steiniges Arbeitsfeld. Vom Buchhändler-Verband Hannover-Braunschweig zum Landesverband der Buchhändler und Verleger in Niedersachsen 1883 bis 1983. Hannover 1983.

GRÖLL, Walter: Auf alten Heidewegen. Die Entdeckung einer Landschaft zur Zeit der Postkutsche. Hamburg 1979.

GRUBER, Johann Gottfried: August Lafontaine's Leben und Wirken. Halle/Saale 1833.

HAASE, Carl: Anmerkungen zum Oldenburger Theater von 1870 bis 1918. In: Oldenburger Jahrbuch 83 (1983). S. 167–185.

HAASE, Yorck Alexander: Theater. In: Braunschweigische Landesgeschichte im Überblick. Hrsg. Von Richard Moderhack. 3. Aufl. Braunschweig 1979. S. 301–312.

HAGEMANN, Johannes: Levin Schücking. Der Dichter und sein Werk. Emsdetten 1959.

HAHN, Louis: Emdens Theaterwesen an der Wende vom 18. zum 19.Jahrhundert. In: Jahrbuch der Gesellschaft für bildende Kunst und vaterländische Altertümer zu Emden 25 (1937). S. 191–215.

HAUSCHILD, Jan-Christoph; WERNER, Michael: »Der Zweck des Lebens ist das Leben selbst.« Heinrich Heine. Eine Biographie. Köln 1997.

HAVERMANN, Gabriele: Vom ungewollten Übel zur protegierten Institution – die Entwicklung des Theaterlebens unter den Großherzögen von Oldenburg. In: Dem Wohle Oldenburgs gewidmet. Aspekte kulturellen und sozialen Wirkens des Hauses Oldenburg 1773–1918. Hrsg. von der Oldenburgischen Landschaft. Oldenburg 2004. S. 135–149.

Heinrich Albert Oppermann: Zivilgesellschaftliches Handeln in historischer und aktueller Perspektive. Herausgegeben von Christoph Suin de Boutemard. St. Ingbert 2007 (Oppermann-Studien Bd. 1).

HENKEL, Anne-Katrin: Bibliotheken und Lektüreangebot in der Residenzstadt Hannover. Aspekte der Literaturversorgung im Vormärz. In: Archiv für Geschichte des Buchwesens 49 (1998). S. 221–265.

HENKEL, Gabriele: Raabe und Braunschweig 1870–1910. Lebenszeugnisse und Werke des Schriftstellers und Zeichners aus den Beständen der Stadt Braunschweig. Braunschweig 1998.

Hoftheater, Landestheater, Staatstheater. Beiträge zur Geschichte des oldenburgischen Theaters 1833–1983. Im Auftrage des Oldenburgischen Staatstheaters hrsg. von Heinrich Schmidt. Oldenburg 1983.

HOLZBERG, Heinz: Im Zeichen der Högl'schen Vase. Buchhandlung G. Holzberg vorm. A. Wiechmanns Buchhandlung 1861 bis 1986. Oldenburg 1986.

In Oldenburg gedruckt. Drucke, Drucker und Druckereien in Oldenburg seit 1599. Herausgegeben von Egbert Koolmann und Lioba Meyer. Oldenburg 1999.

Innen und Aussen – Heimat und Fremde. Hermann Allmers als Modell. Beiträge einer Tagung aus Anlass des 125. Jubiläums der Männer vom Morgenstern, Heimatbund an Elb- und Wesermündung e. V. im Jahre 2007. Hrsg. von Axel Behne. Bremerhaven 2008.

Jubiläumsschrift 127 Jahre Stadtarchiv, 125 Jahre Stadtbibliothek, 75 Jahre Öffentliche Bücherei. Hrsg. v. Manfred R. W. Garzmann u. Wolf-Dieter Schuegraf. Braunschweig 1985.

KIENDL, Andrea: Die Lüneburger Heide. Fremdenverkehr und Literatur. Hamburg 1993 (Lebensformen, Bd. 6).

KOCH, Karl: Ach Weimar, geliebtes Weimar. Literarische, musikalische und theologische Spaziergänge durch die Klassikerstadt. Nordhorn 2006.

KÖRNER, Irmela: Heinrich Vogeler. »Ein nie gekannter menschlicher Zustand ist am Werden«. In: Von Dichterfürsten und anderen Poeten. Kleine niedersächsische Literaturgeschichte. Bd. 2: Siebenunddreißig Portraits von Stendhal bis Arno Schmidt. Hrsg. von Jürgen Peters und Wilhelm Heinrich Pott. Hannover 1994. S. 113–117.

Kostbarkeiten in Bibliotheken Niedersachsens. Zusammengestellt und bearbeitet von Maria Haldenwanger, Rolf Manfred Hasse u. Wolfgang Zick. Hannover 1996 (mb. Mitteilungsblatt der Bibliotheken in Niedersachsen und Sachsen-Anhalt. Sonderheft, H. 100).

KROLLAGE, Reinhard: Theater in Osnabrück. »Ein tollkühnes Wagnis«. Osnabrücker Bühnengeschichte 1771 bis 1909 vor der Eröffnung des Hauses am Domhof. Osnabrück 2004.

KROLOW, Karl: Deutschland deine Niedersachsen. Ein Land, das es nicht gibt. Mit Illustrationen von Heinz Knoke. Hamburg 1972.

LANGE, Rudolf: Kleiner Spaziergang durch Hannovers Theatergeschichte. Hannover 1994 (Prinzenstraße. Hannoversche Hefte zur Theatergeschichte, H. 2).

LAWRENZ, Werner: Die Anfänge des öffentlichen Büchereiwesens in Hannover. Göttingen 1978.

LEHMANN, Sibylle: Das fürstliche Schauspielhaus in Bad Pyrmont. Die Funktion eines Kurtheaters im 19. Jahrhundert. München 1994.

Lexikon zur Geschichte u. Gegenwart d. Herzog August Bibliothek. Hrsg. von Georg Ruppelt und Sabine Solf. Wiesbaden 1992.

LISON-ZIESSOW, Barbara; TIELKE, Martin: Die Geschichte der Landschaftsbibliothek. Aurich 1995.

Literarisch-geselliger Verein zu Oldenburg 1839–1989. Festschrift bearbeitet von Egbert Koolman. Oldenburg 1989.

Literarische Harzreisen. Bilder und Realität einer Region zwischen Romantik und Moderne.

Hrsg. von Cord-Friedrich Berghahn, Herbert Blume, Gabriele Henkel und Eberhard Rohse. Bielefeld 2008 (Braunschweiger Beiträge zur deutschen Sprache und Literatur, Bd. 20).

Literatur in Braunschweig zwischen Vormärz und Gründerzeit. Beiträge zum Kolloquium der Literarischen Vereinigung Braunschweig vom 22. bis 24. Mai 1992. Hrsg. von Herbert Blume und Eberhard Rohse. Braunschweig 1993.

LUDEWIG, Hans-Ulrich: Der Dichter als Historiker. Hermann Klenckes Romane als Quellen zur braunschweigischen Geschichte. In: Literatur in Braunschweig zwischen Vormärz und Gründerzeit. Beiträge zum Kolloquium der Literarischen Vereinigung Braunschweig vom 22. bis 24. Mai 1992. Hrsg. von Herbert Blume und Eberhard Rohse. Braunschweig 1993. S. 133–153.

MAHLER, Karin: Eduard Schmelzkopf und die Zensur. Niederdeutsche Lyrik und politische Ausrichtung eines Braunschweiger Vormärzdichters. Bielefeld 1997 (Westfälische Beiträge zur niederdeutschen Philologie, Bd. 5).

MARTINO, Alberto: Die deutsche Leihbibliothek. Geschichte einer literarischen Institution (1756–1914). Wiesbaden 1990 (Beiträge zum Buch- und Bibliothekswesen, 29).

MEYER, Richard M.: Die deutsche Litteratur des Neunzehnten Jahrhunderts. Berlin 1900 (Das Neunzehnte Jahrhundert in Deutschlands Entwicklung, Bd. 3).

MINDER, Robert: Lüneburger Heide, Worpswede und andere Heide- und Moorlandschaften. Essay. Bargfeld 2000.

MÖLLER, RWLE; POLSTER, Bernd: Celle. Das Stadtbuch. Bonn 2009.

MÜLLER, Klaus-Peter: Zensur in Oldenburg. Ein Überblick. In: In Oldenburg gedruckt. Drucke, Drucker und Druckereien in Oldenburg seit 1599. Gemeinsame Ausstellung des Stadtmuseums Oldenburg, der Landesbibliothek Oldenburg und des Druckereimuseums Sandkrug vom 13. Juni bis 22. August 1999. Hrsg. von Egbert Koolman und Lioba Meyer. Oldenburg 1999. S. 252–274.

MÜLLER, Rolf: Schätze der Ratsbücherei Lüneburg. Eine traditionsreiche Bibliothek in modernem Gewand. Husum 2001.

MÜLLER, Klaus-Peter: Die Zensur in Oldenburg von den Karlsbader Beschlüssen 1819 bis zum Reichspressegesetz 1874. In: Oldenburger Jahrbuch 99 (1999). S. 57–97.

NADLER, Josef: Literaturgeschichte der deutschen Stämme und Landschaften. Bd. 4: Der deutsche Staat. (1814–1914.) Regenburg 1928.

NEUMANN, Karl-Heinz: Theater in Oldenburg. Wesen und Werden einer nordwestdeutschen Bühne. Oldenburg 1982.

OBERHAUSER, Fred und Axel KAHRS unter Mitarbeit von Detlef Ignasiak, Peter Neumann und Gerd Holzheimer: Literarischer Führer Deutschland. Frankfurt am Main, Leipzig 2008.

Oldenburg Literarisch. Im Auftrag der Oldenburgischen Landschaft hrsg. von Dirk Grathoff und Raimund Hethey. Oldenburg 1992.

OTTO, Reinhard: Worte der Weihe am hundertjährigen Geburtstage Schiller's [...] in der Aegidienkirche zu Braunschweig [...] auch bei der Schillerfeier in Wolfenbüttel. O. O. [1859].

OTTO, Reinhard: Prolog zur hundertjährigen Geburtstagsfeier Schiller's, gesprochen [...] in [...] Braunschweig [...], derselbe Prolog wurde bei der Schillerfeier im Stadttheater zu Stade gesprochen. Braunschweig 1859.

PATAKY, Sophie: Lexikon deutscher Frauen der Feder. Berlin 1898.

PETER, Hans-Werner: Wilhelm Raabe. Der Dichter in seinen Federzeichnungen und Skizzen. Rosenheim 1983.

PLACHTA, Bodo: Zensur. Stuttgart 2006.

POSTMA, Heiko: Hagenmarkt und Mississippi. Der Erzähler Friedrich Gerstäcker. In: Literatur in Braunschweig zwischen Vormärz und Gründerzeit. Beiträge zum Kolloquium der Literarischen Vereinigung Braunschweig vom 22. bis 24. Mai 1992. Hrsg. von Herbert Blume und Eberhard Rohse. Braunschweig 1993. S. 215–230.

POSTMA, Heiko: Otto Erich Hartleben. »Scheint dir mein Reimgebäude imposant.« In: Von Dichterfürsten und anderen Poeten. Kleine niedersächsische Literaturgeschichte.

Bd. 2. Siebenunddreißig Portraits von Stendhal bis Arno Schmidt. Hrsg. von Jürgen Peters und Wilhelm Heinrich Pott. Hannover 1994. S. 79–83.

PREUSS, Werner: Lüneburger Autoren des 18. und 19. Jahrhunderts. Eine Auswahl. Hrsg. von Literarische Gesellschaft Lüneburg e. V. und Literaturbüro Lüneburg e. V. Lüneburg 1993 (Literatur im Heinrich-Heine-Haus Lüneburg, Bd. 3).

RAABE, Paul: Wie Shakespeare durch Oldenburg reiste. Skizzen und Bilder aus der oldenburgischen Kulturgeschichte. Oldenburg 1986.

Raabe-Verzeichnis. Bestände in Braunschweig, Marbach/Neckar und Wolfenbüttel. Mit einem Beitrag von Horst Denkler. Hrsg. von Manfred R. W. Garzmann und Wolf-Dieter Schuegraf. Braunschweig 1985.

REHERMANN, Ernst Heinrich: Zentralisierungs- und Verschärfungstendenzen bei der Handhabung des Zensurgesetzes gegenüber Leihbibliotheken und Lesegesellschaften im Königreich Hannover von 1831 bis 1848. In: Die Leihbibliothek als Institution d. literarischen Lebens. Organisationsformen, Bestände und Publikum. Arbeitsgespräch in der Herzog August Bibliothek Wolfenbüttel, 30. September bis 1. Oktober 1977. Hrsg. von Georg Jäger und Jörg Schönert. Hamburg 1980. S. 311–323.

RIEDEL, Karl Veit: Kulturelles Leben von der Aufklärung bis zur frühen Nachkriegszeit. In: Geschichte des Landes Oldenburg. Ein Handbuch. Im Auftrag der Oldenburgischen Landschaft hrsg. von Albrecht Eckhardt in Zusammenarbeit mit Heinrich Schmidt. Oldenburg 1987. S. 927–967.

RIESENER, Dirk: Polizei und politische Kultur im 19. Jahrhundert. Die Polizeidirektion Hannover und die politische Öffentlichkeit im Königreich Hannover. Hannover 1996. S. 407–482.

RISCHBIETER, Henning: Hannoversches Lesebuch oder: Was in Hannover und über Hannover geschrieben, gedruckt und gelesen wurde. Bd. 1: 1650–1850. Bd. 2: 1850–1950. Velber 1975–1978.

ROEDER, Corinna: Die öffentlichen Bibliotheken in Oldenburg und Eutin. In: Dem Wohle Oldenburgs gewidmet. Aspekte kulturellen und sozialen Wirkens des Hauses Oldenburg 1773–1918. Hrsg. von der Oldenburgischen Landschaft. Oldenburg 2004. S. 151–157.

ROEDER, Uwe: Johannes a Lasco Bibliothek Große Kirche Emden. Ein Führer durch Bibliothek und Gebäude. Emden 2001.

ROHSE, Eberhard: Goethe in Braunschweig. In: Braunschweiger Stadtlexikon. Ergänzungsband. Hrsg. im Auftrag der Stadt Braunschweig von Manfred R. W. Garzmann und Wolf-Dieter Schuegraf unter wesentlicher Mitarb. von Norman-Mathias Pingel. Braunschweig 1996. S. 53.

ROHSE, Eberhard: Philipp Friedrich Hermann Klencke. In: Braunschweigisches Biographisches Lexikon. 19. und 20. Jahrhundert. Im Auftrag der Braunschweigischen Landschaft e. V. hrsg. von Horst-Rüdiger Jarck und Günter Scheel. Hannover 1996. S. 320.

ROHSE, Eberhard: Literarische »Märzerrungenschaften«. Die Revolution von 1848 in Werken Braunschweiger Schriftsteller. In: Literatur in Braunschweig zwischen Vormärz und Gründerzeit. Beiträge zum Kolloquium der Literarischen Vereinigung Braunschweig vom 22. bis 24. Mai 1992. Hrsg. von Herbert Blume und Eberhard Rohse. Braunschweig 1993. S. 55–110.

ROSENDAHL, Erich: Niedersächsische Literaturgeschichte. Hildesheim, Leipzig 1932.

RUPPELT, Georg: Gedanken zur Zeitung. In: Es begann 1609 mit dem *Aviso* – Zeitungen in Niedersachsen. Hameln 2007 (Lesesaal, H. 24).

RUPPELT, Georg: Literatur und Theater. In: Die Braunschweigische Landesgeschichte. Jahrtausendrückblick einer Region. Hrsg. von Horst-Rüdiger Jarck und Gerhard Schildt. Braunschweig 2000. S. 855–872.

RUPPELT, Georg: Lüneburger Zeitreise durch Stadt und Region von 1859 bis 2009. Mit einem Ausblick auf 2029. Lüneburg 2009.

RUPPELT, Georg: Oskar Meding (Gregor Samarow) – Diplomat und Bestsellerautor zwischen Georg V. und Wilhelm I. In: Der lange Abschied. Das Ende des Königreichs Hannover 1866 und die Folgen. Hrsg. von Arne G. Drews. Göttingen 2009. S. 50–62 u. S. 110.

RUPPELT, Georg: Scholz, Wilhelm. In: Braunschweigisches Biographisches Lexikon, 19. und 20. Jahrhundert. Im Auftrag der Braunschweigischen Landschaft e. V. hrsg. von Horst-Rüdiger Jarck und Günter Scheel. Hannover 1996. S. 538.

SANGMEISTER, Dirk: August Lafontaine oder Die Vergänglichkeit des Erfolges. Leben und Werk eines Bestsellerautors der Spätaufklärung. Tübingen 1998 (Hallesche Beiträge zur Europäischen Aufklärung, 6).

SANGMEISTER, Dirk: Bibliographie August Lafontaine. Bielefeld 1996 (Bielefelder Schriften zu Linguistik und Literaturwissenschaft, 7).

SCHILLEMEIT, Jost: Bonaventura. Der Verfasser der ‚Nachtwachen'. München 1973.

SCHILLEMEIT, Jost: Studien zur Goethezeit. Hrsg. von Rosemarie Schillemeit. Göttingen 2006.

SCHILLEMEIT, Jost: Die »Ära Klingemann«. In: 300 Jahre Theater in Braunschweig 1690–1990. Braunschweig 1990. S. 195–216.

Schiller – Zeitgenosse aller Epochen. Dokumente zur Wirkungsgeschichte Schillers in Deutschland. Teil I und II. Herausgegeben von Norbert Oellers. Frankfurt am Main 1970–1976.

SCHILLING, Jörg: Heimatkunstbewegung in Niedersachsen. Eine Untersuchung zu Leben und Werk Friedrich Freudenthals. Rinteln 1986.

SCHRAMM, Hans-Peter: Schaumburgische Bibliotheken in Früher Neuzeit und Moderne. In: Zur Geschichte der Erziehung und Bildung in Schaumburg. Herausgegeben von Hubert Höing. Bielefeld 2007. S. 574–585.

SCHUSTER, Volkhard: Zeitungen in Niedersachsen von den Anfängen bis heute. In: Borrmann, Stefan; Lis, Victor; Schuster, Volkhard: Handbuch 2005. Zeitungen in Niedersachsen. Hannover 2005. S. 10–35.

SIELER, Gottfried: 200 Jahre Bücher am Schlossplatz in Oldenburg. Von der Schulzeschen Buchhandlung zur Buchhandlung Anna Thye. Mit einem Ausblick von Gerda Fritz. Oldenburg 2000.

SIEMANN, Wolfram: Chancen und Schranken von Wissenschaftsfreiheit im deutschen Konstitutionalismus 1815–1918. In: Historisches Jahrbuch 107 (1987). S. 315–348.

Stadtlexikon Hannover. Von den Anfängen bis in die Gegenwart. Hrsg. von Klaus Mlynek und Waldemar R. Röhrbein mit Dirk Böttcher und Hugo Thielen. Hannover 2009.

STEINACKER Karl: Abklang der Aufklärung und Widerhall der Romantik in Braunschweig. Braunschweig 1939 (Werkstücke aus Museum, Archiv und Bibliothek der Stadt Braunschweig, 10).

STRUBE, Rolf: Rainer Maria Rilke. »Das Meer ist die Historie dieses Landes.« In: Von Dichterfürsten und anderen Poeten. Kleine niedersächsische Literaturgeschichte. Bd. II: Siebenunddreißig Portraits von Stendhal bis Arno Schmidt. Hrsg. von Jürgen Peters und Wilhelm Heinrich Pott. Hannover 1994. S. 107–125.

SUIN DE BOUTEMARD, Christoph: Heinrich Albert Oppermann. In: Dichter, Denker, Eigenbrötler. 30 niedersächsische Klassiker. Hrsg. von Klaus Seehafer. Leer 2003. S. 167–176.

THIELEN, Hugo: Ey, Karl Julius Adolf. In: Böttcher u. a.: Hannoversches Biographisches Lexikon. Von den Anfängen bis in die Gegenwart. Hannover 2002. S. 112.

THIELEN, Hugo: Hirsch, Karl Jakob. In: Böttcher u. a.: Hannoversches Biographisches Lexikon. Von den Anfängen bis in die Gegenwart. Hannover 2002. S. 170.

THIELEN, Hugo: Schwitters, Kurt. In: Böttcher u. a.: Hannoversches Biographisches Lexikon. Von den Anfängen bis in die Gegenwart. Hannover 2002. S. 329/30.

UEDING, Gert: Wilhelm Busch. Das 19. Jahrhundert en miniature. Revidierte und erweiterte Neuausg. Frankfurt am Main 2007.

UTZ, Peter: Ausgehöhlte Gasse. Stationen der Wirkungsgeschichte von Schillers »Wilhelm Tell«. Königstein/Taunus 1984.

Von Dichterfürsten und anderen Poeten. Kleine

niedersächsische Literaturgeschichte. Bd. 2. Siebenunddreißig Portraits von Stendhal bis Arno Schmidt. Hrsg. von Jürgen Peters und Wilhelm Heinrich Pott. Hannover 1994.

Von St. Petersburg nach Hildesheim. Festschrift zum 200jährigen Jubiläum des Hauses Gerstenberg 1792–1992. Hrsg. von Paul Raabe. Hildesheim 1992.

WEHRHAHN, Matthias: Jacob und Wilhelm Grimm. »Komödianten, Huren und Professoren«. In: Von Dichterfürsten und anderen Poeten. Kleine niedersächsische Literaturgeschichte. Bd. 2: Siebenunddreißig Portraits von Stendhal bis Arno Schmidt. Hrsg. von Jürgen Peters und Wilhelm Heinrich Pott. Hannover 1994. S. 43–47.

WEISSWEILER, Eva: Wilhelm Busch. Der lachende Pessimist. Eine Biographie. Köln 2007.

Dem Wohle Oldenburgs gewidmet. Aspekte kulturellen und sozialen Wirkens des Hauses Oldenburg 1773–1918. Hrsg. von der Oldenburgischen Landschaft. Oldenburg 2004. S. 135–149.

WOHLGESCHAFT, Hermann: Große Karl May Biographie. Leben und Werk. Paderborn 1994. S. 394.

WÜRFFEL, Reinhard: Lexikon deutscher Verlage von A – Z. 1071 Verlage und 2800 Verlagssignete vom Anfang der Buchdruckerkunst bis 1945. Adressen, Daten, Fakten, Namen. Berlin 2000.

ZIMMERMANN, Harro: Friedrich Schlegel oder Die Sehnsucht nach Deutschland. Die Biographie des ersten deutschen Intellektuellen. Paderborn 2009.

Abbildungsverzeichnis

Soweit nicht anders angegeben stammen die den Abbildungen zugrundeliegenden Materialien aus dem Bestand der Gottfried Wilhelm Leibniz Bibliothek – Niedersächsische Landesbibliothek (GWLB). Es wurde nach bestem Wissen und Gewissen versucht, alle Inhaber der Bildrechte ausfindig zu machen. Sollte es bei einigen Bildern nicht gelungen sein, werden die betroffenen Rechteinhaber gebeten, sich zu melden.

Das steinerne Bild der Mutter. Ein verwildeter Roman. Bremen 1801. Titelblatt und Nachrede.

S. 26 oben – Robert Griepenkerl. Unbekannter Künstler, Öl auf Leinwand. Braunschweigisches Landesmuseum.

S. 26 unten – Robert Griepenkerl: Das Musikfest oder Die Beethovener. Braunschweig 1841. Titelblatt.

S. 28 links – Eduard Schmelzkopf. Passbild aus dem Nachlass des Dichters. Stadtarchiv Braunschweig.

S. 28 rechts – Hans Graf von Veltheim. Lithographie von Emil Schulz (undatiert). Stadtarchiv Braunschweig.

S. 29 – Eduard Schmelzkopf: Immen. Braunschweig 1846. Titelblatt.

S. 30 – Hoffmann von Fallersleben. Aus: Bilderatlas zur Geschichte der Deutschen Nationalliteratur. Nach den Quellen bearbeitet von Dr. Gustav Könnecke. Marburg 1887. S. XXIII.

S. 31 – Autograph »Lied der Deutschen« von Hoffmann von Fallersleben (Faksimile). Aus: Drei vaterländische Autographen aus dem Besitz der Königlichen Bibliothek. Berlin 1914. O. S.

S. 33 – Wilhelm Raabe. Gemälde von Wilhelm Immenkamp. Wikimedia Commons.

S. 34 – Barrikadenkampf in Berlin 1848. Zeichnung des Sekundaners Wilhelm Raabe (1848). Stadtarchiv Braunschweig.

S. 35 links – Wilhem Raabe: Stopfkuchen. Eine See- und Mordgeschichte. Berlin 1891. Bucheinband.

S. 35 rechts – Wilhem Raabe: Horacker. Braunschweig 1876. Titelblatt.

S. 36 – Antiquariat am Burgplatz in Braunschweig. Wikimedia Commons.

S. 38 oben – Friedrich Gerstäcker. Aus: Die Gartenlaube 37 (1872). S. 601.

S. 39 unten – Friedrich Gerstäckers Arbeitszimmer. Aus: Die Gartenlaube 24 (1872). S. 398.

S. 39 oben – Friedrich Gerstäcker: Werke. Jena 1872. Bucheinband.

S. 39 unten – Ricarda Huch. Radierung von Johann Lindner (1904). Wikimedia Commons.

S. 40 – Felix Huch: Der junge Beethoven. Ebenhausen bei München 1927. Titelblatt mit Frontispiz.

S. 41 – August Otto Walster. Aus: Ernst Heilmann: Geschichte der Arbeiterbewegung in Chemnitz und im Erzgebirge. Chemnitz o. J. S. 80.

S. 42 – Julie Marie Sophie Dedekind: Die Eheverschreibung. Braunschweig 1893. Bucheinband. Foto: Jutta Wollenberg, GWLB.

S. 43 oben – Adolf Kiene: Macht und Recht. Wolfenbüttel 1908. Bucheinband.

S. 43 unten – Theaterzettel der Braunschweiger Uraufführung von Adolf Glasers Trauerspiel »Henning Braband« am 25. April 1857.

S. 44 oben – Adolf Glaser. Aus: Ders.: Schlitzwang. Leipzig 1891. Frontispiz.

S. 44 unten links – Georges Westermann. Wikimedia Commons.

S. 44 unten rechts – Friedrich Vieweg. Wikimedia Commons.

S. 45 oben – Westermanns Monatshefte 1 (1856). Titelseite.

S. 45 unten – Karl von Rotteck: Weltgeschichte. Braunschweig 1842. Titelblatt.

S. 46 oben – Zeitung für Städte, Flecken und Dörfer, insonderheit für die lieben Landleute alt und jung 89 (1790). Titelseite.

S. 47 – Die neue Bibliothek. Aus: O. H. Heinemann. Die Herzogliche Bibliothek zu Wolfenbüttel. Ein Beitrag zur Geschichte deutscher Büchersammlungen. Wolfenbüttel 1894. Nach S. 264.

S. 48 – Südfassade des Opernhauses auf dem Hagenmarkt. Kupferstich von Johann Georg Schmitt von 1747. Wikimedia Commons.

S. 50 oben – August Klingemann. Aus: Ders.: Kunst und Natur. Blätter aus meinem Reisetagebuche. Bd. 1. Braunschweig 1819. Frontispiz.

S. 50 unten – Braunschweiger Theater. Stahlstich um 1860. Wikimedia Commons.

S. 51 – Theaterzettel vom 19. Januar 1829: Welturaufführung von Goethes Faust in der Fassung von Ernst August Friedrich Klingemann im Hof-Theater Braunschweig.

S. 53 – Der Charakter der Lüneburger Heide. Ill. aus: Unser Deutsches Land und Volk. Bilder von den deutschen Nordseeküsten und aus dem westlichen Tiefland. Herausgegeben von

F. W. Otto Lehmann. Leipzig/Berlin 1885. S. 339.

S. 54 – Hermann Löns. Aus: Das Lönsbuch. Hannover 1916. Frontispiz.

S. 57 – Werke von Hermann Löns. Foto: Jutta Wollenberg, GWLB.

S. 59 oben – Eugenie Marlitt. Aus: Die Gartenlaube 29 (1887). S. 473.

S. 59 unten links und Mitte – Eugenie Marlitt: Das Heideprinzesschen. Stuttgart/Leipzig, o. J. Bucheinband und Textanfang.

S. 59 unten rechts – Anny Wothe. Heidezauber. Berlin 1919. Bucheinband.

S. 60 oben – Friedrich Freudenthal. Abb aus: Jörg Schilling: Heimatkunstbewegung in Niedersachsen. Rinteln 1986. S. 8.

S. 60 unten – August Freudenthal. Aus: Ders.: Heidefahrten. Leipzig 1906. Frontispiz.

S. 61 oben links – Illustrierter Film-Kurier Nr. 757. Dorfschulmeister Uwe Karsten. Titelseite.

S. 61 oben rechts – Unser Hausprogramm. Heideschulmeister Uwe Karsten. Titelseite.

S. 61 unten links – Diedrich Speckmann: Heidjers Heimkehr. Berlin 1907. Bucheinband. Foto: Jutta Wollenberg, GWLB.

S. 61 unten rechts – Diedrich Speckmann. Aus: Niedersächsische Lebensbilder. Im Auftrag der Historischen Kommission herausgegeben von Otto Heinrich May. Bd. 3. Hildesheim 1957. Nach S. 308.

S. 62 oben – August Freudenthal. Heidefahrten. Ausflüge in die hohe Heide und in das Flussgebiet der Böhme. Bremen 1890. Titelblatt mit Frontispiz.

S. 62 unten – Karl Goedeke. Ill. aus: Geschichte der deutschen Philologie in Bildern. Herausgegeben von Fritz Behrend. Marburg 1927. S. 39.

S. 63 – Das Celler Schloss. Foto: Residenzmuseum im Celler Schloss.

S. 64 oben – Zellescher Anzeiger 1 (1817). Auszug aus der Titelseite.

S. 64 unten – Veit Weber [d. i. Leonhard Wächter]: Wilhelm Tell. Berlin 1804. Titelblatt mit Frontispiz.

S. 65 – Karl Söhle: Schummerstunde. Leipzig 1926. Bucheinband.

S. 67 – Deutsche Volkszeitung 1443 (1878). Auszug aus der Titelseite.

S. 69 – Johann Peter Eckermann. Wikimedia Commons.

S. 71 – Prospect von dem neuerbauten Leucht=Thurm zu Cuxhaven, nebst Ansicht von Ritzebüttel, gezeichnet von J. M. David. Stadtarchiv Cuxhaven.

S. 72 oben – Wilhelm Schröder. Abb. aus: Niedersächsische Lebensbilder. Im Auftrag der Historischen Kommission herausgegeben von Otto Heinrich May. Bd. 4. Hildesheim 1960. Nach S. 234.

S. 72 unten – Hermann Allmers. Ill. aus: Die Gartenlaube 13 (1872). S. 208.

S. 73 links – Wilhelm Schröder: Dat Wettlopen twischen den Swinegel un den Haasen up de lüje Haide bi Buxtehude. Mit Holzschnitten nach Zeichnungen von Ludwig Richter. Hannover 1868. Pappeinband.

S. 73 Mitte – Hermann Allmers: Marschenbuch. Gotha 1858. Pappeinband.

S. 73 rechts – Hermann Allmers: Römische Schlendertage. Oldenburg 1868. Titelblatt mit einem Holzschnitt nach einer Zeichnung des Verfassers.

S. 74 rechts oben – Heinrich Vogeler. Abb. aus: Rainer Maria Rilke: Worpswede. Bielefeld und Leipzig 1903. S. 102.

S. 74 oben links und unten – Heinrich Vogeler: Dir. Leipzig 1907. Bucheinband und zwei Gedichte, vom Künstler gestaltet.

S. 75 oben – Rainer Maria Rilke: Worpswede. Bielefeld und Leipzig 1903. Titelblatt.

S. 76 oben links – Heinrich Schriefer. Abb. aus: Ders.: Worpsweder Bilder aus dem alten und neuen Teufelsmoor. Lilienthal 1999. S. 3.

S. 76 oben rechts – Elise Fink. Abb aus: Dies.: Brookklocken. Delmenhorst 1963. Nach S. 4.

S. 76 unten rechts – Arthur Fitger im Jahr 1873. Aus: Regine C. Hrosch: Welttheile und Winde. Arthur Fitgers Gemälde im Haus Seefahrt zu Bremen. Bremen 1996. S. 19.

S. 76 unten links – Arthur Fitger: Die Hexe. Oldenburg 1876. Bucheinband. Foto: Jutta Wollenberg, GWLB.

S. 78 – Der Stau zu Oldenburg. Ill. aus: Unser

Deutsches Land und Volk. Bilder von den deutschen Nordseeküsten und aus dem westlichen Tiefland. Herausgegeben von F. W. Otto Lehmann. Leipzig/Berlin 1885. S. 333.

S. 79 – Gerhard Anton von Halem. Aus: Gerhard Anton von Halem's Selbstbiographie nebst einer Sammlung von Briefen an ihn. Herausgegeben von C. F. Strackerjahn. Oldenburg 1840. Frontispiz.

S. 80 – Gerhard Anton Hermann Gramberg: Sophonisbe. Oldenburg 1808. Titelblatt.

S. 81 – Karl Ludwig von Woltmann. Abb. aus: Biographisches Handbuch zur Geschichte des Landes Oldenburg. Im Auftrag der Oldenburgischen Landschaft herausgegeben von Hans Friedl u. a. Oldenburg 1992. S. 817.

S. 82 – Ernst von Heimburg: Romantisches Taschenbuch auf das Jahr 1810. Bremen und Aurich 1810. Titelblatt.

S. 83 – Ludwig Strackerjahn: Aberglauben und Sagen aus dem Herzogthum Oldenburg. Oldenburg 1867. Titelblatt.

S. 84 oben links – Georg Ruseler. Abb. aus: Biographisches Handbuch zur Geschichte des Landes Oldenburg. Im Auftrag der Oldenburgischen Landschaft herausgegeben von Hans Friedl u. a. Oldenburg 1992. S. 624.

S. 84 oben rechts – Ludwig Starklof. Abb. aus: Karl Heinz Neumann: Theater in Oldenburg. Wesen und Wirken einer nordwestdeutschen Bühne. Oldenburg 1982. Nach S. 16.

S. 84 unten links – Julius Mosen. Ill. aus: Geschichte der deutschen Philologie in Bildern. Herausgegeben von Fritz Behrend. Marburg 1927. S. 294.

S. 84 unten rechts – Ludwig Starklof: Armin Galoor. Leipzig 1846. Titelblatt.

S. 86 oben – Emmy Lewald-Jansen. Abb. aus: Biographisches Handbuch zur Geschichte des Landes Oldenburg. Im Auftrag der Oldenburgischen Landschaft herausgegeben von Hans Friedl u. a. Oldenburg 1992. S. 420.

S. 86 unten – Emmy Lewald-Jansen: Unter den Blutbuchen. Berlin o. J. Bucheinband. Foto: Jutta Wollenberg, GWLB.

S. 88 – August Hinrichs als junger Schriftsteller 1912. Fotografie aus dem Besitz der Oldenburgischen Landschaft. Abb. aus: Ausstellungskatalog zum 100. Geburtstag von August Hinrichs. Oldenburg 1979.

S. 89 – Abb. aus: Karl Heinz Neumann: Theater in Oldenburg. Wesen und Wirken einer nordwestdeutschen Bühne. Oldenburg 1982. Nach S. 16.

S. 90 – Äußerer Damm. Um 1847. Aquarell von Theodor Presuhn. Stadtmuseum Oldenburg.

S. 91 – Ostfriesische Küste mit eingedeichten Marschen. Ill. aus: Unser Land und Volk. Bilder von den deutschen Nordseeküsten und aus dem westlichen Tiefland. Herausgegeben von F. W. Otto Lehmann. Leipzig/Berlin 1885. S. 151.

S. 92 – Johann Christian Wolke: Düdsgeor Sassische Singedigten, Gravsgriften, singbare Leder, Vertelsels un wunderbare Eventüre. Leipzig/Braunschweig/Hamburg 1804.

S. 93 – Richard Deye. Aus: Ders: Neue Gedichte. Oldenburg 1906. Bucheinband und Frontispiz.

S. 94 oben – Th. Justus [d. i. Theodore Zedelius]: In Feuersgluthen. Illustrationen von K. Storch. Berlin 1898. Bucheinband.

S. 94 unten – Helene von Düring-Oetken: Zu Hause in der Gesellschaft und bei Hofe. Illustrationen von Carl Röhling. Berlin 1896. Bucheinband. Foto: Jutta Wollenberg, GWLB.

S. 95 oben links – Tilemann Dothias Wiarda. Abb. aus: Niedersächsische Lebensbilder. Im Auftrag der Historischen Kommission herausgegeben von Edgar Kalthoff. Bd. 7. Hildesheim 1971. Nach S. 344.

S. 95 oben rechts – Rudolf Eucken. Fotografie von Rudolf Dührkoop. Aus: Rudolf Eucken: Lebenserinnerungen. Ein Stück deutschen Lebens. Leipzig 1921. Frontispiz.

S. 95 unten links – Onno Klopp. Aus: Onno Klopp. Ein Lebenslauf von Dr. Wiard Klopp. Osnabrück 1907. Frontispiz.

S. 95 unten links und S. 96 – Johann Christian Hermann Gittermann: Ostfriesisches Taschenbuch zur Belehrung und Unterhaltung auf das Jahr 1819. Norden 1819. Titelblatt und Kalenderseite.

S. 99 – Kartenausschnitt der Karte 27 »Sögel«. Aus: Topographischer Atlas Des Königreichs Hannover und Herzogthums Braunschweig : nach einem Maasstabe von 1:100.000 der wahren Länge, auf den Grund der von dem Geheimen Hofrath Gauss geleiteten vollständigen Triangulirung aus den grossen topographischen Landes Aufnahmen und mehreren anderen Vermessungen reducirt und bearbeitet von A. Papen, Capitain im Königl. Hannoverschen Ingenieur-Corps. Hannover 1832–1847.

S. 101 oben – Papenburger Volkslied. Postkarte um 1900.

S. 101 unten – Emmy von Dicklage. Aus: Dies.: Geschichten aus dem Emslande II. Leipzig 1873. Frontispiz.

S. 103 oben – Werbeanzeige aus dem »Anzeigenblatt für das Herzogtum Arenberg-Meppen« 42 (21.10.1910).

S. 103 unten – Levin Schücking. Ill. aus: Die Gartenlaube 20 (1862). S. 317.

S. 104 oben links – Mathilde Raven: Die deutsche Frage und die servile Presse. Coburg 1861. Pappeinband.

S. 104 oben rechts – Bernhard von Lepel. Selbstbildnis. Aus: Theodor Fontane und Bernhard von Lepel. Ein Briefwechsel. München 1940. Frontispiz.

S. 104 unten links – Ludwig Brill. Universitäts- und Landesbibliothek Münster, Autographensammlung Brill.

S. 104 unten rechts – Carl van der Linde. Fotografie im Besitz der Carl-van-der-Linde-Schule Veldhausen.

S. 105 – Ludwig Brill: Der Singschwan. Münster 1882. Bucheinband. Foto: Jutta Wollenberg, GWLB.

S. 107 – Osnabrücker Rathaus. Postkarte um 1910.

S. 108 links – Hermann Abeken: Die Republik in Nordamerika und der Plan einer demokratisch-republikanischen Verfassung in Deutschland. Berlin 1848. Titelblatt.

S. 108 rechts – Karl Eberhard Thorbecke. Lieder. Berlin 1814. Titelblatt.

S. 109 – Ludwig Bäumer: Das Wesen des Kommunismus. Umschlagillustration von Karl Jakob Hirsch. Hannover 1919 (Die Silbergäule 25/26). Bucheinband.

S. 110 – Stadttheater Osnabrück. Postkarte um 1910.

S. 111 – Rinteln. Lithografie von G. Osterwald.

S. 112 – Christian Konrad Jacob Dassel: Reise der Guthmannschen Zöglinge um unsere Erde. Hannover 1821. Titelblatt.

S. 113 oben – Viktor von Strauß und Torney. Abb. aus: Niedersächsische Lebensbilder. Im Auftrag der Historischen Kommission herausgegeben von Otto Heinrich May. Bd. 1. Hildesheim und Leipzig 1939. Nach S. 380.

S. 113 unten – Lulu von Strauß und Torney: Aus der Chronik niederdeutscher Städte. Stuttgart 1912. Buchumschlag.

S. 114 – Rudolf Bensen. Schaumburg Lippischer Heimatverein.

S. 115 oben – Rudolf Bensen: Olle Bückebörger Döhnchen. Minden 1906. Foto: Jutta Wollenberg, GWLB.

S. 115 unten – Adolf Holst. Staatsarchiv Bückeburg.

S. 116 – Franz von Dingelstedt. Ill. aus: Bilderatlas zur Geschichte der Deutschen Nationalliteratur. Nach den Quellen bearbeitet von Dr. Gustav Könnecke. Marburg 1887. S. 288.

S. 117 oben – Weserlied. Postkarte um 1900.

S. 117 unten – Agnes-Miegel-Denkmal von Ernst Hackländer in Bad Nenndorf. Foto: Ulrike Annick Weber.

S. 118 links – Julius Rodenberg. Ill. aus: Bilderatlas zur Geschichte der Deutschen Nationalliteratur. Nach den Quellen bearbeitet von Dr. Gustav Könnecke. Marburg 1887. S. 302.

S. 118 rechts – Deutsche Rundschau 1 (1874). Titelseite.

S. 119 oben – Heinrich Sohnrey. Abb. aus: Niedersächsische Lebensbilder. Im Auftrag der Historischen Kommission herausgegeben von Otto Heinrich May. Bd. 2. Hildesheim 1954. Nach S. 338.

S. 119 unten – Georg Friedrich August Goldmann. Der Lobgesang auf den heiligen Anno. Leipzig und Altenburg 1816. Titelblatt.

S. 120 – Deister- und Weserzeitung 1(1848). Titelseite.

S. 121 – Schauspielhaus Bad Pyrmont. Postkarte um 1910.

S. 123 – Das Weender Thor in Göttingen. Stahlstich von E. Hablitscheck nach einer Zeichnung von Ad. Hornemann.

S. 124 links – Heinrich Albert Oppermann: Hundert Jahre. Leipzig 1870. Titelblatt.

S. 124 rechts – Wilhelm Grimm: Vridankes Bescheidenheit. Göttingen 1834. Titelblatt.

S. 125 – Die Göttinger Sieben. Ill. aus: Illustrirte Zeitung 2301 (6.8.1887). Titelseite.

S. 126 links oben – Wilhelm Grimm: Der Rosengarte[n]. Göttingen 1836. Titelblatt.

S. 126 rechts oben – Jakob Grimm: Deutsche Grammatik. Göttingen 1837. Titelblatt.

S. 126 links unten – Albert Möser: Aus der Mansarde. Bremen 1893. Bucheinband. Foto: Jutta Wollenberg, GWLB.

S. 127 oben – Adolf Ellissen. Wikimedia Commons.

S. 127 unten links –Viktor Welten [d. i. Hans Ellissen]: Gedenkbüchlein für Welt und Leben. Leipzig o. J. Bucheinband. Foto: Jutta Wollenberg, GWLB.

S. 127 unten rechts – Otto Adolf Ellissen: Aus frühen und trüben Stunden. Einbeck 1891. Pappeinband.

S. 129 oben – Idylle. Ill. aus: Fliegende Blätter 1720 (1878). S. 15.

S. 129 unten – Schorse Szültenbürger [d. i. Heinz Honig]: Vergangene Zeiten. Humoristische Plaudereien aus dem alten Göttingen. Göttingen 1917. Pappeinband.

S. 131 oben – Universitätsbibliothek Göttingen. Foto: SUB Göttingen.

S. 131 unten – Das Göttinger Theater. Postkarte um 1900.

S. 133 – Brocken-Panorama. Karte aus: Der Brocken und seine Sehenswürdigkeiten. Herausgegeben vom Brockenwirthe C. E. Nehse. O. O. 1840.

S. 134 – Adolf Ey: Harzerblut. Ein ernst und schnurrig Buch. Hannover 1927. Bucheinband. Foto: Jutta Wollenberg, GWLB.

S. 135 – Otto Erich Hartleben: Rosenmontag. 1900. Bucheinband. Foto: Jutta Wollenberg, GWLB.

S. 136 – Paul Ernst: Der Weg zur Form. Berlin 1906. Titelblatt.

S. 137 – H. E. R. Belani [d. i. Karl Ludwig Häberlin]: Zwei Tage auf dem Brocken. Braunschweig 1830. Titelblatt.

S. 138 – Friedrich Martin von Bodenstedt. Ill. aus: Bilderatlas zur Geschichte der Deutschen Nationalliteratur. Nach den Quellen bearbeitet von Dr. Gustav Könnecke. Marburg 1887. S. 302.

S. 139 oben – Friedrich Martin von Bodenstedt: Die Lieder des Mirza Schaffy. Berlin 1876. Bucheinband.

S. 139 unten – Friedrich Martin von Bodenstedt: Die Lieder des Mirza Schaffy. Berlin 1892. Titelblatt und Gedichtauszug S. 186/7.

S. 140 oben links – August Ernst Freiherr von Steigentesch: Gesammelte Schriften. Leipzig und Darmstadt 1819. Titelblatt.

S. 140 rechts – Karl Seifart: Sagen und Märchen von Hildesheim. Hildesheim 1914. Bucheinband.

S. 141 – Börries von Münchhausen: Balladen. Illustrierte Doppelseite zum Gedicht »Der Page von Hochburgund«. Illustrationen von Robert Engels. Berlin u. a. o. J. S. 6/7.

S. 142 – Göttinger Musenalmanach für 1900, herausgegeben von Göttinger Studenten. Göttingen 1899. Bucheinband.

S. 143 links – Wilhelm Wachsmuth. Geschichte von Hochstift und Stadt Hildesheim. Hildesheim 1863. Titelblatt.

S. 143 rechts – Hermann Blume: Althildesheimer Baudenkmäler. Hildesheim 1908.

S. 144 – Der Dom zu Hildesheim mit dem tausendjährigen Rosenstrauch. Ill. aus: Unser Deutsches Land und Volk. Bilder von den deutschen Nordseeküsten und aus dem westlichen Tiefland. Herausgegeben von F. W. Otto Lehmann. Leipzig/Berlin 1885. S. 379.

S. 145 – Inauguration of the Ernst August Monument in Hanover. Altkolorierter Holzstich aus dem Beginn der 2. Hälfte des 19. Jh.

S. 146 – Das Opernhaus in Hannover. Abb. aus: 75 Jahre Opernhaus Hannover. Herausgegeben von den Städtischen Bühnen Hannover. Hannover 1927. O. S.

S. 147 – Theaterzettel der hannoverschen Erstaufführung von Richard Wagners »Die Meistersinger von Nürnberg« am 25. Februar 1870.

S. 148 oben – Georg Heinrich Pertz. Lithografie.

S. 148 unten – Karl Gödeke: Elf Bücher deutscher Dichtung. Sebastian Braband (1500) bis auf die Gegenwart. Leipzig 1849. Titelblatt.

S. 150 – Exlibris der Königlichen Bibliothek. Kupferstich von Johann Philipp Ganz von 1776.

S. 151 – Gebäude des Haupstaatsarchivs in Hannover. Fotografie.

S. 152 – Eduard Bodemann. Fotografie.

S. 154 oben – Friedrich von Schlegel und August Wilhelm von Schlegel. Ill. aus: Unser Deutsches Land und Volk. Bilder von den deutschen Nordseeküsten und aus dem westlichen Tiefland. Herausgegeben von F. W. Otto Lehmann. Leipzig/Berlin 1885. S. 438/9.

S. 154 unten links – August Wilhelm Iffland: Unser Deutsches Land und Volk. Bilder von den deutschen Nordseeküsten und aus dem westlichen Tiefland. Herausgegeben von F. W. Otto Lehmann. Leipzig/Berlin 1885. S. 431.

S. 154 unten rechts – Charlotte »Lotte« Kestner. Nach einem Pastellgemälde von Joh. Heinrich Schröder. Abb. aus: Hans Wahl und Anton Kippenberg: Goethe und seine Zeit. Leipzig 1932. S. 33.

S. 155 – Wilhelm Blumenhagen. Hannovers Spartaner. Hannover o. J. Bucheinband.

S. 156 links – Georg Harrys: Blitzableiter für melancholische Gewitterschauer. Hannover 1823. Bucheinband.

S. 156 rechts – Georg Harrys. Unbekannter Künstler, Pastellgemälde. Historisches Museum Hannover.

S. 157 oben – Carl Johann Philipp Spitta. Ill. aus: Bilderatlas zur Geschichte der Deutschen Nationalliteratur. Nach den Quellen bearbeitet von Dr. Gustav Könnecke. Marburg 1887. S. 292.

S. 157 unten – Philipp Spitta: Psalter und Harfe. Leipzig 1843. Schmutztitel.

S. 160 – Johann Hermann Detmold. Abb. aus: Matin Warschauer: Johann Hermann Detmold in der Opposition. Hildesheim und Leipzig 1926. O. S.

S. 161 – Hannoversche Kunstblätter 1 (1836). Titelseite.

S. 162 links – Friedrich Spielhagen. Abb. aus: Bilderatlas zur Geschichte der Deutschen Nationalliteratur. Nach den Quellen bearbeitet von Dr. Gustav Könnecke. Marburg 1887. S. 307.

S. 162 rechts – Georg Freiherr von Ompteda. Abb. aus: Reichshandbuch der deutschen Gesellschaft. Berlin 1931. S. 1358.

S. 163 – Georg Freiherr von Ompteda: Deutscher Adel um 1900. Cäcilie von Sarynn. 2. Bd. Berlin 1902. Titelblatt.

S. 164 – Hannoversche Schriftsteller. Abb. aus: Hannoversche Schriftsteller der Gegenwart. Hannover 1888. Frontispiz.

S. 165 – Emma Vely [d. i. Emmy Couvely]: Gratiana. Eine Harzgeschichte. Herzberg a. H. und Leipzig 1879. Bucheinband und Frontispiz.

S. 166 oben – Emilie Heinrichs: Leibrenten. Hannover 1866. Titelblatt.

S. 166 unten – Emilie Heinrichs: Leibrenten. Köln: Edition Köln 2008. Umschlaggestaltung: Raphael Wünsch.

S. 167 rechts – Ludwig Grote. Wikimedia Commons.

S. 167 rechts – Althannoverscher Volkskalender 1 (1873).

S. 168 oben – Karl Friedrich Henckell. Aus: Karl Friedrich Schmid (Hrsg.): Karl Henckell im Spiegel seiner Umwelt. Leipzig 1931. Frontispiz.

S. 168 unten rechts – Frank Wedekind. München 1891. Abb. nach dem Ölbild von Käthe Juncker aus: Artur Kutscher: Frank Wedekind. München 1922. Nach S. 234.

S. 168 unten links – Albrecht Schaeffer: Helianth. Leipzig 1924. Titelblatt.

S. 169 links – Wilhelm Henze: »Eck segge man bloß …« Hannover o. J. Bucheinband.

S. 169 rechts – Wilhelm Henze. Zeichnung von W. Kirsch. Aus: Wilhelm Henze: »Eck segge man bloß …« Hannover o. J. S. 3.

S. 170 – Gerrit Engelke. Abb. aus: Niedersächsische Lebensbilder. Im Auftrag der Histo-

Personenregister